CB134614

Como tomar decisões difíceis

Rushworth M. Kidder

Como tomar decisões difíceis

Muitas vezes na vida você tem de escolher entre o certo e o certo

Tradução
Sonia Augusto

Editora Gente

Editora
Rosely M. Boschini

Assistente Editorial
Rosângela Barbosa

Produção
Marcelo S. Almeida

Projeto gráfico e diagramação
Editora Gente

Capa
W/Design

Copidesque
Editora Gente

Preparação
Catarina Ruggeri

Revisão
Jô de Melo

Título original: *How good people make tough choices*
Copyright © 1995 Rushworth M. Kidder
Todos os direitos desta edição
são reservados à Editora Gente.
Rua Pedro Soares de Almeida, 114
São Paulo, SP, CEP 05029-030
Tel: (11) 3670-2500
Site: http://www.editoragente.com.br
E-mail: gente@editoragente.com.br

Dados Internacionais de Catalogação na Publicação (CIP)
(Câmara Brasileira do Livro, SP, Brasil)

Kidder, Rushworth M.
Como tomar decisões difíceis : muitas vezes na vida você tem de escolher entre o certo e o certo / Rushworth M. Kidder; tradução Sonia Augusto. — São Paulo : Editora Gente, 2007.

Título original: How good people make tough choices
ISBN 978-85-7312-556-6

1. Decisões - Aspectos morais e éticos 2. Ética empresarial I. Título.

07-5297 CDD-658.403

Índice para catálogo sistemático:

1. Decisões gerenciais : Administração executiva 658.403

Para meus pais,
Ruth e George Kidder,
que nos ensinaram ética pelo exemplo

Sumário

Apresentação

As sementes deste livro foram plantadas quando, em uma tarde quente de verão em Cos Cob, Connecticut, no ano de 1986, tive uma conversa tranqüila, longa e profunda com a norte-americana Barbara Tuchman.

Como historiadora do que chamava de "os pequenos fatos, não a grande Explicação", ela havia ganhado por duas vezes o prêmio Pulitzer — e recebido muitos elogios por livros como *A Distant Mirror* [Um Espelho Distante], que utilizou o século XIV e a Peste Negra como um "espelho" para as confusões e a violência do século XX. Eu era colunista e redator do jornal *Christian Science Monitor* [Monitor de Ciência Cristã] e estava entrevistando-a para uma série de artigos baseados nas idéias de 22 importantes pensadores de todo o mundo. Publicada como *An Agenda for the 21st Century* [Uma Pauta para o Século XXI] (MIT Press, 1987), essa série buscava descobrir as principais questões de alta intensidade e impacto que a humanidade precisaria abordar para obter êxito na entrada do século que se aproximava.

Durante a conversa, perguntei-lhe como caracterizaria o século XX, se fosse uma historiadora do século XXI.

"Eu o chamaria de uma Era de Perturbação", ela disse. Citou a ameaça nuclear. Chamou a atenção para os problemas ambientais.

Mas sua preocupação principal, afirmou, era "a perturbação real na moralidade pública".

"Sempre houve momentos em que as pessoas agiram de modo imoral", continuou. Mas o que se constituía novo, pensava ela, era "a extensão da imoralidade *pública*, que se tornava tão óbvia para o cidadão comum".

Quanto mais eu avançava nessas entrevistas — com o ex-presidente norte-americano Jimmy Carter, o industrial norte-americano David Packard, o autor e editor norte-americano Norman Cousins, o presidente da Alemanha Ocidental Richard von Weizsäcker, o ex-chefe de Estado nigeriano Olusegun Obasanjo, os filósofos Mortimer Adler (norte-americano) e Sissela Bok (sueca), o escritor mexicano Carlos Fuentes e outros —, mais eu ouvia sobre a importância da moralidade para o século XXI. Finalmente, quando as entrevistas estavam transcritas e chegara a hora de escrever a conclusão, explicando o significado de toda aquela pesquisa, seis questões mostraram-se centrais para o nosso futuro. Cinco delas não foram surpresa:

- A ameaça nuclear
- A degradação ambiental
- A explosão populacional
- O abismo econômico norte-sul entre os mundos desenvolvido e em desenvolvimento
- A necessidade de uma reforma educacional

A sexta, que surgiu em entrevista após entrevista, pegou-me de surpresa: o colapso da moralidade. Era como se os entrevistados estivessem dizendo: "Olhe, se não controlarmos os colapsos éticos que estão ao nosso redor, estaremos tão condenados quanto se ocorresse uma catástrofe nuclear ou ambiental". Eles estavam dizendo que a ética não era um luxo: era crucial para a nossa sobrevivência.

Essa conclusão fez com que eu e meus colegas no jornal prestássemos atenção. Como qualquer grande jornal, há anos tínhamos escritores especializados nas cinco primeiras questões. Mas uma "seção sobre ética"? O que os leitores iriam pensar?

Como colunista, eu tinha liberdade para escolher meus assuntos a cada semana. Então, comecei a escrever sobre questões éticas utilizando a linguagem do discurso público, que permite falar sobre valores morais sem fazer sermão nem parecer ingênuo ou antiquado. No fim, o assunto mostrou-se grandioso demais, mesmo para um conceituado meio de comunicação. Dessa forma, em 1990, ao lado de Katherine Fanning, ex-editora do jornal, e com o apoio da Fundação W. K. Kellogg, criei o Institute for Global Ethics [Instituto para a Ética Global], em Camden, no Maine. Como uma organização envolvida em publicações, educação e pesquisas, o instituto tem o objetivo de avançar em seu trabalho, estendê-lo a um nível global e fornecer tempo e recursos para desenvolver ainda mais essa linguagem e essas novas idéias.

Como Tomar Decisões Difíceis é o resultado de anos de busca e experimentação. Ele reflete, também, o recente trabalho do instituto, que promove seminários executivos sobre ética para clientes empresariais, sem fins lucrativos, acadêmicos e governamentais. Em vez de utilizar estudos de casos fictícios em nossos seminários, peço para que os participantes tragam exemplos de dilemas autênticos com que se defrontaram. Eles podem trocar nomes ou detalhes de locais, se necessário, para proteger identidades. Mas devem apresentar toda a complexidade do caso em foco. Como resultado, nossos arquivos estão repletos de exemplos atualizados de dilemas vindos de algumas das organizações mais éticas dos Estados Unidos.

Este livro utiliza amplamente tais dilemas, que não fazem nenhuma referência a pessoas identificáveis, é claro, mas são ricos em desafios. São apresentados no contexto de diversas idéias e constructos que consideramos especialmente úteis, inclusive a ênfase em "certo *versus* certo", o conceito dos paradigmas de dilemas e a analogia de "boa forma ética". Como pessoas ocupadas provavelmente não tenham tempo para ler mais do que um livro a respeito de ética, reuni aqui algumas das melhores idéias atuais sobre o assunto. Este livro tem uma meta: ajudar a mudar o modo de pensar a respeito do mundo e proporcionar, por meio dessa mudança, um conjunto prático de instrumentos mentais com os quais as pessoas boas possam fazer escolhas difíceis.

É claro que não existe nada de novo em fazer escolhas morais. No decorrer dos séculos, as pessoas que se defrontam com decisões éticas têm sido auxiliadas pelas tradições gêmeas da religião e da filosofia. Este livro deve muito a ambas tradições. Considerando-se o alcance da primeira e a natureza precisa da última, contudo, ele não pretende representar nenhuma delas com a profundidade que um público de teólogos ou de filósofos esperaria. Ao contrário, o público deste livro é formado por leigos interessados, e, embora eu tenha tentado usar minhas fontes com grande integridade acadêmica e jornalística, procurei, acima de tudo, ser claro, direto e relevante. Há livros maravilhosos esperando para serem escritos a respeito das relações da religião e da filosofia com a prática contemporânea da ética — assuntos aqui apenas tocados de relance.

Este livro beneficiou-se do trabalho de muitas mãos, numerosas demais para serem nomeadas. Elas incluem as centenas de participantes de seminários que abriram suas histórias pessoais e nos trouxeram dilemas éticos da vida real que às vezes eram esplêndidos ou profundos, e sempre interessantes. Agradeço especialmente à equipe do Institute for Global Ethics [Instituto para a Ética Global] por me ajudar a pensar durante as ramificações desse processo. Nenhum executivo de uma organização sem fins lucrativos poderia desejar mais apoio do conselho diretor do que recebi dos diretores do instituto e nenhum autor poderia querer consultores mais inteligentes e perspicazes.

Dois líderes empresariais que tiveram um papel crucial neste livro, Timothy P. Smucker, da The J. M. Smucker Company, e o doutor Earl Hess, dos Lancaster Laboratories, foram os primeiros a nos convidar a realizar seminários para seus executivos e funcionários.

Eles praticamente nos forneceram o laboratório em que o modelo foi testado e refinado.

Por fim, sou extremamente grato pelos exemplos éticos que me ajudaram a moldar a minha vida de tal forma que tornou possível este livro. Entre tais indivíduos, incluo minha esposa, Elizabeth, cuja postura ética é uma das mais firmes que conheço, e meus pais, Ruth e George Kidder, que demonstraram que um afeto sólido se encontra no cerne do universo moral, e aos quais dedico este livro.

RUSHWORTH M. KIDDER
Camden, Maine

Capítulo Um

Visão geral: a ética do certo *versus* certo

Todos nós encaramos escolhas difíceis.

Às vezes, nós as evitamos. Outras, nós as enfrentamos. Porém, mesmo quando as enfrentamos, nem sempre decidimos resolvê-las. Às vezes, simplesmente repassamos incessantemente os possíveis resultados ou nos debatemos quanto ao caminho a seguir.

Mesmo se *tentamos* resolvê-las, nem sempre o fazemos por meio de uma auto-reflexão enérgica. Às vezes, simplesmente abrimos caminho para uma conclusão por pura impaciência ou vontade assertiva — como se conseguir *resolvê-la* fosse mais importante do que tomar a decisão *certa*.

Este é um livro para aqueles que desejam enfrentar e resolver as escolhas difíceis por meio de uma auto-reflexão enérgica. Afinal de contas, freqüentemente pensamos nessas pessoas como sendo pessoas "boas". Elas são boas, dizemos, porque parecem ter algum senso consciente de visão, algum núcleo profundo de valores éticos que lhes dá a coragem para afirmar suas escolhas difíceis. Isso não significa que enfrentem menos escolhas do que os outros. Ao contrário: quem vive próximo de seus valores básicos vai se debater com escolhas que para outras pessoas, que se deixam levar na superfície da vida, talvez nem se configurem como problemas. Valores sólidos criam escolhas difíceis.

Foi isso que aconteceu com uma bibliotecária que, há vários anos, trabalhava no plantão de dúvidas e consultas da biblioteca pública em sua comunidade. O telefone tocou. O homem que ligou pedira algumas informações sobre a legislação referente a estupro. A bibliotecária fez várias perguntas para esclarecer qual era a dúvida dele. Depois, seguindo as normas da biblioteca de manter as linhas telefônicas livres, explicou a ele que retornaria a ligação em alguns minutos, assim que realizasse a pesquisa. Ela anotou o nome e um número de telefone dele, e desligou.

Enquanto se levantava para fazer a pesquisa, um homem que estava sentado na área de leitura, perto da mesa do plantão de dúvidas e consultas, aproximou-se dela. Mostrando um distintivo de policial, ele perguntou o nome e o telefone do homem que telefonara. Fazia isso porque a conversa que havia ouvido levara-o a suspeitar de que o homem fosse um estuprador que atacara na noite anterior.

O que ela deveria fazer? Por um lado, ela era um membro da comunidade. Concordava com a necessidade de manter a lei e a ordem. Como mulher, ela se preocupava bastante com o fato de haver um estuprador à solta pelas ruas. Como cidadã, ela queria fazer qualquer coisa para reduzir a possibilidade de um novo ataque. Afinal de contas, e se ela se recusasse a fornecer o nome dele e outro estupro acontecesse naquela noite?

Por outro lado, ela sentia que sua ética profissional como bibliotecária exigia a proteção da privacidade das pessoas que telefonavam em busca de informações. Achava que o livre acesso à informação era crucial para o sucesso da democracia e, que se as pessoas que a procuravam fossem observadas ou categorizadas simplesmente pelo tipo de pergunta que faziam, o estado policial não ficaria muito atrás. O direito à privacidade deveria ser estendido a todos. Afinal de contas, e se esse homem fosse simplesmente um estudante de direito que tivesse de apresentar um trabalho sobre estupro?

A escolha com que ela se defrontava era claramente do tipo certo *versus* certo. Era certo apoiar a busca da comunidade por lei e ordem. Mas também era certo resguardar a privacidade, como exigia seu código profissional. O que tornou a escolha tão difícil para ela? O fato de seus valores serem tão bem definidos. Caso se preocupasse menos com a proteção da informação — que, em sua forma mais elevada, provinha do desejo de respeitar e honrar a todos na comunidade —, ela talvez nem tivesse hesitado em dar o nome ao detetive. Poderia ter se curvado tão inteiramente à autoridade do policial — ou desejado tanto ajudá-lo a prender o criminoso — que nem teria reparado com que velocidade, em sua mente, "o homem que ligou" tornou-se "o criminoso", antes mesmo de ter sido interrogado. Por outro lado, se ela estivesse apenas comprometida com sua profissão, como guardiã da informação da sociedade, poderia nem mesmo ter considerado suas obrigações para com a comunidade mais ampla. Poderia simplesmente ter afirmado o princípio da privacidade sem ver nenhum conflito com a urgência de uma necessidade social.

Escolhas difíceis nem sempre envolvem códigos profissionais ou leis criminais. E nem sempre envolvem grandes questões. Muitas vezes acontecem em áreas não cobertas por leis e regulamentações. Foi assim com um executivo de uma indústria de âmbito nacional, que enfrentou uma escolha dessas logo depois de se tornar gerente de uma das fábricas da empresa, na Califórnia. Ele ficou sabendo que, todos os anos, o produtor de um famoso seriado de aventuras de TV em Hollywood filmava algumas cenas no estacionamento da fábrica. Todos os anos, a alta gerência da sede da empresa permitia que a equipe fizesse a filmagem gratuitamente — normalmente, em um sábado, quando o estacionamento estava vazio. E todos os anos, o senhor Gray, antigo gerente da fábrica, abria mão de seu fim de semana em família para comparecer ao local e ajudar a equipe de TV.

Então, o novo gerente fez o mesmo. As filmagens ocorreram conforme o planejado. No final do dia, o produtor veio até ele, agradeceu pela ajuda e perguntou em nome de quem o cheque de 500 dólares deveria ser feito. Surpreso, o gerente respondeu que deveria ser feito para a empresa. Surpreso também, o produtor disse: "Sempre fizemos o cheque para o senhor Gray. Não deveríamos fazê-lo para o senhor?".

Uma escolha difícil? De certo modo, sim. A empresa, que não tivera despesas nem sofrera perdas devido às filmagens, nunca pedira nem esperara pagamento. O gerente da fábrica, por outro lado, desistira de um dia de seu fim de semana sem nenhuma compensação adicional. Mas as instalações que tornaram possíveis as filmagens pertenciam à empresa, e não a ele. De quem era esse dinheiro? Era um pagamento para a empresa ou uma contribuição por seu serviço pessoal? Nesse último caso, seria um suborno para garantir que o mesmo local estivesse disponível no ano seguinte, ou um gesto de gratidão por sua ajuda? Além disso, se ele *entregasse* o cheque à empresa, poderia provocar perguntas sobre o que acontecera com o dinheiro dos outros anos e causar problemas para o gerente anterior, que poderia ter pensado sobre a questão de um modo diferente e se sentira bem aceitando o pagamento. Ou talvez essa investigação levasse à descoberta de que esse incidente era parte de um padrão estabelecido pelo senhor Gray, que talvez usasse os bens da empresa para assegurar ganhos pessoais. O gerente sabia que muitas pessoas em seu lugar teriam aceitado o cheque com um murmúrio de agradecimento e um dar de ombros. Para ele não era tão simples — devido a seus valores centrais de honestidade, integridade e justiça, e de seu desejo de evitar até mesmo a aparência de uma má ação. Depois de considerar tudo, ele achou que havia algo certo nos dois lados — era certo ser ele compensado, e também certo a empresa receber os pagamentos.

As escolhas difíceis, normalmente, são aquelas que colocam um valor "certo" contra o outro. Isso é verdadeiro em todas as áreas da vida — empresarial, profissional, pessoal, cívica, internacional, educacional, religiosa. Pense um pouco:

- É certo proteger as espécies ameaçadas em florestas — e é certo proteger o trabalho dos madeireiros.

• É certo respeitar o direito de uma mulher ao tomar decisões em relação a seu corpo — e é certo proteger a vida dos que ainda não nasceram.

• É certo fornecer serviços sociais iguais a todos, independentemente de raça ou de origem étnica — e é certo dar atenção especial àqueles que podem ter sido privados de oportunidades devido a sua origem cultural.

• É certo deixar no banco o jogador de futebol que foi pego bebendo com os amigos na noite anterior ao jogo do campeonato — e é certo escalar o melhor time possível para o jogo do dia seguinte.

• É certo condenar o sacerdote que teve um caso com uma paroquiana — e é certo ser compassivo diante do único erro verdadeiro que ele cometeu.

• É certo descobrir tudo o que puder sobre as estruturas de preço e de custos de seu concorrente — e é certo obter informações apenas por meio dos canais adequados.

• É certo levar a família em férias há muito esperadas — e é certo economizar o dinheiro para a educação das crianças.

• É certo falar em favor de um ponto de vista de uma minoria em seu condomínio — e é certo deixar que a maioria vença.

• É certo apoiar o princípio de liberdade criativa e estética do curador de uma exposição de fotografias — e é certo respeitar o desejo da comunidade de evitar a exibição de obras pornográficas e racialmente ofensivas.

• É certo ser duro com os bons empregados que tomam decisões tolas colocando a empresa em perigo — e é certo ter compaixão suficiente para aliviar a punição e dar-lhes outra chance.

O certo *versus* o certo, então, está no cerne de nossas escolhas mais difíceis. Isso significa que não existem escolhas certo *versus* errado? O "errado" seria apenas a definição de outra pessoa em relação àquilo que eu penso ser "certo"?

Não. O mundo, infelizmente, defronta-se com muitas questões do tipo certo *versus* errado. Desde sonegar impostos até mentir sob juramento, de passar no farol vermelho a aumentar a conta das despesas, de comprar meia-entrada no cinema com uma carteirinha forjada a exagerar sobre os danos causados a seu carro no aviso de sinistro para receber mais da seguradora — o mundo está repleto de exemplos que, mesmo ordinários, são amplamente considerados errados. Mas as escolhas certo *versus* errado são muito diferentes das escolhas certo *versus* certo. Estas tocam nossos valores mais profundos e centrais, colocando uns contra os outros de uma maneira que nunca será resolvida simplesmente fazendo de conta que um deles é "errado". As escolhas certo *versus* errado, ao contrário, não têm tanta profundidade: quanto mais você se aproxima delas, mais elas começam a dar sinais de sua natureza. Duas expressões comuns demonstram essas diferenças: podemos chamar as escolhas certo *versus* certo de "dilemas éticos" e reservar a expressão "tentações morais" para as escolhas certo *versus* errado.

Quando as pessoas boas se defrontam com escolhas difíceis, raramente é porque estão diante de uma tentação moral. Só aqueles que vivem em um vácuo moral podem dizer: "De um lado, está o bom, o certo, o verdadeiro, o nobre. Do outro, está o ruim, o maldoso, o falso, o vil. E sinto-me igualmente atraído por ambos". Se você já definiu um lado como claramente "errado", geralmente não vai considerá-lo seriamente. Diante das alternativas de discutir com seu chefe ou ameaçá-lo com um revólver no estacionamento, você não verá a última como uma opção. Certamente, podemos ser tentados a fazer algo errado — mas só porque o errado parece ser o correto, mesmo que só por um momento. A maioria das pessoas só precisa de um pouco de reflexão para reconhecer uma tentação moral disfarçada de um dilema ético.

Assim, as escolhas *realmente* difíceis não se referem ao certo *versus* errado. Elas envolvem o certo *versus* o certo. São dilemas genuínos justamente porque cada um dos lados está firmemente enraizado em nossos valores básicos e centrais. Quatro desses dilemas são tão comuns em nossa experiência que se destacam como modelos, padrões ou paradigmas. São eles:

- Verdade *versus* lealdade
- Indivíduo *versus* comunidade
- Curto prazo *versus* longo prazo
- Justiça *versus* compaixão

Os nomes para esses padrões são menos importantes do que as idéias que refletem: independentemente de falarmos em lei *versus* amor, ou eqüidade *versus* compaixão, ou justiça *versus* afeição, estamos falando em alguma forma de justiça *versus* compaixão. O mesmo acontece com os outros. Mas, embora os nomes possam ser flexíveis, os conceitos não são: esses quatro paradigmas parecem ser tão fundamentais para as escolhas certo *versus* certo enfrentadas por todos que podem ser chamados de *paradigmas de dilema*. Esses paradigmas são explicados mais detalhadamente nos capítulos cinco e seis. Aqui, contudo, está um exemplo de cada:

- **Verdade *versus* lealdade.** Como profissional que trabalhava em uma grande empresa de segurança eletrônica, Stan viu-se em meio a uma grande preocupação sobre cortes de pessoal. De tempos em tempos, aparentemente, a alta gerência cortava pessoal quando o trabalho rareava — para contratar de novo logo que as coisas melhoravam. Assim, Stan e seus colegas suspeitaram do pior quando notaram que os executivos estavam novamente tendo reuniões a portas fechadas.

O chefe de Stan, porém, era um bom amigo — e também um tagarela. Então, Stan não viu nada de mais em perguntar-lhe sobre o futuro. Seu chefe explicou detalhadamente o plano de contingência — mencionando que, se os cortes fossem necessários, Jim, um colega de Stan, perderia o emprego. E também deixou claro que Stan não deveria comentar nada sobre essa informação confidencial.

Pouco tempo depois dessa conversa, Jim procurou por Stan e perguntou se este poderia confirmar os boatos de que ele estava ameaçado de perder o emprego. Esse pedido mergulhou Stan no dilema verdade *versus* lealdade. Como ele sabia da verdade, a honestidade inclinava-o a responder. Mas havia prometido ao chefe que não quebraria a confidencialidade, e sentia muita lealdade diante desse relacionamento.

Qualquer escolha estaria "certa". E ele não podia escolher ambas.

• **Indivíduo *versus* comunidade.** Em meados da década de 1980, o administrador de uma casa de repouso para idosos na Califórnia recebeu uma carta de um hospital universitário próximo, para o qual esses idosos costumavam ir quando precisavam de cuidados médicos. A carta lembrava que recentemente cinco idosos haviam sido operados no hospital e o informava sobre as suspeitas da equipe médica de que parte do sangue usado em transfusões no hospital poderia estar contaminada com o vírus HIV. Embora deixando claro sobre a probabilidade de infecção ser baixa, a carta pedia-lhe que telefonasse imediatamente ao hospital e marcasse exames para os cinco idosos.

Essa carta trouxe-lhe uma questão direta: o que dizer e a quem informar? Considerando-se o pouco conhecimento público e profissional sobre a aids — lembre-se de que isso aconteceu em meados da década de 1980, quando a doença era pouco entendida e as normas legais não estavam definidas —, ele sentiu que, se contasse à sua equipe, espalharia tanto medo que os atendentes poderiam recusar-se a entrar nos quartos dos cinco idosos, tornando impossível cuidar minimamente deles. Mas suponha que, se ele não contasse à equipe, alguém contraísse aids: certamente, ele seria o culpado.

No fim das contas, os cinco fizeram o teste e nenhum deles obteve resultado positivo. Mas esse fato crucial não era conhecido na hora da decisão. O que deveria fazer? Por um lado, ele sabia que era certo respeitar os direitos individuais dos cinco idosos — a privacidade de seu histórico médico, a expectativa de um cuidado de alta qualidade na casa de repouso, sua dignidade como indivíduos. Em outras palavras, era certo não dizer nada.

Por outro lado, ele sabia que era certo proteger a comunidade diante da doença. A equipe não havia sido contratada para um trabalho arriscado. Quase todos se consideravam trabalhadores voluntários e não membros de uma profissão que colocam a vida em perigo por uma missão nobre e que foram preparados por treinamento intensivo. Mesmo que no dia seguinte ao anúncio todos ligassem dizendo que estavam doentes, eles tinham o direito de ser protegidos para continuar cuidando dos outros idosos. Então, era certo dizer a eles.

Os dois lados estavam certos, mas ele não podia fazer as duas coisas.

- **Curto prazo *versus* longo prazo.** Quando se formou em ciências na faculdade, Andy encontrou um bom emprego em sua área, casou-se e teve dois filhos. Doze anos depois, foi para outra empresa que lhe prometeu promoções a cargos de gerência. Sendo um pai devotado, admirava a dedicação da esposa na criação dos meninos. Mas também sabia que os filhos pré-adolescentes se beneficiavam muito de sua amizade e de seus conselhos paternos — especialmente quando chegaram ao que ele e a esposa perceberam como um difícil período de transição. Então, ele se comprometeu a passar muito tempo com eles, jogando futebol e ajudando nas tarefas escolares.

Mas ele também gostava muito do trabalho e saía-se bem nele. Rapidamente, ficou visível que, para subir nos escalões de gerência, precisaria cursar um MBA. Uma universidade próxima oferecia um curso desse tipo em um formato atraente de noites e fins de semanas que lhe permitiria continuar trabalhando em período integral. Mas isso comprometeria os próximos anos de sua vida e jogaria quase todas as atividades da família sobre os ombros da esposa.

O dilema de Andy colocava o curto prazo contra o longo prazo. Ele sentia que era certo suprir as necessidades da família a curto prazo — ficar perto de seus filhos num momento em que a influência do pai parecia tão importante. Mas também era certo cuidar das necessidades da família a longo prazo — preparar-se com uma formação que lhe proporcionaria maiores ganhos no futuro, quando teria de pagar a faculdade dos filhos.

As duas opções eram certas, mas ele não podia escolher ambas.

• **Justiça *versus* compaixão.** Como editor de um grande jornal diário, eu era encarregado de vários departamentos. Como quase todos os jornais, tínhamos artigos sobre educação, livros, ciência e artes — além de carros, xadrez, celebridades, jardinagem e culinária. Logo percebi que o que fazia qualquer um desses departamentos sair-se bem era a habilidade para escrever — e que, mesmo em áreas pelas quais eu não tinha um interesse perceptível, uma história bem contada podia prender minha atenção tanto quanto uma manchete de primeira página. Assim, sempre procurávamos contratar jovens que, além de qualquer outro talento, fossem bons redatores.

Havia uma jovem assim na seção de culinária. Ela viera de uma das melhores faculdades do país, progredira rapidamente até chegar a assistente editorial e regularmente assinava matérias. Então, certo dia de verão, quando soube que ela entregara um artigo sobre os morangos do Maine, fiquei contente ao vê-lo na fila de artigos a serem publicados.

No dia seguinte, minha atenção foi desviada do monitor de meu computador pela editora de culinária — uma mulher com décadas de experiência, uma das melhores na área —, que estava de pé, silenciosa, diante de minha mesa. Em uma das mãos, ela trazia uma cópia do artigo sobre morangos entregue por sua jovem assistente. E, na outra mão, um livro de receitas. Colocou ambos na minha mesa. E nas páginas do livro encontrei o artigo da jovem funcionária, palavra por palavra.

Há poucos pecados mortais no jornalismo, mas um é imperdoável: o plágio. Nada deve ter mais ênfase na mente dos jovens jornalistas, nada destrói uma carreira mais depressa, nada frauda mais os seus leitores, e nada é mais difícil de detectar. Esse não era um dilema ético certo *versus* certo. Para nossa jovem colega, era um simples caso de tentação moral, de certo *versus* errado — e ela optara pelo errado.

Para mim, contudo, *era* um dilema ético. Vi-me dividido entre dois desejos conflitantes. Uma parte de mim queria saltar da cadeira, passar pela editora de culinária e ir direto à mesa da assistente — virar a mesa, pegá-la pelo pescoço, jogá-la na rua e gritar: "Nunca, *jamais* ouse voltar — e que eu nunca saiba que voltou a trabalhar como jornalista!". Outra parte de mim queria ir até a mesa dela, puxar uma cadeira calmamente e dizer: "O que deu em você? Sabe muito bem que isso não se faz! Há algo errado em sua vida pessoal que eu não esteja sabendo? Vamos tomar um café — você e eu temos de conversar!".

Em outras palavras, parte de mim queria que a justiça fosse feita a qualquer preço — punição rápida e certa, um exemplo para os outros jornalistas —, apesar de que se eu agisse assim metade da redação poderia ficar resmungando: "Fascista sem coração, é rígido demais, nem se importa!". A outra parte de mim queria ser compassiva, estender a mão em uma situação que parecia precisar desesperadamente de compreensão — mesmo que eu pudesse imaginar a outra metade da redação resmungando: "Que frouxo, perdoa o crime!".

Era certo ser compassivo. Era certo aplicar a justiça. E eu não podia fazer as duas coisas.

Essa situação traz duas lições úteis. Em primeiro lugar, os dilemas têm atores. Qualquer análise deve começar com a pergunta: "De quem é esse dilema?". Para a jovem redatora, era um caso de certo *versus* errado. Para mim, era um caso de certo *versus* certo. Para a editora de culinária, tenho certeza, era outro tipo de certo *versus* certo: "Devo falar diretamente com minha assistente ou levar o caso a uma autoridade superior?".

Em segundo lugar, o modo como esse problema acabou sendo resolvido exemplifica um aspecto importante a respeito das soluções.

Muitas vezes chegamos a uma solução quando, ao analisar um dilema ético aparentemente polarizado rigidamente entre dois extremos, enxergamos um caminho intermediário. Nesse caso, descobrimos o caminho intermediário. Soubemos que a jovem assistente de fato estava tendo alguns problemas pessoais bastante sérios. E, como o artigo sobre os morangos ainda não havia sido publicado, tínhamos mais amplitude de ação. Ela foi transferida para a revisão e decidimos que não escreveria mais artigos. A jovem ficou vários anos nesse cargo e acabou saindo para outro emprego não relacionado ao jornalismo.

Depois de ouvir e analisar centenas de dilemas éticos como esses, descobri que geralmente eles se encaixam em um (ou em mais) dos quatro paradigmas. Mas e daí? Como esse processo de determinar um paradigma nos ajuda a fazer escolhas difíceis?

Acho que isso ocorre de três modos:

- Ajuda-nos a ver em meio ao mistério, à complexidade e à confusão — garantindo-nos que, por mais elaborados e multifacetados, os dilemas podem ser reduzidos a padrões comuns. Ao fazermos isso, lembramos a nós mesmos que *esse* dilema — o que caiu sobre minha mesa em meio a uma tarde calma de terça-feira — não é um acontecimento único no universo. Ao contrário, é um problema gerenciável, similar a muitos outros, e que pode ser analisado.
- Ajuda-nos a separar os detalhes menos essenciais e a ir direto ao âmago da questão. Com esse tipo de análise, o fato fundamental que o transforma num dilema autêntico — a oposição entre valores morais importantes — torna-se destacado. Olhando para essa oposição, podemos ver facilmente por que sentimos um conflito: cada valor é certo, e parece excluir o outro.
- Ajuda-nos a separar o certo *versus* errado do certo *versus* certo. Quanto mais trabalhamos com os verdadeiros dilemas éticos, mais percebemos que se moldam com naturalidade nesses paradigmas. Assim, qualquer situação que se encaixe em um ou mais paradigmas deve ser, na verdade, uma questão de certo *versus* certo. Mas o que dizer

daquelas situações que nos tocam como enigmas éticos e mesmo assim resistem a qualquer categorização nos paradigmas? De modo geral, elas não se encaixam por um motivo simples: na verdade, são questões de certo *versus* errado. Qualquer tentativa de colocá-las em um desses quatro padrões está fadada à frustração. Um lado parece imediatamente certo, mas o outro não. Por quê? Porque não há nada de certo nele: ele é errado. Desse modo, o teste dos paradigmas nos ajuda a perceber a diferença entre os dilemas éticos e as tentações morais.

Mas simplesmente analisar um dilema — ou mesmo classificá-lo nos paradigmas — não é resolvê-lo. A resolução exige que escolhamos o lado mais certo para as circunstâncias. E isso requer alguns princípios de tomada de decisão.

Os três princípios aqui esboçados originam-se nas tradições da filosofia moral. Dentre as inúmeras teorias propostas para a tomada de decisão ética, essas representam as três mais úteis para nos ajudar a pensar nas questões certo *versus* certo. Cada uma nos fornece um modo para testar os dois lados certos de um dilema. Cada uma possui uma tradição longa e nobre por trás. Cada uma, como veremos nos capítulos seguintes, tem argumentos de peso a seu favor — e importantes refutações contra. Por uma questão de praticidade, nós lhes daremos três nomes curtos: *baseadas em fins, baseadas em regras* e *baseadas em cuidados*. Esses princípios serão discutidos mais detalhadamente no capítulo sete. Aqui está o essencial de cada uma:

- **Pensamento baseado em fins.** Chamado pelos filósofos de *utilitarismo*, esse princípio é mais conhecido pela máxima: *Faça aquilo que produza o maior bem para o maior número de pessoas.* Isso exige de nós um tipo de análise custo-benefício que determine quem será ferido e quem será ajudado e que também meça a intensidade dessa ajuda. Esse é o elemento principal do debate de políticas públicas: atualmente, a maior parte da legislação é criada com esse teste utilitário em mente.

No cerne desse princípio, há uma avaliação das conseqüências, uma previsão dos resultados. Os filósofos normalmente se referem ao utilitarismo como uma forma de conseqüencialismo — ou, mais exatamente, como um princípio *teleológico* (do grego *teleos*, que significa "fim" ou "questão"). Por quê? Porque não se pode determinar "o maior bem" sem especular a respeito dos futuros prováveis. Daí o nome "baseado em fins": o utilitarismo examina os resultados possíveis e escolhe aquele que produza o maior bem para o maior número de pessoas.

Pensamento baseado em regras. Muitas vezes associado ao nome do filósofo alemão Immanuel Kant, esse princípio é mais conhecido por aquilo que Kant insistia em chamar de "o imperativo categórico"[1]. Kant disse o seguinte: "Aja apenas segundo uma máxima tal que você deseje que sua conduta seja erigida em lei universal". De um modo mais simples, isso significa: "Siga apenas o princípio que você deseja que todos os outros sigam". Em outras palavras, aja de tal modo que suas ações possam transformar-se em padrão universal a que os outros devam obedecer. Pergunte a si mesmo: "*Se todos no mundo* seguissem a regra de ação que estou seguindo, isso criaria o maior bem ou [nas palavras de Kant] o maior 'valor'?".

Esse modo de pensar é diretamente oposto ao utilitarismo. Argumentando que o conseqüencialismo é irreversivelmente falho — como, afinal de contas, podemos *imaginar* que conhecemos todas as conseqüências de nossos atos? —, o pensador baseado em regras pede que a ação ocorra apenas em conformidade com regras fixas. Não importam os resultados: mantenha-se firme em seus princípios e deixe que as conseqüências sejam quais forem. O pensamento com base firme no dever — naquilo que devemos fazer, e não naquilo que achamos que possa funcionar — é conhecido entre os filósofos como pensamento *deontológico* (do grego *deon*, que significa "obrigação" ou "dever").

1 "Imperativo categórico" de Immanuel Kant: Immanuel Kant, *The Moral Law: Kant's Groundwork of the Metaphysic of Morals*, trad. H.J. Paton (Londres: Hutchinson and Co., 1961), p. 88.

• **Pensamento baseado em cuidados.** Colocando o amor pelos outros em primeiro lugar, esse terceiro princípio entra em jogo mais freqüentemente com a regra áurea: *Faça aos outros o que gostaria que fizessem a você*. Ele demonstra uma característica que os filósofos chamam de *reversibilidade*. Em outras palavras, pede que você teste sua decisão, colocando-se no lugar de outra pessoa e imaginando como se sentiria se fosse o alvo, e não a fonte, de suas ações. Freqüentemente associado ao Cristianismo — afinal de contas, Jesus disse: "Tudo o que quereis que os homens vos façam, fazei-o vós a eles" (Mateus, 7:12) —, esse princípio é, na verdade, tão universal que aparece no centro de cada um dos grandes ensinamentos religiosos do mundo. Embora alguns filósofos (inclusive Kant) tenham discutido sua inclusão como um princípio prático, para muitas pessoas essa é a única regra de ética conhecida, e merece ser considerada pelo vínculo moral que tem proporcionado durante os séculos.

Como saber qual desses três princípios aplicar? Vejamos, inicialmente, alguns exemplos hipotéticos. Você está passando pela porta externa de um *shopping* quando uma mulher à sua frente abre a bolsa e pega um lenço. Sem que ela perceba, um maço de dinheiro cai no chão. Você o pega e o devolve à mulher.

A partir da perspectiva kantiana, você acabou de invocar uma regra ou máxima — nesse caso, "não roubar" — que desejaria ver universalizada. Não é difícil ver que, se todos no mundo fizessem o que você fez, em circunstâncias similares, o mundo sem dúvida seria um lugar melhor.

Mas suponha que já estejamos no final do dia e você esteja tomando um sorvete de casquinha. Quase acabou, só falta o finzinho úmido e nada saboroso da casquinha. Você acha que, se ficar segurando a casquinha por muito tempo, o sorvete vai derreter e escorrer por sua mão e seu braço. Não há nenhuma lata de lixo por perto. Mas há uma cerca-viva baixa a seu lado, e já existe um pouco de lixo sobre ela. Você pensa em enfiar a casquinha na cerca-viva — mas, como está num estado de espírito filosófico, primeiro quer saber o que os três princípios de resolução aconselhariam.

Comece pelo princípio utilitário. Uma avaliação rápida das conseqüências sugere que 1) mais cedo ou mais tarde um gari passará para limpar o lixo e 2) a cerca é provavelmente visitada por animais, como pássaros e formigas, e 3) não há mais ninguém por perto tomando sorvete. Seu finzinho de sorvete não fará nenhuma diferença na cerca nem na limpeza geral da rua. De modo geral, esse será um ato com pouquíssima conseqüência. Então, vá em frente e jogue.

Não tão depressa, diz seu lado kantiano. Lembre-se de que está estabelecendo um padrão para o mundo todo. Se você jogar a casquinha na cerca, esteja preparado para que *todos*, de agora até a eternidade, joguem o resto de casquinhas de sorvete nas cercas, até que as ruas de todo o mundo estejam cheias de casquinhas de sorvete. Esse é um exemplo extremo? Certamente. Mas ajuda a nos lembrar que a única razão para sentirmos que podemos "nos dar bem" com o princípio utilitário é que apenas poucas pessoas vão fazer o que acabamos de fazer e nosso ato terá pouca conseqüência em um amplo universo. E, perguntaria Kant, isso é motivo para quebrar as regras? Essa é a forma como você deseja que os outros se comportem?

A regra áurea preconiza exatamente isso: não faça o que não quer que os outros façam. Como você reagiria se a mulher à sua frente jogasse o resto da casquinha de sorvete na cerca-viva? E se fosse o resto do cachorro-quente? Ou uma ponta de cigarro? Ou as sobras de sua comida? Você não ficaria um pouco ofendido por ela degradar a ordem de *sua* vida? Então, o que sentirá a mulher atrás de você ao vê-lo jogar sua casquinha de sorvete e, ainda mais, o que sentirá a criança que está com ela? Você quer que os outros adultos dêem bons exemplos para seus filhos, mesmo em situações nas quais uma ação que possa ser interpretada como um *mau* exemplo talvez seja perdoável e até mesmo justificável?

O importante não é realizar os três testes e depois votar para decidir que a vitória seja três a zero ou dois a um. O importante é raciocinar. A utilidade desses princípios não é chegar a uma resposta inequívoca para o seu dilema. Eles não fazem parte de um *kit* de resposta mágico que produz soluções infalíveis: se fosse assim, a ética seria infinitamente mais fácil do que é e os problemas morais do mundo teriam sido resolvidos de modo satisfatório há muitos séculos. Não, os princípios são úteis porque nos dão um modo de exercitar nossa racionalidade moral. Eles nos fornecem lentes diferentes através das quais podemos examinar nossos dilemas. Para vermos como os princípios funcionam, voltemos aos dois dilemas tratados anteriormente: o caso da bibliotecária diante da questão de estupro e o caso da jovem jornalista que plagiou o artigo sobre morangos.

O que a bibliotecária deveria fazer? Ao analisarmos o dilema dela, parece que ele prontamente se encaixa no paradigma do indivíduo *versus* comunidade: o direito à privacidade de quem telefonou *versus* o direito de viver em segurança da comunidade. O utilitarista, olhando para as conseqüências e para o número de pessoas afetadas, pode insistir que a bibliotecária entregue o número de telefone ao detetive. O bem da comunidade, na opinião dele, deve prevalecer sobre os direitos do indivíduo. E se ele for inocente? E se a polícia, no esforço de obter uma confissão, tornar a vida dessa pessoa muito desagradável? Isso seria indesejável, mas é o que está subentendido no utilitarismo: o fato de que o bem maior ocorra ao maior número de indivíduos sugere que de vez em quando o não tão bom — até mesmo, algumas vezes, o muito ruim — ocorra com algumas pessoas. Suponha, continua o utilitarista, que a bibliotecária se recuse a fornecer o número — e que nessa mesma noite aconteça um segundo estupro. Suponha que isso ocorra noite após noite. A comunidade não tem o direito de ser protegida?

O imperativo categórico coloca a situação sob uma luz diferente. Argumentando a partir da perspectiva do dever, o kantiano pode exigir que a bibliotecária aja segundo seu senso de obrigação para com sua profissão. A regra é simples e direta: não se divulgam os nomes daqueles que telefonam pedindo informações. Não importam quais sejam as circunstâncias, simplesmente não se age assim — pois, do contrário, vai-se estar dizendo que todas as bibliotecárias do mundo deveriam agir do mesmo modo.

Ao nos explicar o seu raciocínio, a bibliotecária que relatou o dilema usou um outro exemplo. Suponha que um pequeno empresário de sua comunidade tenha uma inspiração e decida instalar um campo de golfe em miniatura. Ele telefona para a biblioteca a fim de obter informações sobre como fazer esse tipo de construção. Essa informação vai a público imediatamente — e uma grande construtora, que já tem um terreno adequado e muito dinheiro, decide que vai construir um antes de o pequeno empresário ter sequer uma chance de explorar suas possibilidades. Ela queria enfatizar que as bibliotecárias têm o dever sagrado de proteger a identidade daqueles que procuram informações, para garantir o livre uso das bibliotecas e promover a sociedade mais inventiva e produtiva possível.

Mas será mesmo que a grande construtora faria isso, pergunta o utilitarista? As chances de isso acontecer não são muito pequenas? E não existe uma grande diferença entre o estupro e um campo de golfe em miniatura? Claro que sim, o resultado final do golpe financeiro da construtora sobre o pequeno empresário não se compara à condenação de um criminoso.

Veja só, você de novo especulando sobre as conseqüências (responde o kantiano) — como se fosse possível prever o futuro. Mas —, já que não é possível, o único comportamento seguro é obedecer ao dever: não conte. E lembre-se: o que essa bibliotecária fizer nesse caso vai estabelecer o padrão para todas as bibliotecárias de todos os tempos. Esse é o imperativo da categoria de ação que ela está criando. Se seguir esse caminho, você estará provocando todo tipo de conseqüência. Sim, todos os suspeitos de estupro estariam presos. Porém, as bibliotecas seriam fiscalizadas e nós acabaríamos livres do crime, mas oprimidos pelo terror de uma polícia nazista.

E a regra áurea? Aqui a questão se volta para quem estamos chamando de *outros*. Se o outro for a pessoa que telefonou, ele não desejaria ser identificado — especialmente, se for apenas um estudante fazendo um trabalho escolar. Todavia, se o outro for um detetive, ele realmente precisa desse número. Se os outros forem as mulheres da comunidade, elas também desejam que o detetive tenha a informação. Como a bibliotecária vai decidir dependerá em parte de quem ela considera como sendo "o outro". Mas apenas em parte. Também vai depender de seu conceito do que significa *cuidar* dos outros. Ela pode expressar um senso elevado de cuidado ao defender os interesses a longo prazo de uma sociedade livre, onde ninguém corra riscos por simplesmente pedir uma informação? Ou seu senso mais elevado de cuidados liga-se a proteger a comunidade do que pode ser uma ameaça imediata?

Três princípios, três modos de pensar — e nenhum voto claro. Quer se coloque o indivíduo adiante da comunidade, quer se coloque a comunidade acima do indivíduo, tudo depende do peso que cada linha de raciocínio tenha para você.

Isso também vale para a história dos morangos e o paradigma justiça *versus* compaixão. Aqui, o utilitarista pediria um exame das conseqüências. Vá em frente e esfregue o livro na cara dela: mas o que você faria se no dia seguinte ela cometesse suicídio? Como se sentiria ao saber que a vida particular dela estava tão confusa que a levou ao desespero — e que você a impeliu para o abismo sem se importar em descobrir o que estava errado? E se ela o processar por assédio sexual por você ter agido de modo tão vigoroso? E se, e se? Considerando-se todas as coisas, o utilitarista poderia argumentar a favor de se deixar de lado o fato de o plágio ser um pecado capital — inclinando-se para a misericórdia, mesmo que só dessa vez.

O kantiano não desejaria saber sobre os *e se*, mas sobre as regras. Lembrando que sua ação será repetida por todos os editores que se encontrem em circunstâncias similares daqui em diante, o kantiano desejará estabelecer um padrão claro. Se você sempre deve obedecer a um lado ou ao outro, qual escolherá? Aqui a lógica pode inclinar-se para a justiça — a uma aplicação das regras, sem se preocupar com as conseqüências de sua ação nesse caso específico, mas com o objetivo claro na obrigação mais ampla de erradicar o plágio. Afinal de contas, inclinar-se para a outra direção — transformar a misericórdia em regra infalível — iria, em essência, anular a justiça. Se todos os editores agirem como se a justiça pudesse ser deixada de lado "apenas desta vez", de que servirá a justiça?

A regra áurea, focada na reversibilidade, pergunta: o que eu gostaria que meu chefe fizesse comigo em tais circunstâncias? O que teria me levado a agir desse modo? Estaria lidando com um sério problema pessoal? Talvez eu quisesse conselhos. Estaria atemorizado com a possibilidade de fracassar? Talvez precisasse de incentivo. Seria impulsionado pela necessidade de ser bem-sucedido a qualquer preço? Talvez devesse ser trazido de volta à realidade pela resposta rápida e dura de meu chefe. Talvez, na verdade, esse fosse um pedido inconsciente de ajuda — uma situação tão óbvia que pede para ser descoberta, punida e reformulada.

As decisões examinadas aqui são todas difíceis. E todas têm o mesmo grau de dificuldade. Todas colocam frente a frente dois importantes valores certos. Nos capítulos que se seguem, examinaremos o conceito de certo *versus* errado (capítulo dois). Veremos o que significa estar em boa forma ética (capítulo três). Refletiremos sobre onde obtemos nosso senso do que é certo e de como desenvolvemos nossos valores mais centrais (capítulo quatro). Examinaremos detalhadamente os paradigmas de dilema (capítulos cinco e seis) e os princípios de resolução (capítulo sete). No capítulo oito, aplicaremos esses paradigmas e princípios a um amplo conjunto de exemplos extraídos de questões públicas e particulares. Por fim, no capítulo nove, veremos a natureza da ética no século XXI e nossa relação individual com ela.

Contudo, em primeiro lugar, precisamos explorar algumas respostas do século XX para algumas questões antigas.

O que significam certo e *errado*?

Qual a importância de as pessoas fazerem coisas ruins?

Ao passarmos de um milênio para o outro, o que indica nosso barômetro moral — e qual a importância disso?

A ética realmente *importa*?

Capítulo Dois

Certo *versus* errado: por que a ética é importante?

Há algo ligeiramente surreal no caminho para Chernobyl. Ele ziguezagueia pelas ruas de Kiev, sobe pela imponente ponte de aço sobre o Rio Dniéper e serpenteia percorrendo fábricas areentas e desvios de ferrovia sobre os quais passam linhas de transmissão elétrica. Então ele deixa a cidade, vencendo passo a passo a planura do território agrícola ucraniano ao longo de um aterro flanqueado por fileiras de árvores. De quando em quando, cinde um vilarejo em que casas brancas atarracadas, ornadas de azul vívido e com telhados vermelho-escuros, proclamam a persistência de um espírito que anseia por extrair cor de uma paisagem cinzenta e combalida. Aqui e ali ele conduz idosos de paletó preto surrado, pedalando no acostamento, ou crianças de uniforme levando mochilas a caminho da escola. Algumas vezes, ele passa por mulheres de rostos redondos, impassíveis, com panos atados à cabeça e as mãos apoiadas em ancinhos ao lado da fumaça de folhas queimando. Mas na maior parte das vezes ele conduz jipes, motocicletas com acoplamento lateral, ônibus do exército, caminhões basculantes, gruas e betoneiras — um poeirento cortejo de equipamentos que, pelo fato de este caminho não levar mais a nenhum lugar, têm por destino deter-se na usina nuclear de Chernobyl, a 150 quilômetros de Kiev.

Ao cruzar essa paisagem em uma van amarelo-mostarda numa manhã de segunda-feira no fim de março de 1989 — um mês de março incomumente sem neve — como um dos primeiros jornalistas ocidentais a quem foi dado ver tão de perto o desventurado Reator Número Quatro de Chernobyl, lembro-me de haver notado que os campos já verdejavam com um tapete de trigo invernal. Aquele mês de março, decerto, era incomum também de outras maneiras. Situada entre o início da *perestroika* do presidente soviético Mikhail Gorbachev e um encerramento político que logo provocaria a dissolução completa da União Soviética, a primavera de 1989 pairava perigosamente numa curiosa mistura de liberdade impetuosa e ansiedade palpável. Podia-se senti-la no ar. Um povo embotado pelas amarras de setenta anos de autoritarismo estava se libertando — particularmente nessa parte da Ucrânia, onde as pessoas redescobriam, na linguagem musical e nas roupas vivamente bordadas de sua herança, a voz de um nacionalismo há muito suprimido. Agora, porém, ao arriscarem um olhar por sobre os limites de seus muros mentais para explorar um mundo que deveria ter prometido liberdade, o que viam ao longo dessa extensão de estrada era uma paisagem ainda sob a sombra moral do pior acidente industrial da história da humanidade: a degradação de um reator e a explosão ocorridas em Chernobyl três anos antes.

A história que ouvi naquela segunda-feira de março — de alguns dos engenheiros soviéticos convocados logo após a explosão para ajudar na desobstrução e limpeza — foi um relato não somente da catástrofe física. Foi, em suma, a história de uma degradação moral,[1] o relato de um lapso de consciência profundo a ponto de nos impelir a repensar o papel da ética na sociedade contemporânea. Foi a história de outros dois engenheiros elétricos que trabalharam até o início da madrugada de 26 de abril de 1986 no painel de controle do Reator Número Quatro. Sem disporem de nenhuma autoridade — pelo menos segundo o que os

1 A história de uma degradação moral: para relatos do incidente em Chernobyl, ver Zhores A. Medvedev, *The Legacy of Chernobyl* (New York: W. W. Norton & Co., 1990); e Grigori Medvedev, *The Truth About Chernobyl* (New York: Basic Books, 1991).

representantes soviéticos declararam posteriormente à Agência Internacional de Energia Atômica, em Viena —, eles decidiram verificar por quanto tempo a turbina continuaria girando livremente caso a energia fosse interrompida. Assim, começaram o teste desligando o reator. Para isso, tiveram de anular seis sistemas de alarme computadorizados. Os alarmes continuaram disparando sinais luminosos na tela — o equivalente a *Pare! Não prossiga! Reverta o curso!* Recusando-se a cancelar o experimento, eles desligaram os alarmes. Quando as equipes de desobstrução adentraram as instalações algum tempo depois da explosão, encontraram válvulas travadas com cadeados na posição aberta para impedi-las de fecharem-se automaticamente, parte de um mecanismo de segurança que poderia ter impedido o desastre.

Já devia ser mais de meia-noite quando esses dois homens desligaram o último alarme. Naquele momento, o funcionamento do reator — um dispositivo do tipo RBMK moderado a grafite e resfriado a água, projeto notoriamente instável na baixa energia — ficou abaixo do seu nível normal. Subitamente, numa questão de segundos, a energia começou rapidamente a se elevar. Percebendo o perigo, os engenheiros soltaram as hastes de resfriamento que pendiam acima do núcleo do reator. Essas hastes deveriam ter caído por ação da gravidade em orifícios situados no núcleo, moderando a reação. No entanto, o intenso calor da reação, já a caminho de atingir uma temperatura que no fim excederia 2 250 graus Celsius, havia retorcido as hastes. Emperradas em seu trajeto, elas não alcançaram o seu alvo. À 1 hora e 24 minutos daquela madrugada de sábado houve uma violenta explosão, seguida quase imediatamente por outra. Em rajadas que fizeram ir pelos ares a cobertura da enorme sala de máquinas, destroços de grafite radioativa voaram a grande altura — e uma coluna de fumaça contendo césio 137 e iodo 131 começou a subir por cinco quilômetros na atmosfera.

O dano causado pela explosão ainda está sendo calculado. Por si só, ela matou 31 trabalhadores soviéticos — oficialmente. Extra-oficialmente, outras centenas morreram em conseqüência dos efeitos radioativos. A coluna espalhou altas doses de material radioativo sobre todos os países do Hemisfério Norte, envenenando renas na Suécia e ovelhas na Grã-Bretanha e forçando dezenas de milhares de pessoas a exilarem-se de suas terras agrícolas na Ucrânia e Bielo-Rússia. Um círculo de quase 30 quilômetros de raio ao redor de Chernobyl ainda está excessivamente "quente" para a ocupação humana: nem mesmo os peixes apanhados em seus riachos e os cogumelos colhidos sob seus pinheiros imponentes podem ser comidos. O custo das operações de limpeza, que ainda está aumentando, foi até agora estimado em 14 bilhões de dólares — segundo alguns especialistas, um montante equivalente a todo o investimento soviético na produção de energia nuclear, iniciada em 1954. O que permanece é o sinistro sarcófago de cimento, construído ao redor do Reator Número Quatro, como um descomunal galpão com teto de telhas. Estima-se que contenha uma tonelada de plutônio. Por segurança, precisa permanecer intacto por séculos — tanto tempo, dizem alguns, quanto a idade das pirâmides egípcias.

Quem foram esses dois engenheiros, sobre os quais tudo o que sabemos se mantém a uma distância indistinta, quase de ficção, como se fossem personagens de um filme do qual ouvimos falar mas nunca chegamos a ver? Uma coisa é certa: eles não eram tolos. Naquela época, um emprego em Chernobyl era algo muito valioso. Esses homens estavam entre os mais brilhantes de seu país. Tampouco lhes faltavam habilidade científica ou destreza técnica: com certeza, sabiam o bastante, não apenas para operar os painéis de controle, mas para anular e desativar os sistemas de alarme. O que faltou, sem dúvida, foi algo que vai além dos requisitos da inteligência. Faltou — não somente dentro daqueles dois indivíduos, mas em toda a estrutura de comando e controle, para que cada um incentivasse ou permitisse que um experimento tão despropositado ocorresse naquela noite — foi um referencial para discernir entre o certo e o errado. O que esteve ausente foi aquilo que a maioria das pessoas em todo o mundo descreveria, simplesmente, como consciência, moralidade ou ética.

Isso não é um detalhe. Na verdade, diz respeito à essência da questão. Parece evidente que o que se degradou em Chernobyl, bem antes da explosão do reator, não foi meramente a compreensão científica, algum aspecto da base de conhecimento. O que fracassou foi um sistema de barreiras internas. Antes que um único alarme computadorizado pudesse ser anulado, foi preciso haver uma anulação moral. Os valores consagrados pelo tempo — de autoridade responsável, integridade, respeito pela comunidade, pelo meio ambiente e pelo futuro — onde estavam? A refinada formação científica desses homens não havia deixado espaço para tais considerações? As complexidades da tecnologia atual haviam requerido tanto tempo e atenção de seus aprendizes que os grandes aspectos humanísticos, a paisagem ricamente matizada da cultura russa e ucraniana, deixaram de contar com um único nicho em seus currículos? Não sobrara espaço para uma filosofia moral que correspondesse ao refinamento de sua compreensão científica e técnica? Ou o sistema simplesmente extirpou-a deles, induzindo-os a engolir seus escrúpulos em nome da lealdade a seus superiores?

Jamais saberemos: nenhum dos dois sobreviveu. O pronunciamento das autoridades soviéticas — que ocultaram informações por vários dias após o acidente, até que a coluna de fumaça radioativa alcançasse a Suécia e o segredo não mais pudesse ser mantido — deixou muito a desejar. Até hoje, essas são perguntas que precisam ser formuladas. Não importa que, em alguns redutos, tais questões sobre moralidade sejam vistas como meros preciosismos metafísicos, retrocessos fora de época para um século XIX mais pausado, menos confiante em seu cientificismo. Não importa que, em nossa era tão atraentemente tecnológica, acreditemos ter superado a necessidade de uma educação enraizada em embates filosóficos — que a ética da tecnologia, se é que ao menos chega a ser buscada, possa ser relegada com segurança ao terreno das disciplinas optativas, dos passatempos e das conversas “amenas” entre especialistas de áreas “sérias”.

Chernobyl nos mostra que não é assim.

Mas a degradação moral em Chernobyl teria sido de fato um fenômeno tão novo? Cada época não dispõe de suas figuras infames e irracionais, sua amoralidade endêmica, seus egoísmos incontidos? Somos piores que nossos antepassados? Será que cada geração não idealiza um período ético aparentemente de ouro em seu passado e o contrasta com a corrupção moral de seu presente? Será que aqueles engenheiros ou até mesmo aquele sistema soviético estariam posicionados no barômetro moral em nível inferior ao de seus predecessores?

Talvez não estivessem. Isso foi expresso pelo poeta inglês William Wordsworth da seguinte maneira, em 1802, ao lançar um olhar nostálgico sobre a "virtude" personificada por seu conterrâneo John Milton, cujo poema épico *Paraíso Perdido* fora composto 135 anos antes:

> *Milton! deverias estar vivo nesta hora:*
> *a Inglaterra tem de ti necessidade: é um pântano*
> *de águas estagnadas: o altar, a espada e a pena,*
> *a lareira, a riqueza heróica do salão e do recôndito*
> *foram privados de sua antiga herança inglesa*
> *de felicidade interior. Somos homens egoístas...*
>
> (Soneto VIII, "London, 1802")

O impulso de condenar o presente em termos éticos — "Somos homens egoístas"! — sempre esteve ativo, assim como a nostalgia pelo retorno daquilo que pudesse nos trazer a virtude. Esse impulso incessante, no entanto, não deveria nos cegar para as diferenças quantitativas e qualitativas entre nossas tecnologias passadas e presentes. Houve, na época de Wordsworth, um sistema que, se fosse possível delegá-lo a dois engenheiros como os do Reator Número Quatro e dizer-lhes "Façam a coisa mais despropositada que puderem imaginar", teria produzido uma Chernobyl? Onde é que, no século XIX (para mudar o exemplo), seria possível encontrar um navio grande o bastante para ser carregado com alguma substância tóxica, ser deixado nas mãos de um capitão bêbado e ser levado a encalhar no Estreito Príncipe William, no Alasca, para conseguir obter o estrago causado pelo vazamento de petróleo do *Exxon Valdez* em 24 de março de 1989? Ou onde, em alguma outra época, teria sido possível dispor de um gigantesco sistema financeiro não-governamental, entregá-lo ao equivalente moral do financista norte-americano Charles Keating, responsável por escândalos financeiros em 1989, e dizer "Faça o que bem entender", e isso tivesse provocado algo semelhante ao caos econômico gerado pelo colapso das instituições norte-americanas de poupança e empréstimos na década de 1980?

A novidade, então, não é simplesmente o conhecimento de que dispomos. É a própria escala e poder de nossos sistemas — científico, tecnológico, financeiro, governamental, educacional e assim por diante. Presentes em todos os lugares, elaborados para operar a grande velocidade e, com freqüência, descentralizados, tais sistemas são cada vez mais suscetíveis ao uso indevido ou manipulação por um único indivíduo que tome uma única decisão errada. Por que esse fato é tão importante? Simplesmente porque tais sistemas respondem muito intensamente à nossa ética. Como megafones, eles amplificam pequenos sussurros de transgressão, convertendo-os em vastos estrondos de amoralidade. Nesse efeito gigantesco, um único lapso moral — uma única Chernobyl ética — pode agora afetar milhões de pessoas durante séculos.

Mas não foi sempre assim? Não é fato que, de Átila, o Huno, até Adolf Hitler, milhões foram dizimados pela perversão moral? Certamente. Nos dias de hoje, porém, o perigo está não somente nas mãos de loucos, tiranos ou expoentes visíveis do mal. Hoje em dia ele também está nas mãos de especialistas razoavelmente bem-intencionados — cujos únicos deslizes, talvez, sejam uma falta de clareza no cerne moral e uma conseqüente limitação de visão. O perigo se encontra cada vez mais nas mãos de pessoas comuns — pessoas que eu e você conhecemos e apreciamos. Elas não estão obstinadamente pondo-se a criar a próxima Chernobyl. No entanto, podem estar atuando em um vácuo ético sistêmico e pessoal que, no final, as deixa incapazes de distinguir entre o certo e o errado. O perigo maior, ao que parece, é que no momento crítico de decisão elas podem simplesmente não se dar conta do fato mais crucial: que estão passando a fazer parte de uma tentação moral de âmbito mundial.

Quinze minutos na empresa metalúrgica Bath Iron Works

Nem todas as tentações, felizmente, são de escala global. Algumas são pessoais e internas. Mas, onde quer que se situem ao longo da escala que se estende desde a culpa individual até a calamidade pública, essas tentações pedem clareza ética. E elas nunca, no fim, são pequenas. Até mesmo as tentações mais ou menos pessoais podem levar ao que um conhecido meu chama de "LEC". Quando lhe perguntei o que queria dizer com isso, ele me lembrou de uma situação ocorrida com um fornecedor do setor de defesa no estado do Maine, na costa atlântica dos Estados Unidos — a triste história de um contrato com a marinha, um líder empresarial muito respeitado e um lapso ético de quinze minutos.

A história começa em 16 de maio de 1991, quando um grupo de executivos da empresa metalúrgica Bath Iron Works (BIW), na cidade de Bath, Maine, encontrou-se em seu centro de conferências para uma reunião trimestral com a Marinha. Acompanhava-os um consultor da PRC, Inc., firma sediada no estado de Virgínia e contratada pela Marinha para serviços de análise financeira. Na mesa de discussões: uma avaliação do progresso da BIW na construção do destróier *Arleigh Burke*. E, novidade à vista: a intenção de firmar contratos, anunciada pela Marinha, ainda naquele ano, para outros cinco destróieres Aegis, cada um representando um ganho de cerca de 250 milhões de dólares para o construtor naval.

Esses contratos, naturalmente, estavam reservados a construtores navais norte-americanos. Desde a Segunda Guerra Mundial, porém, o número de empresas capazes de construir embarcações militares nos Estados Unidos diminuiu de catorze para duas. Uma delas era a Bath

Iron Works, uma empresa de um século que, com um número recorde de 11 300 empregados em tempo de paz, em 1989, era o maior empregador privado do Maine. A outra era a Ingalls Shipbuilding, sediada no estado do Mississippi, que, como a BIW, era o maior empregador particular no estado. Novamente, esses dois estaleiros tinham-se rivalizado pelos contratos com a Marinha. Repetidamente, não haviam poupado esforços para adivinhar a estrutura de custos e os cronogramas um do outro, a fim de elaborar a proposta vencedora. Isso não surpreende. Os lances eram tremendamente altos; as pressões, intensas. Com o fim da Guerra Fria, os serviços relacionados à defesa já estavam em declínio. Se a BIW quisesse prosseguir como uma construtora naval viável a curto prazo, seria preciso continuar vencendo licitações para pelo menos dois destróieres por ano.

Dessa vez, o processo de licitação poderia não ter sido diferente, não fosse por um documento de 67 páginas da Marinha. Trazendo na capa os dizeres "Confidencial — Negócios", ele foi deixado por engano por um consultor e encontrado numa cadeira por um faxineiro que limpava o centro de conferências às 5 horas da manhã seguinte. Depois de percorrer os canais executivos da empresa, às 9 horas o documento finalmente chegou à mesa do CEO da BIW, William Haggett. Filho de um encanador da BIW e formado nas universidades Colby e Harvard, Haggett passou 28 anos galgando a hierarquia de cargos da BIW, do posto de comprador ao de CEO. Altamente conceituado na comunidade como cidadão de destaque e defensor das iniciativas voluntárias, era respeitado em Washington como voz de peso em assuntos de construção naval, sendo com freqüência mencionado como possível candidato ao governo do Maine em 1994.

Naquela manhã, entretanto, Haggett teve de deixar o escritório logo em seguida, para uma reunião em Portland, a meia hora de viagem. Uma rápida inspeção mostrou-lhe que o documento estava repleto de análises das estruturas de custo da Ingalls e da BIW. Ele percorreu as páginas durante quinze minutos. Discutiu o conteúdo com seus vice-presidentes de finanças e contratos, que também examinaram o documento. Ele estava então a par do conteúdo: páginas e páginas de números, detalhando as estimativas financeiras de seu concorrente para a construção dos destróieres Aegis. Eram informações preciosíssimas para a BIW. Mas, como Haggett também sabia, eram informações sigilosas. Sua circulação é severamente restringida pela Lei de Integridade de Aquisições, lei federal criada para que os fornecedores que participam de concorrências governamentais atestem que não estão — nem nunca estiveram — de posse de informações protegidas. Com pouco tempo disponível, Haggett rumou para Portland. Antes, porém, pediu que o documento fosse xerocopiado — e que o original fosse devolvido ao centro de conferências em que foi encontrado.

Durante sua ausência nas quatro horas seguintes, o documento foi cuidadosamente analisado. Partes dele foram transferidas para planilhas nos computadores da empresa. Às 14 horas e 15 minutos, no entanto, um dos executivos decidiu que seria melhor relatar o episódio a seu chefe, o presidente da BIW, Duane D. "Buzz" Fitzgerald. Assim como Haggett, Fitzgerald também tinha laços de longa data com a BIW: seu pai trabalhou durante quarenta anos no departamento de construção e reparos navais. Advogado por formação, Fitzgerald por vezes era descrito como "a consciência do estaleiro", devido a sua reputação de probidade ética. Sentindo um profundo desconforto com o curso dos eventos, Fitzgerald tomou a iniciativa de corrigir-lhes a causa. Perto das 15 horas, ele deu ordens para destruir a cópia e deletar os dados dos computadores. Haggett, ao retornar de Portland, concordou com a decisão de Fitzgerald e admitiu ter tomado o que mais tarde chamou de "uma decisão ruim". Às 16 horas e 30 minutos, Haggett já havia entregado o documento original ao oficial local da Marinha, Capitão Paul M. Robinson.

No entanto, os problemas ainda assim persistiam. O próprio relatório do estaleiro sobre o incidente, apresentado em 31 de maio pelo advogado da BIW de Washington, Robert H. Koehler, contém uma descrição sucinta mas séria da entrega do documento por

Haggett. Este último, diz o relatório, "determinou que não tomaria a iniciativa de informar ao Capitão Robinson que a BIW havia fotocopiado o estudo... mas que apenas declararia 'não existirem cópias' ". Uma vez que, às 14 horas e 30 minutos daquela tarde todas as cópias já haviam sido destruídas ou deletadas, o depoimento de Haggett era tecnicamente correto.

Na Marinha, evidentemente, todos estavam apreensivos. Preocupados com um possível comprometimento do processo de licitação, eles deram início às próprias investigações. Em julho, o relatório da Marinha retornou: nenhum dano material incidiu sobre a Ingalls nesse caso. A BIW e Haggett foram inocentadas de delito grave. Assim que a BIW afastou aqueles que tiveram acesso ao documento, o processo de licitação pôde prosseguir como planejado.

No entanto, em 16 de setembro, Haggett estava à frente dos microfones numa reunião de imprensa em Bath, renunciando a seu cargo de CEO. Ele agiu assim não por insistência da Marinha, mas por sugestão dos próprios colegas, que, preocupados com a reputação de integridade da BIW, lhe pediram para deixar o cargo. A razão, que Haggett explicou de modo um tanto pesaroso a um público atônito, era clara. Quinze minutos de vacilação ética, disse ele, custaram-lhe a carreira. "Pensando no que passou, acho que foi uma decisão ruim a que tomei", observou, e acrescentou: "Eu sei que foi". Para substituí-lo no cargo de CEO foi escolhido Buzz Fitzgerald.

Foi o que meu amigo quis dizer ao usar a sigla LEC: um "Lance para Encerrar uma Carreira".

Há, evidentemente, uma enorme diferença entre Bath e Chernobyl — em escala, dano causado, custo e efeito sobre a vida das pessoas. Ninguém compararia o deslize quase técnico de um Bill Haggett — em que um cronograma apertado se combinou com um desejo de beneficiar sua empresa, causando uma tragédia pessoal — com o desastre global que resultou do esforço deliberado e premeditado dos engenheiros de Chernobyl para contornar os procedimentos de segurança. No fundo, porém, esses casos apresentam uma similaridade notável. Ambos aconteceram rapidamente. E cada um ocorreu porque três elementos essenciais se somaram para criar as condições propícias ao deslize: inteligência, tamanho e lapso ético. Na ausência de qualquer um desses três elementos, o problema poderia ter sido evitado. Se os engenheiros de Chernobyl tivessem sido brilhantes mas amorais — limitando-se, porém, a um sistema de pequenas dimensões —, o dano teria sido mínimo. Se tivessem sido *estúpidos*, embora não-éticos, não teriam sabido como desligar os alarmes. E, é claro, se tivessem sido brilhantes *mas de forte caráter moral* e trabalhado em um sistema de grande envergadura, provavelmente teriam evitado uma ação tão desastrosa.

Tudo isso se aplica também a Haggett. Ninguém duvida de que sua inteligência o conduziu ao ápice da empresa. E não há dúvida de que, como CEO de um importante fornecedor de equipamentos de defesa, ele fazia parte de um sistema de grande escala. Na ausência de qualquer dessas duas condições — se não tivesse sido brilhante o bastante para estar no topo, ou se comandasse uma pequena organização —, o dano poderia ter sido perdoável e a carreira preservada, por mais profundo que tivesse sido o lapso ético. Juntem-se as três coisas, e surgem as condições ideais para um "LEC".

Três maneiras de estar errado

Há ainda outro fator que liga essas duas histórias. Ambas envolvem uma decisão certo *versus* errado. No turbilhão dos acontecimentos, por um instante pode parecer que testar sua turbina em Chernobyl ou apropriar-se de uma licitação em Bath sejam atitudes perfeitamente "corretas". Mas só por um instante. Um pouco de reflexão sobre as conseqüências a longo prazo sobre os motivos individuais ou sobre as regras morais torna claro que nenhum desses dois casos envolveu um dilema ético genuíno que pusesse frente a frente o correto contra o correto. Ao contrário, eles evidenciaram tentações morais que confrontaram o certo com o errado.

Nesse sentido, esses são exemplos reveladores. O mundo, afinal, é cheio de transgressões. Uma parcela significativa do orçamento de cada país é destinada a descobrir, policiar, julgar, encarcerar e reabilitar transgressores. Uma grande parte dos fundos assistenciais privados é utilizada para retificar transgressões tais como o abuso de drogas, o crime nas vias públicas e a violência familiar. As empresas privadas gastam milhões anualmente para evitar perder outros milhões em roubos e fraudes cometidos por seus próprios empregados. Cada um desses problemas abrange um leque de transgressões individuais. E cada transgressão individual começa quando alguém toma a decisão de fazer algo que não é correto. Certo *versus* errado, então, constitui uma parte tremenda de qualquer reflexão que se faça sobre a ética de hoje.

Mas qual é a natureza da transgressão? Como a reconhecemos quando a vemos? Tipicamente, consideramos o *errado* de três maneiras:

- **Violação da lei.** É errado, dizemos, ultrapassar pela direita, pegar um doce sem pagar ao lojista, cortar árvores na propriedade do vizinho ou passear com o cachorro sem coleira. Mais significativamente, é errado subornar funcionários públicos, recusar-se a pagar o aluguel, emitir cheques sem fundos ou espancar o cônjuge. Esses tipos de transgressão envolvem falhas na obediência a leis claramente especificadas. Tal falta de obediência pode advir da ignorância ou ser intencional — seja porque não conhecemos a lei e suas aplicações, seja porque voluntariamente optamos por violá-la.

Um número cada vez maior de empresas agora dispõe do cargo de *compliance officer**, cuja incumbência é informar os gerentes sobre a legislação e fazer com que seja respeitada. Atuando como fontes de informação, ajudam a alertar os gerentes de modo a mantê-los longe de problemas legais e regulamentares preveníveis; como en-

* Funcionário encarregado de verificar e manter a conformidade às leis e normas tanto internas quanto, em especial, externas, em âmbito local, estadual e nacional. Também chamado de deontologista. (N. T.)

carregados de promover o respeito pela lei, eles tendem a funcionar como guardiães de ética da empresa. Embora essas duas funções em geral se encaixem perfeitamente no organograma da empresa, fundi-las num único cargo é um procedimento que às vezes leva a uma indistinção entre lei e ética, prejudicial a ambas — um problema examinado mais detalhadamente no capítulo três.

• **Distanciamento da verdade.** Também usamos a palavra errado para descrever aquilo que não condiz com os fatos reconhecidos. Argumentar que cinco é a soma de dois mais três, comentar que está chovendo, quando na verdade é apenas o borrifador do gramado que está molhando a janela, e afirmar que Bach compôs a *Abertura 1812* — tudo isso está errado. O mesmo se aplica a telefonar para o trabalho avisando estar doente, quando não está; declarar que a imundície no rio não provém de sua fábrica, quando de fato provém; ou alegar, como fez Richard Nixon quando presidente dos Estados Unidos, que não sabia nada sobre Watergate, quando sabia.

A EDUCAÇÃO DO CARÁTER

O que uma sociedade deveria fazer com um mundo de transgressões? Muitos diriam: "Ensine ética". O termo-padrão para tal atividade hoje em dia é "educação do caráter". No entanto, como demonstrou James Leming, há muitos pássaros diferentes fazendo ninhos nessa mesma árvore — alguns deles melhor que outros.

O atual movimento de educação do caráter nos Estados Unidos teve diversos antecessores, com mais destaque nas décadas de 1920 e de 1960. Nos anos 1920, esse trabalho consistiu basicamente em estabelecer e promover códigos de conduta e integrá-los à vida escolar. Em 1928, porém, um importante estudo sobre o assunto, realizado pelos psicólogos norte-americanos Hugh Hartshorne e Mark May, revelou que "a mera exortação ao comportamento honesto feita pelo professor ou a discussão de padrões e ideais de honestidade... não têm necessariamente relação com a conduta". Na época da Segunda Guerra Mundial, a educação do caráter já havia desaparecido completamente das escolas.

Na década de 1960, o esforço ganhou novo alento quando os psicólogos norte-americanos Lawrence Kohlberg e Sidney Simon *(veja quadros nas páginas 64 e 292)* foram os primeiros a propor dois enfoques, respectivamente: o de "dilema moral" e o de "esclarecimento de valores". No primeiro, pedia-se aos alunos que desenvolvessem seu raciocínio moral, na esperança de levá-los a alcançar um estágio mais alto na escala de Kohlberg. No último, pedia-se ao professor que simplesmente servisse de facilitador neutro, excluindo rigorosamente seus valores da sala de aula e respeitando todo e qualquer valor que os alunos formulassem. A última abordagem, particularmente, provocou uma significativa preocupação pública acerca da educação "neutra quanto aos valores" e destituída de qualquer direcionamento moral. Amplas pesquisas também já revelaram sua ineficiência. A discussão sobre o dilema moral, no entanto, tem geralmente obtido sucesso.

Hoje há um crescente movimento de educação do caráter aglutinando-se, graças a organizações como a Character Education Partnership [Parceria para a Educação do Caráter], em Washington, e ao peso intelectual de livros como *Educating for Character: How Our Schools Can Teach Respect and Responsibility* [Educando para o Caráter: Como Nossas Escolas Podem Ensinar Respeito e Responsabilidade], do psicólogo norte-americano Thomas Lickona. O movimento de hoje busca traçar um caminho intermediário entre uma abordagem neutra quanto aos valores e uma aplicação altamente estruturada de códigos quase religiosos. As pesquisas indicam que os elementos que mais parecem elevar o barômetro moral entre os alunos são:

- programas de discussão de dilemas morais;
- ambientes de aprendizagem cooperativa, em que os alunos se responsabilizam pela própria aprendizagem e comportamento e também pelos dos outros;
- atmosfera escolar assentada em padrões claros, respeito mútuo entre estudantes e educadores e instâncias de controle compartilhadas; e

- comunicação clara de um consenso sobre os comportamentos apropriados, consenso esse respaldado não só entre pares, em cada segmento que compõe a escola, mas também pela comunidade.

Para que o movimento atual tenha sucesso onde seus predecessores falharam, escreve o professor Leming, "a educação do caráter deve se tornar uma atividade com um claro respaldo da comunidade",[2] abrangendo bem mais que o cenário escolar e proporcionando "uma clara recompensa a professores que levem a sério seus objetivos e desenvolvam as competências necessárias".

Esse é o tipo de mentira "errada" que está no cerne do processo legal, no qual muita energia é gasta tentando-se determinar a relação entre o que as partes *dizem* que aconteceu e o que *realmente* aconteceu. Tais distanciamentos da verdade, porém, não se limitam à lei, e chegam a áreas não tocadas pela legislação. Em sua forma mais simples, eles envolvem uma leitura errônea, embora honesta, dos dados: se eu emitir um cheque sem fundos porque o banco calculou incorretamente o meu saldo no extrato, estive "errado" quanto à minha capacidade de pagar, embora de modo inteiramente inocente. Em sua forma mais complexa, tais distanciamentos envolvem aspectos de interpretação mais complicados: as alegações de que o poeta inglês Christopher Marlowe escreveu grande parte da obra *Henrique IV*, que agora atribuímos a Shakespeare, ou de que o norte-americano Lee Harvey Oswald agiu sozinho ao matar John F. Kennedy podem de fato estar "erradas" no sentido em que não descrevem o que realmente ocorreu — embora, por não conseguirmos verificar "o que de fato ocorreu" nesses casos, talvez jamais cheguemos a sabê-lo.

• **Desvio da retidão moral.** Suponha que eu veja alguém roubando um produto no supermercado, mas não diga nada ao gerente.

2 James S. Leming, *Character Education: Lessons from the Past, Models for the Future* (Camden, Me.: The Institute for Global Ethics, 1993), p. 30.

Suponha que hoje eu não faça nenhum esforço para dar comida ao cachorro. Suponha que eu prometa me encontrar com você ao meio-dia, mas decida almoçar com outra pessoa e não me importe em avisá-lo. Mesmo que disponhamos apenas do conceito mais rudimentar de dever, provavelmente veremos essas situações como lapsos de ética. E não hesitaríamos em descrever como "errada" a situação em que um jornalista faz passar por suas umas poucas palavras extraídas de uma fonte não protegida por direitos autorais, ou em que um médico insiste para que um paciente seja submetido a um procedimento caro quando bastaria um tratamento mais em conta, ou em que um político faz promessas contrárias e conflitantes a diferentes grupos. Essas coisas estão erradas não porque violam a lei ou não condizem com os fatos, mas porque se colocam contra os princípios morais. Elas não batem, em outras palavras, com o código de valores internos fundamentais amplamente compartilhado e compreendido e que define — pelo menos em nossa época e lugar — a diferença entre certo e errado.

Essa ressalva — "em nossa época e lugar" — é importante. Os valores podem mudar, como facilmente demonstra a história da civilização ocidental. Quando ainda era certo possuir escravos, já era errado ser antropófago. Quando já havia se tornado errado possuir escravos, ainda era certo considerar as mulheres como propriedade. Quando isso se tornou errado, ainda era certo baforar fumaça de cigarro no rosto do vizinho. Hoje, época em que fumar caiu em desgraça, ainda é certo usar e jogar fora copos de plástico, apesar de seus efeitos a longo prazo sobre o ambiente.

Tais mudanças advêm não somente de movimentos culturais que entram e saem de moda ou de temores sociais passageiros. Elas às vezes provêm de alterações marcantes e profundamente enraizadas na "placa tectônica" moral da época. No entanto, por mais que os valores individuais mudem, uma coisa é clara: permanece algum tipo de núcleo interior, uma medida fixa dentro de todos nós, que nos ajuda a distinguir entre o certo e o errado. Essa medida pode estar quase invisível. Pode ser moldada em grande parte pelos que estão a nossa volta. Pode estar baseada em concepções claramente raciocinadas ou em convicções religiosas profundas — ou, ao contrário, em noções nebulosas e intuições não examinadas. Mas está ali. Geralmente, quando avaliamos se um indivíduo está agindo de modo certo ou errado, buscamos respostas para duas questões: qual o grau de desenvolvimento desse núcleo? E também: qual a congruência das ações dessa pessoa com esse núcleo?

Quando a resposta a qualquer das duas questões for "Nada muito elevado!", podemos ter uma certeza razoável de que algum tipo de ação que chamaríamos de "errada" está para se manifestar. Se não houver uma bússola moral interna — se houver um vazio no núcleo em que os valores centrais deveriam estar —, o indivíduo pode nem chegar a reconhecer que suas ações estão erradas. Essa é uma condição tipicamente definida como amoral. Em casos extremos, o vácuo de amoralidade produz uma imbecilidade moral que mata, estupra, pilha, engana e permanece impune, cometendo transgressões em todas as três categorias anteriormente descritas (mas especialmente na última), sem absolutamente nenhum remorso.

Na maioria das vezes, porém, esse tipo de vácuo produz uma amoralidade não tão pronunciada, uma consistência ética que não vê nenhuma razão real para não mentir, que trata os outros como meios e não fins, e que eleva o próprio eu tão acima da comunidade que ele deixa de se conectar com os valores da sociedade ao redor. Tal pensamento pode produzir um comportamento não só legalmente aceitável, mas também cientificamente acurado. Esse pensamento não tem, porém, uma compreensão das exigências da retidão moral — nem mesmo de que tal coisa existe.

A maioria das pessoas, felizmente, não é inerentemente amoral. A maior parte das transgressões provém, em vez disso, da *imoralidade* — uma violação dos preceitos da moralidade. Ao que parece, essas transgressões surgem porque as ações estão fora de sincronia com os valores — sejam os valores internos do indivíduo, sejam os valores que podemos sensatamente considerar naturais na comunidade em geral. Qual a razão dessa discrepância? Geralmente é porque eles permaneceram mais ou menos indefinidos. Se disponho somente de um sentido vago do que significa "verdade", por exemplo, não percebo de imediato que minha ação deixa de corresponder ao valor fundamental da veracidade. Consigo perceber quando me dizem, e de fato posso me horrorizar de haver agido como agi, porque gosto de pensar que a verdade é algo que faz diferença. Mas até então minha ação estava desequilibrada.

Daí a necessidade de que os indivíduos se identifiquem, sistemática e deliberadamente, com os valores que eles e suas comunidades adotam. Esse processo de identificação (foco do capítulo quatro) é objeto de considerável atenção nos programas atuais de treinamento ético. Muitos desses programas fazem as pessoas se confrontarem com questões que requerem uma decisão, pedindo-lhes para decidir e então insistindo para que explicitem as razões da decisão tomada. Resultado: o indivíduo reconhece que seus valores profundamente arraigados muitas vezes não oferecem respaldo à ação realizada — e sente uma certa pressão para alterar a ação ou os valores.

Em um mundo de moralidade entorpecida, esse tipo de abordagem baseada em confrontação e decisão é por vezes útil para despertar uma resposta ética. E as confrontações mais agudas podem com freqüência ser obtidas apresentando-se casos que envolvam um sério potencial de transgressão. Não é de surpreender, portanto, que inúmeros estudos de caso utilizados para ensinar e discutir ética hoje em dia não estejam voltados a questões sobre certo *versus* certo, mas sim sobre certo *versus* errado. Os dois casos apresentados a seguir, preparados por Douglas Wallace para a revista *Career World* [Mundo da Carreira], são típicos:

> *Pam, uma estudante universitária no estado de Minnesota, Estados Unidos, trabalha meio período como recepcionista em um edifício residencial para pessoas idosas. No inverno passado, muitos dos inquilinos do edifício, que se tornaram amigos de Pam, queixaram-se a ela de que os apartamentos eram gelados. Quando repassou esses comentários a seu chefe, Pam foi instruída a dizer aos moradores idosos que a caldeira estava com defeito. No entanto, ela sabia que seu chefe*

havia simplesmente desligado o termostato do aquecimento central para diminuir as despesas com a calefação.
Pam odeia mentir aos inquilinos, mas sabe que perderá o emprego de que muito necessita caso diga a verdade.

Você fabrica chaves, e é acusado de vender chaves-mestras para seus clientes, apesar da óbvia possibilidade de que alguns dos compradores sejam ladrões de veículos. Seu argumento de defesa é simples e direto: se não existe lei que o impeça de vender chaves para quem as deseja, não lhe cabe pedir justificativas aos clientes. Por acaso vender chaves é pior, você pergunta, do que vender facas, que podem ser usadas para cometer assassinatos?
Você é responsável pelas conseqüências da venda de chaves-mestras?

Um terceiro caso aparece num questionário sobre ética preparado pela empresa Walker Research, Inc., de Indianápolis:

Você é um supervisor de entrevistas [para uma empresa de pesquisas] e está tentando completar um trabalho num bairro problemático da cidade. Dos três últimos entrevistadores escalados para o local, dois pediram demissão após um dia de serviço e o terceiro foi agredido e está em casa se recuperando. Um novo entrevistador é recrutado e se apresenta para o trabalho. O que você lhe diz sobre as experiências anteriores nesse local?[3]

Note o que esses casos têm em comum: a tentação de agir de maneira errada. Olhando essas situações por outro ângulo, é fácil perceber que um mundo em que inquilinos se congelam e são tratados com mentiras, ladrões de automóveis compram chaves com facilidade e empregados são mantidos na ignorância sobre os perigos do serviço está longe de ser um mundo ideal. Isso não significa que esses sejam casos improváveis: longe disso. Eles são realistas, no sentido de que situações como essas ocorrem no mundo. Eles também ilustram a distinção entre o legal e o ético: cada um é apresentado como se nenhuma

3 Questionário de ética, Walker Research, Inc. (Indianápolis: agosto 24-25, 1993).

lei estivesse sendo violada. Podem até mesmo servir para ser relatados a pessoas cujo barômetro ético você deseje avaliar: perguntando-se a um candidato a emprego como reagiria se fosse Pam, o fabricante de chaves ou o supervisor de entrevistas, sua postura moral se revelará.

No fundo, porém, o mundo descrito nesses casos não é de grande complexidade moral. Ele logo se reduz a um mundo em preto-e-branco, um mundo de certo *versus* errado. Formulando-se a pergunta de maneira diferente — "Em que tipo de mundo *você* mais provavelmente viveria?" —, fica bastante claro que Pam não deveria mentir, que não se deveriam vender chaves-mestras e que se deveria contar toda a verdade a novos empregados. Por quê? Porque agir de outro modo é "errado". Deve haver maneiras de desviar-se do "errado" nessas situações. E certamente haverá uma tentação de negligenciar essa saída. Mas a questão, claramente, não envolve dois lados certos. Um lado está errado.

Lendo o barômetro moral

Se você chegou até aqui neste livro, provavelmente não teve muita dificuldade em enxergar o "errado" dos casos citados. Mas o mundo é feito, em grande parte, de pessoas que não leram até este ponto. Como é o mundo delas hoje em dia? Quanto marca o seu barômetro moral? Se a necessidade de ética é tão séria como sugeri — e tão séria quanto os protagonistas de Chernobyl e Bath Iron Works deveriam ter entendido —, como estamos nos saindo? Qual é nosso grau de preparo para uma época em que nossa sobrevivência dependerá de discernir entre o certo e errado, tanto quanto de ser inteligente e competente?

Há alguns sinais de esperança. Um deles é que estamos falando mais sobre ética, ao que parece, do que em qualquer outra época. O termo vem se tornando comum na linguagem do discurso público: não passa uma semana sem que ética faça parte da estridência das manchetes e esteja presente na fala de nossos comentaristas. A idéia está tão presente que, como observou Deni Elliott, especialista em ética da Universidade de Montana, nos Estados Unidos, o índice do jornal *The New York Times* de 1969 a 1989 revela que o número de novos artigos indexados na categoria *ética* teve um aumento de 400% nessas duas décadas.[4] Poucos leitores do jornal talvez atribuíssem essa mudança a uma equipe editorial idealista, empenhada em pregar a pureza a um mundo impenitente. A razão é muito mais simples: tem-se aí um grupo de executivos da área jornalística que estão bem sintonizados com seu público e oferecem as histórias que este deseja ler. Hoje em dia, queremos ler sobre ética.

O que estamos lendo sob esse rótulo, com certeza, não é muito animador. É tipicamente um caldo rico de escândalo, corrupção e violência. Às vezes, os artigos sobre ética têm a ver com tragédias pessoais — que, para citar uma definição clássica de tragédia, envolvem a queda de grandes figuras de posições bem altas: nos Estados Unidos, os financistas Ivan Boesky e Michael Milken, os políticos Jim Wright e Gary Hart, os pregadores Jim Bakker e Jimmy Swaggart, o atleta Pete Rose, a proprietária de cadeia de hotéis Leona Helmsley, o clérigo Bruce Ritter... A lista é longa. Às vezes, as histórias têm a ver com nações inteiras, como nos escândalos de corrupção que sacudiram a Itália em 1993, as intrigas políticas e desdobramentos envolvendo milhões de dólares no Japão e as revelações do uso, para transfusões, de sangue contaminado com aids na década de 1980 na França. Outras vezes, a ética chega às manchetes enquanto debatemos as questões internacionais que nos afligem em nossa época: como as nações ocidentais deveriam responder à "limpeza ética" na antiga Iugoslávia, que diretrizes formular quanto ao uso de tecnologias médicas "heróicas" para manter a vida de doentes terminais, como refletir sobre eutanásia e aborto, como conciliar as pressões dos que condenam a violência nos meios de comunicação e a liberdade de expressão, se é adequado ou não distribuir camisinhas nas escolas.

4 *Fineline*, Vol. 1, No. 12 (março de 1990), p. 6.

No entanto, as histórias sobre ética de hoje em dia nem sempre se originam de alguma falha humana lamentável ou de escolhas angustiantes entre duas coisas erradas. Algumas das manchetes louvam a bússola moral de indivíduos que, como o aluno universitário Roger Wardell, encontrou uma mochila com 6 100 dólares em dinheiro num estacionamento em Tempe, Arizona, e a devolveu — porque, como ele disse, "É apenas uma questão de princípios... Meus pais me criaram para ser honesto".[5] Outras histórias falam da disposição de adolescentes em não adotar um comportamento egoísta: por exemplo, uma pesquisa[6] realizada em 1991 pela entidade Independent Sector [Setor Independente] constatou que 61% dos norte-americanos de 12 a 17 anos de idade fazem trabalhos voluntários regularmente, contribuindo em média com 3,2 horas de seu tempo a cada semana para uma atividade beneficente de sua escolha. Outras histórias ainda evidenciam o despontar de um reconhecimento da importância da ética para o nosso futuro: quando a empresa de recursos humanos Korn/Ferry International e a Escola de Administração da Universidade Columbia entrevistaram 1 500 executivos em vinte países, em 1989, descobriram que a "ética pessoal" ocupava o topo da lista de características vistas como obrigatórias para o CEO ideal no ano 2000.[7]

Outras histórias focalizam as atitudes de setores inteiros da sociedade em que as pessoas, quando questionadas sobre se a ética tem alguma importância, responderam: "Sim, como não?":

- Nas pesquisas anuais da Gallup Organization [Organização Gallup], o número de pessoas que insistiram em que um "código

5 Christopher Heredia, "Good Samaritan Did Right Thing — Twice", *The Arizona Republic/Phoenix Gazette* (17 de julho de 1991), p. B1.

6 *Volunteering and Giving Among Teenagers 12 to 17 Years of Age*, Independent Sector (Washington, D.C.: 1992).

7 Board of Directors, Korn/Ferry International, Sixteenth Annual Study (Los Angeles: 1989).

moral estrito" é "muito importante" aumentou sem cessar, de 47% em 1981 para 60% em 1989.[8]

• No período 1991-92, quando o Josephson Institute [Instituto Josephson], instituição voltada à promoção da ética, fez pesquisas sobre estudantes nos Estados Unidos, 78% dos que cursavam o ensino médio disseram que colar nas provas é errado e 90% desses alunos e de estudantes universitários disseram que "ser gentil e ter consideração" é muito importante.[9]

• Quando o Center for Business Ethics [Centro de Ética nos Negócios], do Bentley College, em Massachusetts, fez uma pesquisa nas empresas listadas na revista *Fortune 1000* em 1992, um terço dos que participaram disse haver criado um cargo de "encarregado de ética" na empresa em que trabalha — quase metade das quais haviam se estabelecido a partir de 1989.

• Quando a McFeely Wackerle Jett, empresa de consultoria de gerenciamento sediada em Chicago, perguntou a quatro mil executivos de alto escalão, em 1987, se "boa ética é bom negócio a longo prazo", 90% concordaram plenamente.

E são muitos os relatos de experiência pessoal que evidenciam isso. Um de meus colegas conta que levou o neto para assistir a um lançamento do ônibus espacial no Cabo Canaveral, na Flórida. Com a contagem regressiva em andamento, o garoto viu um relógio no chão, abaixo das arquibancadas. Esgueirando-se por entre os assentos, conseguiu pegá-lo — um Rolex genuíno, trabalhado com brilhantes. Quando o lançamento chegou ao fim e todos já se apressavam em chegar ao estacionamento, ele pediu desculpas ao avô, mas insistiu para que levassem o relógio ao setor de achados e per-

8 Pesquisa da Gallup Organization descobre que um "código moral estrito" é "muito importante": pesquisa Gallup Organization 187-6 (Princeton: 11 a 14 de dezembro de 1981); pesquisa Gallup Organization A1-877 (Princeton: 1 a 26 de janeiro de 1989).

9 Michael Josephson, "The Hole in the Moral Ozone: Ethical Values, Attitudes, and Behaviors in American Schools", *Ethics: Easier Said than Done*, Nos. 19 e 20 (1992), p. 35-45.

didos. No caminho, a dona do relógio e seu marido os encontraram, reconheceram o relógio e, com grande alívio, ofereceram ao garoto uma recompensa. Ele a recusou. O casal insistiu, explicando que ele havia feito algo raro e de grande valor moral. O garoto recusou ainda assim. Por quê? Porque, explicou: "Sou um escoteiro". A ética, para ele, não era uma exceção, uma coisa rara, incomum. Era um dever correto e cotidiano.

Infelizmente, porém, toda leitura séria do barômetro moral também revela diversos sinais que trazem à realidade. Entre os mais significativos, está o modo como os norte-americanos estão vendo esse barômetro — as avaliações do tipo "Como estamos nos saindo?", que revelam as atitudes da nação para consigo mesma. "Em uma margem de 63% a 33%", diz um relatório de setembro de 1992 publicado pelos jornais do grupo Knight-Ridder Newspapers e fundamentado numa pesquisa da Gallup,[10] "os norte-americanos crêem que os Estados Unidos estão em declínio como nação. O declínio não é militar — ainda somos a única superpotência —, mas econômico, moral e espiritual". Essa categoria — um declínio moral e espiritual — recebeu voto afirmativo de quase dois terços dos que responderam à pesquisa. Comentários semelhantes emergem em outros lugares também. Questionados sobre os padrões éticos que as pessoas têm hoje, 59% dos executivos de alto escalão pesquisados pela McFeely Wackerle Jett, em 1987, apontaram insatisfação.[11] E 80% dos que responderam à pesquisa "Vida na América", em 1992, realizada pela empresa Shearson Lehman Brothers, sentiram que os Estados Unidos estavam enveredando "muito seriamente pelo caminho errado".[12]

Quanto a quem está agindo do modo errado, os números parecem mostrar, ao longo do tempo, a mesma seqüência de mocinhos e bandidos. Solicitados a citar grupos com bons padrões morais e

10 R. Boyd, "The American Nightmare", *Akron Beacon Journal* (13 de set., 1992), p. A1, A6.
11 McFeely, Wackerle, e Jett, *Survey on Ethics*.
12 "Life in America Survey Series", No. 1 (New York: Shearson Lehman Brothers, Inc., 1992).

éticos, numa pesquisa de 1992, feita pela empresa Harris Poll, os adultos norte-americanos apontaram:

- Proprietários de pequenos negócios (64%)
- Jornalistas (39%)
- Executivos (31%)
- Advogados (25%)
- Membros do Congresso (19%)[13]

Se o Congresso não se sai muito bem aqui, veja como se saiu em uma avaliação feita pelos pesquisadores da J. Walter Thompson, James Patterson e Peter Kim, nos Estados Unidos. Nela, em uma classificação das dez maneiras menos bem vistas de ganhar a vida, os membros do Congresso e políticos locais foram superados apenas por camelôs, prostitutas, pregadores em TV, chefões de crime organizado e traficantes de drogas.[14]

Mas talvez a evidência mais séria de um declínio do barômetro provenha das numerosas pesquisas que pedem para as pessoas avaliarem a própria resposta diante de certas situações éticas. O desafio é especialmente agudo entre as novas gerações, às quais caberá oferecer a liderança ética da nação no século XXI. Como *elas* estão se saindo?

- Em uma pesquisa da empresa Louis Harris realizada em 1989 para a Federação de Bandeirantes dos Estados Unidos, 65% dos alunos de ambos os sexos do Ensino Médio responderam que, diante de uma prova importante para a qual não estivessem preparados o bastante, tentariam colar as respostas de um bom aluno que se encontrasse nas proximidades ou espiariam a folha desse aluno para ter idéias.[15]

13 Harris Poll, citado em "Snapshots", *USA Today* (3 de setembro de 1992), p. 1.
14 James Patterson e Peter Kim, *The Day America Told the Truth: What People Really Believe About Everything That Really Matters* (Englewood Cliffs, N.J.: Prentice-Hall, 1991), p. 144.
15 Robert Coles e James Hunter, *Girl Scouts Survey on the Beliefs and Moral Values of America's Children*, Girl Scouts of the United States of America (New York: 1990), p. xvii.

• Esse índice é quase equivalente ao registrado numa pesquisa de 1991-92, feita pelo Josephson Institute, a qual constatou que três em cada cinco alunos dessa faixa etária "admitiram haver trapaceado numa prova pelo menos uma vez".

• A pesquisa também apontou que 83% dos alunos dessas séries haviam mentido a seus pais pelo menos uma vez no ano anterior.

• Uma pesquisa conduzida em 1989 nos Estados Unidos pelo Pinnacle Group, empresa de relações públicas internacionais, revelou que, ao chegarem ao mundo dos negócios, depois de formados, "66% dos alunos disseram que considerariam a possibilidade de mentir para alcançar um objetivo nos negócios". Quase o mesmo número disse que "incluiria em seu relatório gastos que não realizou".[16]

Quando esses mesmos alunos acabam a faculdade e passam à pós-graduação, sua ética aparentemente os acompanha. O professor Donald McCabe, da Universidade Rutgers, pesquisando mais de seis mil alunos de 31 faculdades e universidades norte-americanas durante o ano acadêmico de 1990-91, verificou que mais de dois terços "informaram haver trapaceado numa prova ou tarefa importante pelo menos uma vez durante a graduação".[17] A principal razão: competição acirrada para ingresso na pós-graduação. A distribuição dos que trapacearam em cursos de graduação, segundo a profissão pretendida, é particularmente interessante. A menor porcentagem de trapaceiros que ingressaram na pós-graduação foi a dos que se dirigiam a escolas de educação. Tal fato há de confortar os pais e educadores de hoje — até que se dêem conta de que esse número "baixo" corresponde a 57%. Trapaceiros confessos que pretendem seguir algumas outras carreiras em pós-graduação:

• Direito: 63%
• Ciências humanas e letras: 64%

16 Pinnacle Group, Inc., *Business Ethics Survey* (Mineápolis: 1989).
17 Donald L. McCabe, "The Influence of Situational Ethics on Cheating Among College Students", *Journal of Sociological Inquiry*, Vol. 63, No. 3 (1992), p. 365-74.

- Cursos da área de serviço público e governo: 66%
- Medicina: 68%
- Engenharia: 71%
- Administração e negócios: 76%

Aparentemente, a presença de um código de honra teve um pequeno efeito limitador: das 31 faculdades e universidades pesquisadas, catorze têm tradições de longa data que incluem um código de honra. Inquirindo por que esses alunos trapaceavam, o professor McCabe acabou por concluir que "muitos alunos achavam que certas formas de trapaça eram crimes sem vítimas, particularmente em trabalhos curriculares que representavam uma pequena fração da nota final da disciplina".

POR QUE AS CRIANÇAS FAZEM O QUE É CERTO?

Enquanto amadurecem, as crianças passam por estágios de moralidade? Essa pergunta fascinou importantes teóricos da educação, como Jean Piaget, que publicou *O Julgamento Moral da Criança* em 1932. Foi porém o psicólogo norte-americano de desenvolvimento Lawrence Kohlberg, em estudos sobre garotos de 10 a 16 anos, realizados na década de 1950, quem primeiro elucidou que as respostas dadas por crianças a dilemas morais hipotéticos poderiam ser classificadas nos hoje famosos "seis estágios de julgamento moral" relacionados com a idade e baseados no nível de raciocínio.

No estágio 1, Kohlberg considera não haver razão mais importante para fazer o certo do que o medo de punição ou o respeito pela autoridade. O estágio 2 caracteriza-se por um crescente individualismo e uma noção de intercâmbio justo e de imparcialidade. Isso se baseia, porém, numa convicção de que o certo é relativo — e de que as regras deveriam ser seguidas somente em atendimento a um interesse imediato (seu ou de outra pessoa). Kohlberg classifica esses dois estágios como "Pré-convencionais".

Nos dois estágios "Convencionais" seguintes, as crianças cada vez mais levam em conta as outras pessoas. No estágio 3, elas dão atenção especial às expectativas dos que estão ao seu redor e aos estereótipos de "bom" comportamento. Elas também desenvolvem uma noção de consideração baseada na regra áurea e em valores como confiança, lealdade, respeito e gratidão. Ao chegarem ao estágio 4, reconhecendo pela primeira vez que há um sistema moral definindo regras e papéis, elas se esforçam por cumprir deveres que sejam objeto de acordo. Para impedir que as instituições se degradem, elas aderem a um tipo de imperativo categórico kantiano, evitando ações que, se realizadas por todos, solapariam o coletivo.

Por fim, vêm os estágios "Pós-convencionais" ou "Fundamentados em Princípios", que se alinham com preceitos da moral universal. No estágio 5, embora ainda acreditem que os valores em grande parte estão ligados ao próprio grupo, as crianças sustentam tais valores em consideração a um contrato social que requer obediência a leis comuns. Questionadas sobre o que é certo, elas recorrem ao utilitarismo, esforçando-se para fazer cálculos racionais do maior bem possível ao maior número de pessoas. O estágio 6, indo além desses cálculos, traz o desenvolvimento de um compromisso pessoal com princípios de moral universal, tais como justiça, direitos humanos igualitários e dignidade individual. Nesse estágio, o indivíduo racional precisa reconhecer que as pessoas não são meios, mas fins, e que deve tratá-las como tal.

Como teoria, o trabalho de Kohlberg é elogiado pela maneira como consegue organizar um tópico tão complexo. Na prática, porém, ele tem levado a pesquisas controversas e especulações que tentam explicar como as crianças passam de um cenário para o seguinte e por que algumas vão mais longe que outras. Mesmo Kohlberg, que dedicou grande parte de suas últimas décadas de vida ao movimento de educação alternativa, desenvolvendo métodos de ensino voltados ao raciocínio moral, reconhecia que os estágios mais altos de raciocínio moral não indicam necessariamente mudanças no comportamento ético. No entanto, seu trabalho continua sendo o grande parâmetro para explicar o que as crianças pensam sobre moralidade.

Basta você começar a se perguntar quem projetou a ponte que estamos para atravessar, ou onde seu médico se formou e adquiriu experiência, para começar a se questionar se a grande propensão à trapaça existente entre os profissionais — e o conseqüente perigo de lançar no mundo um batalhão de indivíduos que não sabem o que estão fazendo — é de fato um "crime sem vítimas". Basta estar sentado na cadeira do responsável pelo recrutamento numa empresa, assistindo ao desfile de jovens talentos com MBA que vêm para a entrevista, para contemplar a probabilidade estatística de que três em cada quatro deles trapacearam para chegar até a sua porta.

Mais reveladora é uma recente "pesquisa" feita pelo futurólogo norte-americano Marvin Cetron, que pediu a dez diretores de escolas de administração e negócios norte-americanas que formulassem a 100 de seus alunos a seguinte pergunta: se você pudesse fazer um negócio ilegal, ser apanhado, julgado e condenado, cumprir uma pena de três anos e ficar com 500 milhões de dólares do negócio, você o faria? Três em cada cinco dos alunos desse ramo, relata Cetron, disseram: "Certamente!".

Quando essas pessoas por fim entram no mercado de trabalho, suas atitudes mudam? Não, segundo uma pesquisa feita pelo Centro Roper de Pesquisa de Opinião Pública para a empresa Shearson Lehman Brothers, em 1992.[18] Quando se pediu a pessoas de 18 a 29 anos que apontassem os fatores mais importantes a fim de obter sucesso no mundo, 89% disseram "quem você conhece" e 69%, "fazer política". Tais respostas poderiam parecer inocentes se traduzidas a uma terminologia menos chamativa, como "*networking*" e "estar politicamente sintonizado". Infelizmente, não há traduções atenuantes para dois outros fatores de "promoção" — corrupção e

18 Shearson Lehman Brothers, Inc., "Life in America".

trapaça — citados como importantes, respectivamente, por 37% e 39% dos adultos jovens.

Os adultos não tão jovens são por acaso melhores? Uma pesquisa do Centro Roper, de 1991, traz algum alívio ao revelar que somente 23% dos norte-americanos não vêem nada de errado em relatar à companhia de seguros que "o carro fica guardado num local onde os prêmios de seguro são mais baixos do que no lugar onde realmente residem" — porcentagem significando que, presumivelmente, 77% não diriam isso à seguradora.[19] Outras pesquisas não são tão animadoras: os pesquisadores da empresa J. Walter Thompson constataram que nove em cada dez norte-americanos mentem com regularidade.[20] Diante da pergunta "O que você, honestamente, estaria disposto a fazer por 10 milhões de dólares?" — uma questão no mínimo curiosa, pelos múltiplos significados de "honestamente" nesse contexto —, os entrevistados disseram que abandonariam a família (25%), se prostituiriam por uma semana (23%) ou matariam um estranho (7%).

Em meio à profusão de dados que visam examinar o barômetro moral, duas tendências podem ser percebidas. Ambas são preocupantes, e ambas significativas. A primeira, que compara os jovens e os não tão jovens, aponta *um retrocesso das atitudes morais à medida que as crianças e jovens crescem*:

• Uma pesquisa sem respostas prontas feita pela revista *USA Weekend* — estudo reconhecidamente não-científico, uma vez que os 126 mil jovens que se estima haverem respondido não foram aleatoriamente escolhidos — revelou que, embora 70% dos que tinham 13 anos dissessem que devolveriam 1 dólar a mais recebido de troco, somente 55% dos que tinham 17 anos fariam o mesmo.[21]

• Muito mais científicos são os resultados da pesquisa da Federação de Bandeirantes dos Estados Unidos, os quais revelaram um padrão

19 Roper Organization Survey for Insurance Research Council, citado em *Bangor Daily News* (9 de novembro de 1991), p. 33.

20 Patterson e Kim, *The Day America Told the Truth*, p. 45.

21 Pesquisa *USA Weekend*, citada em *USA Today* (21 a 23 de agosto de 1992), p. 5.

semelhante de declínio ético com o avanço da idade.[22] Nessa pesquisa, 65% dos alunos de Ensino Médio informaram que trapaceariam para ser aprovados numa prova importante — ao passo que somente 21% das crianças até a quinta série e 53% das de sétima e oitava disseram o mesmo. A conclusão que se tira é clara: para cada ano que os alunos freqüentam a escola, a disposição em trapacear (ou, em termos mais precisos, a disposição em considerar a trapaça um comportamento aceitável) aumenta.

• Números semelhantes, e talvez mais desanimadores, provêm de estudos sobre atletas universitários. Avaliando as pontuações de testes de raciocínio moral aplicados a calouros, diversos pesquisadores observaram que os atletas geralmente têm pontuações mais baixas (indicando menor desenvoltura de consciência ética e análise) do que os não-atletas. Mais desconcertante, porém, é o fato de que quando esses mesmos testes foram aplicados mais tarde, durante a carreira dos alunos, as pontuações dos não-atletas melhoraram — enquanto nos atletas participantes de esportes interuniversitários a capacidade de raciocínio moral *diminuiu.*[23] Se existe uma história surrada sobre educação de qualidade, é a noção de que o esporte torna a pessoa íntegra, constrói o caráter, inculca valores altos e tende a criar indivíduos éticos. No entanto, os esportes interuniversitários, da maneira como são disputados nas quadras de competição televisionadas e regadas a dinheiro em muitas das universidades, parecem fazer justamente o contrário. Eles se apropriam de qualquer capacidade de raciocínio moral que os atletas tragam consigo e a corroem lentamente no decorrer das temporadas.

Uma segunda tendência que cabe comentar é a *comparação entre o período ético de hoje e os de ontem*:

• Quando o Josephson Institute perguntou ao segmento dos já formados (dominado pelos que já tinham mais de 30 anos de idade) sobre seu passado, somente 25% admitiram haver trapaceado no último ano

22 Coles and Hunter, *Girl Scouts Survey*, p. 55.
23 Jennifer M. Beller e Sharon Kay Stoll, "A Moral Reasoning Intervention Program for Student-Athletes", *The Academic Athletic Journal* (primavera de 1992), p. 43-57.

do Ensino Médio.[24] Esse índice, decerto, poderia simplesmente refletir uma névoa romântica de lembranças imperfeitas, ou uma disposição a não falar a verdade muito francamente, nem mesmo numa pesquisa anônima. Mas pode também, no entanto, apontar um aumento significativo na prática da trapaça: o índice de hoje em dia para alunos do Ensino Médio, na mesma pesquisa, passa de 60%.

• Menos aberto à interpretação é outro dado encontrado pela mesma entidade: embora cerca de 75% dos alunos universitários concordem que "a maioria das pessoas trapaceará ou mentirá quando necessário para obter o que quiser", apenas a metade desse número, na faixa etária acima de 30 anos, expressa a mesma opinião.[25]

• Observando as tendências ao longo das últimas várias décadas, o professor Fred Schab, da Universidade da Geórgia, verificou que em 1969 mais de 80% dos alunos do Ensino Médio concordavam que "a honestidade é a melhor política" — índice que caiu para 60% em 1989. Questionados sobre se alguma vez haviam falsificado a assinatura de seus pais para ser dispensados das aulas, quase metade dos alunos em 1989 respondeu afirmativamente — mais do que os 26% que disseram "Sim" em 1969.[26]

• Quando pesquisadores da McFeely Wackerle Jett indagaram a executivos de alto escalão se "durante os últimos vinte anos as pessoas haviam se tornado mais éticas, menos éticas ou permanecido iguais", 56% responderam "menos éticas" e 36% disseram "iguais".

Há, evidentemente, inúmeras explicações para essas tendências paralelas de declínio ético observadas à medida que os alunos crescem e a história avança. Muitos observadores apontam a desagregação da família, ambiente que a maioria das pessoas ainda sente como o mais apropriado para a formação de valores. Outros apontam um declínio no envolvimento religioso, as rupturas da comunidade, a influência da televisão, uma época sexualmente mais

24 Josephson, "The Hole in the Moral Ozone", p. 40.
25 Idem, p. 36.
26 Fred Schab, citado em Josephson, "The Hole in the Moral Ozone", p. 40.

permissiva, "liberada" pelo controle de natalidade e pelo aborto, uma intensificação do cinismo, um declínio do altruísmo, um excesso de ambição, uma carência de compaixão, e assim por diante. Um fato curioso pinçado entre os universitários pesquisados pelo professor McCabe, no entanto, sugere ainda outro provável fator: o crescente poder aquisitivo. "Os que provêm de famílias cuja renda é maior que 150 mil dólares ao ano", ele explica, "têm probabilidade 50% maior de habitualmente fazer trapaças do que aqueles cujos pais ganham por ano menos de 25 mil dólares."[27] Esse achado, por desalentador que seja, acaba trazendo um novo reforço para uma antiga qualificação: *pobre porém honesto*.

O que, então, o barômetro moral está nos dizendo? Sua leitura atual sugere um padrão complexo, com tendências de declínio moral acopladas a sinais de crescente preocupação. Ler o barômetro para discernir tendências — investigando a situação da juventude da nação, por exemplo, como elemento preditor do futuro — sugere um quadro mais doloroso. Os jovens dos Estados Unidos estão profundamente confusos sobre questões que envolvem certo *versus* errado. A seu favor, parecem saber uma coisa: mentir é errado, eles dizem, mesmo quando se progride mentindo. A respeito do que fazer sobre isso, não colocam nem um pouco de resistência a aprender valores sensatos, resistência essa que os adultos por vezes lhes atribuem: questionados sobre se as escolas públicas deveriam "ensinar valores básicos, tais como honestidade, imparcialidade e responsabilidade", 80% dos que participaram da pesquisa de 1992 da *USA Weekend* responderam afirmativamente.[28] Nisso não estão sozinhos. Até mesmo os executivos de negócios nos Estados Unidos têm a mesma opinião: 84% concordam "fortemente" ou "em certo grau" com a proposição de que "as empresas deveriam oferecer aos empregados de todos os níveis algum tipo de educação ou treinamento em ética".[29]

27 McCabe, "Cheating Among College Students", p. 365-74.
28 Pesquisa *USA Weekend*, citada em *USA Today* (21 a 23 de agosto de 1992), p. 7.
29 McFeely, Wackerle e Jett, *Survey on Ethics*.

"Não há muito como discutir a respeito de o caráter dos jovens ser um problema cada vez mais sério para os Estados Unidos", escreve o professor James S. Leming, especialista em educação ética da Universidade do Sul do Illinois, em Carbondale. A experiência escolar, ele diz, é

> *uma das poucas constantes para todas as crianças e jovens em um ambiente cada vez mais fragmentado e instável. Como nação, não podemos nos permitir que a educação da juventude continue a ter um caráter fortuito. As escolas precisam começar a trabalhar com essa questão, pois se, como povo, deixarmos de efetivamente passar a nossos jovens os traços de caráter que fizeram dos Estados Unidos uma grande nação, então o futuro, tanto de nossa juventude quanto da sociedade, corre perigo.*[30]

No entanto, a confusão entre o certo e o errado permanece, e é profunda. Não muito tempo atrás, num jantar com um grupo de alunos brilhantes e de excelente currículo acadêmico, numa das melhores faculdades de ciências humanas da Califórnia, eu lhes repeti uma história — que me foi contada como verdadeira — sobre um garoto de 10 anos que vivia numa das áreas mais problemáticas do Brooklyn, em Nova York. Um dia, a caminho da escola, o garoto encontrou uma carteira cheia de dinheiro e cartões de crédito — e contendo identificação mais do que suficiente para o proprietário ser facilmente encontrado. Ele a levou para a escola, mas não encontrou ninguém ali — professor ou administrador — disposto a lhe dizer qual era a "coisa certa a fazer" com a carteira.

"Não podemos lhe dizer nem para ficar com ela nem para devolvê-la", argumentaram-lhe, em suma, "porque estaríamos lhe impondo nossos valores. Além do mais, você é pobre e ele está muito bem de vida. O que sua mãe lhe diria se sugeríssemos que você devolvesse a

30 James S. Leming, "Should Character Education Be Taught in Schools?" *Insights on Global Ethics*, Vol. 3, No. 4 (Camden, Me.: The Institute for Global Ethics, abril de 1993), p. 8.

carteira? Ela poderia ficar bem contrariada. Não, você tem de chegar a uma conclusão por si mesmo. Não podemos ajudá-lo."

Quando perguntei aos estudantes, naquela mesa no *campus*, o que achavam que deveria ter ocorrido, todos concordaram: os funcionários da escola, disseram, estavam absolutamente certos. Não há como impor seus valores a outros, não há nem mesmo como ajudar a instruí-los para que tenham uma noção mais clara de certo e errado. Essa criança simplesmente teria de aprender seus valores por si mesma.

É quase metade da circunferência do globo a distância que separa a Califórnia de Chernobyl, onde dois engenheiros haviam aparentemente aprendido seus valores — fossem quais fossem — por si mesmos. Fomos almoçar naquele dia na cidade de Pripyat. Construída para alojar 30 mil pessoas ao lado de Chernobyl, está agora abandonada, uma rede de ruas retilíneas de edifícios de concreto de cinco e de doze andares. As fachadas, cuja pintura vai perdendo a cor, estão se desfazendo; os raios de sol penetram por entre cômodos vazios, vindo das janelas ao fundo. Passamos por postes de iluminação que já não funcionam, com luminárias cujas tampas de vidro pendem soltas, como línguas. Próximo a um cruzamento, deparamos com uma placa triangular contendo as silhuetas de duas crianças pequenas: CRIANÇAS BRINCANDO, ela diz, sem precisar de palavras. Mas nada se move, exceto nossa van amarelo-mostarda e, no céu, acima de nós, dois corvos.

No almoço, num bloco de apartamentos reformado que agora funciona como centro nervoso da equipe de pesquisa, sentei-me à frente de Grigory, um radioquímico jovem e magro. Ao falarmos sobre as plantas e animais com malformações que agora são vistos nos bosques vizinhos, e a respeito dos efeitos da radiação sobre as populações e psiques humanas, fica claro que para ele essa parte remota da floresta ucraniana deixou de ser uma comunidade humana. Ela se tornou, em vez disso, um vasto laboratório, um enorme experimento com a natureza, cujas hipóteses por enquanto estão apenas tenuemente formuladas.

Durante a sobremesa, em meio a merengues delicados com recheio de frutas, dirigi-lhe uma típica pergunta da área jornalística: pelo que você sabe da indústria nuclear soviética e do caráter mental e moral daqueles que a dirigem, haverá outro desastre na escala de Chernobyl no futuro?

Com um ligeiro encolher de ombros — não de indiferença, mas de resignação em face do que considera ser uma questão não de opinião, mas de estatística —, ele responde de maneira simples. "A probabilidade", ele diz, "é de um a cada dez anos".

Capítulo Três

Boa forma ética

E se Grigory estiver certo? E se cada década trouxer outra Chernobyl? E se o barômetro ético levar à previsão de uma sociedade tão à deriva, tão sem âncoras morais, que não consiga fazer frente às Chernobyls de âmbito mundial do século XXI? Como sobreviver?

É preciso competência para reconhecer a natureza dos desafios morais e responder com uma consciência bem sintonizada, com uma vívida percepção da diferença entre o certo e o errado e capacidade para escolher o que é certo e segui-lo. É preciso *boa forma ética*.

Um dos exemplos mais contundentes de boa forma ética que apareceram em nossos seminários foi o de um dilema exposto por um participante do estado de Ohio. Ele nos contou que o pai, um mecânico, foi chamado certa manhã ao local de um acidente numa rodovia estadual. Chegando lá, um trecho ermo no meio da floresta, entendeu prontamente o que havia se passado: um grande caminhão-plataforma havia saído da pista e batido de frente contra uma árvore. Com o impacto, a carga de aço que transportava soltou-se e projetou-se para a frente, perfurando a traseira da cabine e prendendo o motorista dentro dela. A cabine estava em chamas, em perigo de explodir a qualquer minuto.

O mecânico chegou no mesmo instante que a polícia. Enquanto um policial corria para abrir a janela da cabine, o mecânico ouviu o motorista gritar: “Atire em mim! Atire em mim!”. Evidentemente, o policial não conseguiria içar aquela carga de aço para libertar o motorista. Assim, com as chamas cada vez mais intensas, o policial lentamente puxou sua arma do coldre. Ele então se deteve, reavaliando, e guardou o revólver. A seguir, em meio aos gritos do motorista, sacou a arma uma segunda vez, deteve-se, e a recolocou no coldre novamente.

Foi nesse ponto da agonia que o mecânico viu o policial fazer algo inesperado. Correndo de volta à viatura, apanhou um pequeno extintor de incêndio de tetracloreto de carbono. Não era suficiente para extinguir o fogo. Mas era grande o bastante para aspergir o rosto do motorista e fazê-lo dormir, o que de fato aconteceu.

Logo em seguida, a cabine explodiu.

O que aquele policial tinha em mente? Olhando a essa distância, não temos como saber. Naqueles poucos segundos, porém, ele decerto se digladiou com um conflito entre dois dos mais poderosos princípios morais da humanidade.

- Não se deve matar.
- Deve-se fazer tudo o que estiver ao alcance para aliviar o sofrimento.

Como poderia ele matar outro ser humano? E, ao mesmo tempo, como poderia não atender a um pedido desesperado por um ato de misericórdia?

No calor do momento, porém, não havia tempo para raciocinar, muito menos para recorrer ao manual de procedimentos da polícia ou para pesar os prós e os contras, nem mesmo para tirar do bolso algum cartão que indicasse os passos para chegar a alguma decisão ética. Do mesmo modo que um salva-vidas, ao ver uma criança afogando-se no refluxo das ondas, não dispõe de tempo para fazer musculação por algumas semanas e ficar em forma física para o esforço que sabe ter de fazer, o policial também não tinha tempo de ficar em forma ética para a decisão que sabia ter de tomar. Ele precisava decidir instantaneamente, com base em seu melhor entendimento daquele momento. E precisava escolher certo.

Em suma, ele tinha de estar em boa forma ética.

Note o quanto a boa forma ética se assemelha à boa forma física. Você não nasce com boa forma física. Alcança-a fazendo um pouco de esforço a cada dia. Às vezes esse esforço é inconsciente, natural, quase acidental: você passa as férias na infância jogando bola, subindo em árvores ou andando de bicicleta e, sem perceber, acaba ficando em forma. Outras vezes, ficar em forma requer um esforço consciente, deliberado e sem reservas para correr, levantar pesos, nadar ida e volta na piscina e tudo o mais.

Em ambos os casos, o resultado é praticamente o mesmo: você entra em forma. Consegue manter esforços por longos períodos sem perder o fôlego. E fica pronto para qualquer jogo duro ou trabalho árduo que surja de repente.

Mas *alcançar* boa forma não é o suficiente. Uma vez conseguida, é preciso *mantê-la*. Deixe-a regredir e terá de trabalhar dobrado para trazê-la de volta. Mas mantenha-a sempre no ponto, e bastará um pequeno esforço por dia. O fato é que não há como escapar do trabalho real de exercitar-se por longo tempo. Não se entra em forma aplicando uma fórmula mágica: correr trinta quilômetros de uma vez num único dia não substitui correr um quilômetro por dia durante trinta dias. Tampouco adianta querer fazer conquistas por osmose. Conviver com pessoas ativas, ler livros sobre boa forma física, seguir essa ou aquela dieta, manter-se a par dos eventos esportivos — tudo isso pode ser digno de nota, e por vezes até inspirador. Mas não é de grande valia para manter-se em forma. No fim, ou você se dedica ou não. Ainda não se inventou nada que elimine a necessidade de esforço.

Com a boa forma ética ocorre algo bem semelhante. Você pode ser da família de mais alta moral, de mais elevados princípios e de maior sensatez do mundo — e isso ajuda. Pode ter recebido uma boa formação escolar e religiosa, ter crescido junto a pessoas honestas e trabalhadoras — e isso torna muito mais fácil você também ser ético. Na escola, pode ter estudado ética, ou haver trabalhado para alguém que era um modelo de retidão, ou pode ter recebido treinamento em ética no seu emprego — e tudo isso vem bem a calhar. Pode mesmo ter tido a sorte de se casar com alguém de moral elevada e trabalhar num ambiente em que seus colegas e superiores são naturalmente propensos à honestidade, à imparcialidade e a um profundo respeito interpessoal — o que é esplêndido. Mas isso não significa *necessariamente* que você esteja em boa forma ética.

O que é boa forma ética? Comecemos pelo que ela não é. Diferentemente da boa forma física, a boa forma ética não é mentalmente passiva. Você pode malhar e suar na academia de ginástica enquanto sua mente está a quilômetros de distância. A ética não é assim. Você tem de pensar sobre ela, raciociná-la, pôr a mente para funcionar e encarar questões difíceis. Em outras palavras, tem de estar mentalmente envolvido.

O fato é que você tem de se comprometer, tanto por meio dos sentimentos quanto do intelecto. A ética não é uma imparcialidade cega, que vai recitando o que é certo ou errado segundo o cânone impessoal de alguma lei antiga e imutável. É uma atividade viva e sumamente humana em que ocorre envolvimento suficiente para que os outros queiram que o certo prevaleça. E não se trata de mera análise. Não se chega a ela andando em círculos com dilemas aparentemente insolúveis ou discutindo infinita e inconclusivamente sobre estudos de caso. Infelizmente, certos treinamentos em ética ministrados hoje em dia limitam-se a isso. Deixam a ética no âmbito da análise — sem conclusões, sem resoluções, sem abrir caminhos; apenas um monte de conversa simpática. O resultado? A "ética" se transforma num exercício acadêmico, veemente e, na prática, irrelevante, à margem dos problemas reais do mundo e desconectado do propósito de mudar comportamentos e construir um futuro melhor. Isso é de alguma utilidade? Não muita. "Munido desse tipo de treinamento em ética e de uma arma", brinca Gary

Edwards, do Ethics Resource Center [Centro de Recursos de Ética], em Washington, "você pode assaltar uma lanchonete".

Uma professora nos contou um episódio em que sua boa forma ética foi posta em ação, forçando-a a ir além de uma mera análise e requerendo-lhe uma capacidade extra de intuição e sensibilidade. Ela estava iniciando sua carreira docente numa grande metrópole do meio-oeste dos Estados Unidos, onde a rede escolar apresentava problemas e pontos positivos típicos dos subúrbios norte-americanos em que a educação é de bom nível e o poder aquisitivo, alto. Ela havia-se mudado com o marido para um distrito rural não muito distante, onde os valores familiares e de criação dos filhos eram bem mais conservadores e onde a comunidade parecia dar maior atenção à educação e ter mais envolvimento com essa área.

Como professora de primeiro ano do Ensino Médio numa nova escola, foi-lhe dada uma incumbência que nenhum outro professor queria aceitar: ser coordenadora do baile do segundo ano. Entre as regras que ela deveria pôr em prática constava a de que o evento estaria aberto a qualquer aluno bem conceituado daquela série da escola. No entanto, os que quisessem trazer o namorado ou namorada de outras séries ou escolas teriam de preencher um formulário e obter permissão da coordenadora. Tudo correu como planejado ao longo dos meses, até que, perto do dia do baile, a coordenadora recebeu a solicitação de uma aluna pedindo permissão para trazer ao evento, como seu par, sua namorada, que morava em outra cidade.

Em seu íntimo, a coordenadora tinha em grande conta a necessidade de tolerância e de respeito pelos direitos individuais. No entanto, ela também estava profundamente preocupada com a opinião da comunidade para a qual acabara de chegar — e também com a consternação que se manifestaria caso essa aluna e sua parceira fossem vistas adentrando o salão juntas, no cortejo de entrada. Ela chamou a aluna para conversarem sobre sua preocupação. A aluna, porém, ameaçou processar a escola caso fosse discriminada por sua orientação sexual ou caso seu direito de livre associação lhe fosse negado.

A coordenadora estava bem ciente de que a situação poderia prejudicar sua reputação profissional. Se permitisse que a aluna e sua companheira fizessem parte do cortejo, poderia muito bem se ver desempregada no ano seguinte. Mas se recusasse o pedido e deixasse a escola ser processada judicialmente poderia acabar sem emprego do mesmo modo. Sem dúvida, a situação tinha o potencial de enfurecer a comunidade inteira. Então ela perguntou a seu superior, um professor em posição de chefia no sistema escolar, sobre o que deveria fazer.

O professor, que tinha anos de experiência naquela comunidade, concordou que a situação era delicada. Por um lado, os contribuintes, disse ele, com certeza ficariam indignados se a escola que mantinham ousasse tolerar tal comportamento. E, uma vez que o sistema escolar dependia da boa vontade dos contribuintes para obter seu orçamento anual, era imprescindível evitar essa indignação. Por outro lado, todo o orçamento da escola poderia vir a ser drenado em despesas judiciais caso a aluna optasse pela ação legal. No entanto, o que o professor sugeriu como solução deixou-a atônita. Ele lhe disse para aprovar a solicitação. Porém, uma semana antes do baile, ela deveria combinar com outra aluna para armar uma briga com a aluna lésbica. A administração teria então argumentos para suspendê-la durante a semana do baile, privando-a com isso de seu "bom conceito" na escola e incapacitando-a a participar do evento. O que se conseguiria: a possível indignação seria evitada, a aluna não teria amparo para abrir um processo e o ano escolar terminaria de modo mais ou menos pacífico.

Ao nos contar essa história, a professora, uma jovem mulher casada cujos valores familiares correspondiam bastante aos da comunidade, revelou sua aversão pela homossexualidade. Ela também se percebeu incomodada com o empenho da aluna em subverter todo o evento, ao transformar — de maneira egoísta, a seu ver — uma ocasião prazerosa para tantos numa plataforma para a promoção de uma reivindicação social de uns poucos. Ela sabia, porém, que a sugestão do professor-chefe era injusta, e em última análise desonesta, e ela não poderia tomar parte numa maquinação desse tipo.

Assim, ela convocou novamente a aluna e, como o policial no acidente com o caminhão que transportava aço, procurou encontrar um terceiro caminho para enfrentar o dilema. Empenhando-se em ser verdadeira nos seus comentários e avaliações, ela elogiou a aluna por sua maturidade e preocupação social. Salientou que muitos dos outros alunos, e talvez mesmo a maioria deles, não alcançavam seu nível de refinamento — e que, para essa aluna e sua namorada, a companhia dos demais alunos por uma noite inteira de baile provavelmente seria enfadonha. Então, aproveitando seu conhecimento do distrito escolar metropolitano, sugeriu que talvez a aluna e sua amiga pudessem preferir comemorar a noite jantando em um dos finos restaurantes de uma cidade vizinha a ir ao baile.

Para seu grande alívio, a aluna prontamente concordou, agradecendo a idéia e retirando o pedido de inclusão de sua amiga — o que deixou a professora com a nítida impressão de que a própria aluna estivera buscando encontrar um modo de, ao mesmo tempo, evitar o incontornável desconforto de participar do evento e não anular a sua individualidade.

O que ocorreu nesse episódio? Não houve uma seqüência de análises frias, profundas, mas sim um diálogo ricamente humano. A solução da professora levou em conta dois princípios centrais, embora conflitantes: respeito pela individualidade e respeito pela comunidade. Com isso se buscou uma saída para o impasse, procurando-se encontrar a solução correta que melhor atendesse às circunstâncias. Talvez as Secretarias de Educação devessem permitir que casais homossexuais participassem de festas de fim de ano letivo. Ou talvez devessem ser rígidas e coibir expressamente tal comportamento. A questão não é essa. Em juízo, aqui, estão os sentimentos e atitudes de uma aluna e de uma professora, ambas as quais poderiam ter causado um prejuízo profundo e duradouro para a comunidade, para a carreira e a vida caso delas caso não tivessem sido sensíveis em perceber a necessidade de equilíbrio, acordo e racionalidade.

Pode-se, é claro, argumentar — e a aluna poderia tê-lo feito — que o importante nessa ocasião não era buscar acordo, mas sim praticar uma confrontação militante e categórica para mudar as atitudes para com a homossexualidade, e que somente uma colocação incisiva dos fatos da homossexualidade poderia levar a comunidade a encarar sua suposta cegueira e intolerância. Mas também se poderia argumentar — e com a mesma razão, do ponto de vista da comunidade — que a homossexualidade é uma perversão autodestrutiva dos processos naturais de procriação com que as comunidades se perpetuam, e que as comunidades precisam proteger-se de impulsos que, se universalizados, acabariam com a humanidade numa geração. No final, a solução não precisou basear-se nesses argumentos. Ela dependeu da percepção da professora de que a aluna realmente parecia disposta a evitar um confronto, desde que seu ponto de vista pudesse ser levado em conta. Vendo isso — e acertadamente percebendo na sugestão do professor-chefe uma situação do tipo certo *versus* errado —, ela se mostrou capaz de encontrar um caminho para chegar a uma solução. Ninguém mais poderia fazer isso naquele momento: cabia a ela fazê-lo. A situação requeria que ela estivesse em boa forma ética — nem antes, nem depois, mas precisamente naquele momento.

Definindo ética: padrões de conduta e atitudes

O que é ética, então? O termo, derivado da palavra grega *ethos*, significa "costume", "hábito" ou "caráter". Tipicamente, as definições-padrão de *ética* incluem expressões como "a ciência do caráter humano ideal" ou "a ciência do dever moral". E a palavra *moral*, que deriva do latim *mor, moris* ("maneira", "costume", "hábito", "modo de vida", "conduta"), descreve tipicamente tudo o que seja bom, correto ou adequado. O que significa *bom*? Aqui surge uma profusão de palavras associadas, como *virtude, valor, valia, princípio, integridade, retidão, nobreza, mérito* ou (se o contexto for teológico) *a via reta.* O problema, evidentemente, é que todas as tentativas de definir essas palavras com precisão recaem em expressões como "o que é intrinsecamente moral", num redemoinho de definições circulares.

Esse processo de definição constitui a base do discurso acadêmico. E, embora seja um exercício perfeitamente válido, é de pouca serventia para os que estão em busca de boa forma ética. Por quê? Por duas razões. Primeiramente, a maioria das pessoas já dispõe de um entendimento prático do que seja *bom.* Elas podem não ser capazes de oferecer uma definição fechada para o termo, mas "o reconhecem quando o vêem". E não se deve menosprezar esse modo de dizer: quase todos nós passamos a vida entre conceitos — tais como "uma esposa amorosa" ou "um dia excepcional" — que não sabemos definir exatamente, mas que decerto sabemos reconhecer. Nem mesmo os ambientes em que vivemos são fáceis de definir hoje em dia: quem acha que apenas o que é claramente definível tem utilidade prática nunca tentou determinar exatamente onde acaba a "sala de jantar" e começa a "sala de estar" numa casa moderna, de planta aberta, com ambientes interligados, ou em que momento acaba a noite e começa a madrugada.

A segunda razão para não ficar preso no círculo das definições sem fim é simplesmente porque, no fundo, a ética não tem a ver com definições. Nem com notas de rodapé, filósofos, compêndios sérios e argumentações áridas, ou com toda a parafernália da lógica e da lingüística. Ela diz respeito a impulsos internos, julgamentos e deveres de pessoas como eu e você. Dizer isso não significa consolar os incultos nem defender um antiintelectualismo de cérebro de avestruz. Tampouco significa desprezar a teoria filosófica como se fosse irrelevante — um aspecto que ficará mais evidente em outros capítulos que abordam as tradições da filosofia moral. Trata-se, em vez disso, de reconhecer que a ética, para ser prática e aplicável, precisa ser entendida como a substância do dia-a-dia. A vida diária, afinal, é um desfilar constante de julgamentos, muitos deles de natureza moral, sendo a maioria moldada não somente por nosso pensar, mas por nossas intuições. Tudo o que uma teoria filosófica pode fazer, escreveu Michael Hooker, filósofo acadêmico que agora exerce a função eminentemente prática de reitor da Universidade de Massachusetts, nos Estados Unidos, "é captar a intuição humana... Os filósofos não podem direcionar nossas intuições. Elas constituem a matéria-prima com a qual eles trabalham. É por essa razão que *você não precisa conhecer ética filosófica para participar do debate moral ou para resolver dilemas morais*" (grifo do autor).[1]

Cabe ainda, porém, considerar dois aspectos que dizem respeito a definições:

- Pouco se ganha tentando-se fazer uma distinção rígida entre *padrões de conduta e ética*. Há quem pense que os primeiros são pessoais e a última é institucional. Outros consideram que os primeiros estão restritos à esfera sexual (como no eufemismo "Ele foi indiciado por conduta imprópria") e que a ética abrange todos os demais aspectos de certo e errado. Outros ainda, por sua vez, definem a ética como o estudo científico dos padrões de conduta. Na prática, muitos filósofos parecem habituados a usar os dois termos de modo mais ou menos intercambiável.
- No entanto, é oportuno distinguir entre *padrões de conduta* e *atitudes*. Certos comportamentos desagradáveis — vestir-se em desalinho, vociferar de maneira rude, enfiar o dedo no nariz em público — podem ofender os cânones do bom gosto. Mas tais comportamentos não são necessariamente imorais. Levados ao extremo, é

1 Michael K. Hooker, *How to Think About Ethics* (Camden, Me.: The Institute for Global Ethics, 1992), p. 21.

claro, eles podem chegar a tanto — como é o caso da vociferação que mancha reputações ou que provoca violência. Tais atitudes também podem ser associadas a outros comportamentos considerados imorais — razão pela qual, sem dúvida, há mais probabilidade de adolescentes de *jeans* rasgados e bandanas encardidas amarradas no cabelo serem parados pelos agentes de controle de drogas na alfândega do que senhoras com penteados impecáveis. Mas as pessoas que têm comportamento inadequado podem ser perfeitamente morais. O inverso também é verdadeiro: os que perpetraram algumas das imoralidades mais revoltantes da história figuravam entre os indivíduos de comportamento mais impecável do Terceiro Reich e das cortes imperiais da Europa.

Nem sempre é fácil distinguir entre padrões de conduta e atitudes — como revela a experiência da presidente de uma fundação voltada à subvenção de estudos e pesquisas sediada no meio-oeste norte-americano. Como muitas instituições filantrópicas, a que ela dirigia prestava apoio às artes na comunidade local. Um de seus muitos beneficiários era uma companhia de teatro profissional afro-americana. Ao ser convidada para a noite de estréia de uma das novas peças da companhia — escrita, dirigida e apresentada por afro-americanos —, ficou muito feliz. E, ao saber que o único papel escrito para um ator não afro-americano era o de um japonês, ficou especialmente interessada — já que ela própria era nipo-americana.

A apresentação, porém, deixou-a abismada. O personagem japonês lhe pareceu um estereótipo racial extremamente negativo. O público, no entanto, adorou: bastava que o japonês entrasse em cena para haver gargalhadas estrondosas. Para ela, esse era um caso particularmente doloroso de criação irresponsável, exacerbada na montagem pela incapacidade do "ator" não-profissional japonês de dar alguma dignidade a seu personagem.

Diante disso, ela vivenciou um dilema que envolvia suas obrigações profissionais. Deveria conversar sobre suas considerações com o responsável pela companhia ou deveria permanecer calada? Como cidadã, ela considerava ter todo o direito de se manifestar. Conhecendo, porém, a forma como os funcionários da fundação eram tratados pelo setor beneficiado — cujos integrantes estavam sempre pisando em ovos, por vezes beirando a uma solicitude aduladora —, ela sabia muito bem que seus comentários teriam um enorme peso. Sua manifestação poderia, na verdade, alterar radicalmente a dinâmica interna do grupo teatral, com uma possibilidade muito real de prejudicar a reputação do escritor, do diretor e de toda a companhia. Em seu modo de ver, isso constituiria um abuso de seu poder e influência.

No entanto, deixar de se manifestar — permitindo que esse deslize grave persistisse — alimentaria a disseminação de um estereótipo. Isso poderia reforçar aspectos de uma animosidade racial, da qual, em sua percepção, já havia indícios naquela comunidade negra. O fato é que ela se encontrava numa posição inusitada. Só uma pessoa de ascendência japonesa, pensava ela, perceberia a ofensa infligida pela peça, que de resto era muito engraçada. No entanto, uma vez que essa companhia se apresentava basicamente para o público negro, poucos nipo-americanos chegariam a ver o espetáculo. E muito poucos, dentre eles, estariam em condições de concretizar um protesto significativo. Se ela não se manifestasse, quem o faria?

Assim, a questão moral enfrentada foi uma questão comum a todos nós: quando, ao percebermos uma injustiça, devemos nos manifestar para corrigir transgressões evidentes e quando devemos permanecer em silêncio para protegermos a nós e aos outros em face dos abusos? Por trás dessa questão, porém, pairava outra. Ao que parece, na visão de muitos dos freqüentadores de teatro, esse episódio não envolvia padrões de conduta, mas sim atitudes. Na verdade, o personagem japonês provocava gargalhadas porque, como em tantas outras comédias, parecia contrastar claramente com as atitudes e os costumes esperados pela sociedade. Mas o riso não lhe pareceu meramente um divertimento leve sobre as fraquezas ou infortúnios de um indivíduo; ele deixava entrever um escárnio áspero por toda uma raça.

Para o público predominantemente negro, tais objeções soariam exageradas, já que o papel era tão espirituoso. Para ela, a situação era moralmente ofensiva, enxergando ali uma séria questão de valores, enquanto outros viam apenas uma questão de atitude.

Definindo ética: obediência ao não exigível pela lei

Como muitos outros termos do discurso ético, a palavra *atitude* presta-se a diferentes definições. Uma das mais interessantes foi a formulada por um jurista inglês do início do século XX, John Fletcher Moulton, primeiro barão de Bank e, por muitos anos, juiz do tribunal de recursos e membro do Parlamento. O que ele chamava de "atitude" nós chamaríamos de "ética". A expressão que usou para isso continua sendo uma das definições mais úteis de ética já criadas: "obediência ao não-exigível pela lei".

Em seu breve texto intitulado "Lei e Atitude", publicado postumamente na revista norte-americana *The Atlantic Monthly*, em 1924[2], Lord Moulton distinguia "os três grandes domínios da ação humana" como sendo a lei positiva, a livre escolha e a atitude. O domínio da lei, observou ele, caracteriza-se por "leis a que estamos sujeitos e às quais devemos obedecer". Ele poderia tê-lo chamado de obediência ao exigível pela lei, em que a punição — ou pelo menos um razoável temor a ela — advém da desobediência.

No extremo oposto da escala situa-se seu terceiro domínio, o da livre escolha. Aí se incluem todas as ações em que "reivindicamos direito à completa liberdade e dela usufruímos". É o território no qual "nascem a espontaneidade, a originalidade e a energia" e têm início "os grandes movimentos que fazem a história de um país". Embora possa ser menor

2 Lord Moulton of Bank, "Law and Manners", *The Atlantic Monthly*, Vol. 134, No. 1 (julho de 1924), p. 1-5.

que o domínio da lei, ele é profundamente significativo, abrangendo (em muitas culturas ocidentais, pelo menos) questões tão vitais como escolher a quem desposar ou qual religião seguir.

Entre esses dois campos, diz Moulton, situa-se um

> *extenso e importante domínio em que não regem nem a lei positiva nem a liberdade absoluta. Nesse domínio não há lei alguma que inexoravelmente determine nosso curso de ação, e no entanto sentimos que não somos livres para escolher como gostaríamos... Ele abrange desde uma consciência de um dever quase tão forte quanto a lei positiva até um sentimento de que o assunto seja apenas uma questão de escolha pessoal... É o domínio da obediência ao não exigível pela lei. Tal obediência é a obediência de um homem àquilo que ele não pode ser forçado a obedecer. É ele quem faz cumprir a lei em si mesmo.*

Pelo fato de esse território intermediário ético situar-se "entre a região da escolha absoluta e a região da lei positiva", ele está sob o risco constante de invasão, de ambos os lados. Por um lado, Moulton não vê com bons olhos as pressões para "ampliar a esfera da lei positiva" — fazer leis, como ele disse, "para regulamentar tudo". Por outro lado, "há uma tendência crescente a considerar assuntos não regulamentados pela lei positiva como assuntos de escolha absoluta".

Para Moulton, porém, o verdadeiro teste de valor reside no âmbito desse território ético intermediário. Segundo ele,

> *a real grandeza de uma nação, sua verdadeira civilização é medida pela extensão desse território de obediência ao não exigível pela lei. Este mede o grau em que a nação confia em seus cidadãos, e sua existência e extensão testemunham a maneira como esses cidadãos se comportam em resposta a essa confiança. A mera obediência à lei não mede a grandeza de uma nação. Tal obediência pode ser facilmente obtida com um poder executivo forte e, mais facilmente ainda, com um povo temente. O abuso de comportamento que tão freqüentemente acompanha a ausência da lei, e que é erroneamente chamado de liberdade, tampouco constitui prova de grandeza. O teste verdadeiro é o grau em que, aos indivíduos que compõem a nação, pode ser confiada a obediência à lei auto-imposta.*

O artigo de Moulton — que o autor fizera no Author's Club [Clube dos Escritores], em Londres, e que os editores da revista descreveram como "o registro literal, feito por um repórter meticuloso, de um discurso não ensaiado" — foi reimpresso, explicaram eles, "devido a seu interesse pertinente para os norte-americanos de hoje". Os editores foram astutos: em 1924, os Estados Unidos tinham ampla razão para se preocupar com sua ética. A Primeira Guerra Mundial acabara apenas seis anos antes, mas os fascistas de Benito Mussolini já haviam tomado o poder em Roma e Adolf Hitler havia sido preso após sua tentativa de golpe em Munique. Nada disso parecia importar muito aos Estados Unidos, que recentemente haviam adotado uma postura isolacionista. Em plena era da Lei Seca, dos arranha-céus, do jazz e das melindrosas, a nação havia acabado de passar pelo famigerado escândalo do petróleo de Teapot Dome, em que, pela primeira vez na sua história, um membro do gabinete (o secretário do Interior Albert Fall) havia sido condenado à prisão. O rádio e o cinema eram as novas fontes de influência urbana em cidadezinhas e vilarejos até então isolados: a primeira estação de rádio entrara em operação em Pittsburgh, no estado da Pensilvânia, em 1920, e Hollywood já estava em atividade projetando a frouxa moralidade de suas estrelas por toda a nação. O grande poeta norte-americano expatriado T. S. Eliot já havia condensado a mistura de tédio e horror da vida moderna em seu poema *The Waste Land* [A Terra Desolada] e as pinturas niilistas dos dadaístas já haviam buscado expor a futilidade e falta de sentido de tudo o que outrora fora considerado moral. Muitos associaram a "revolução nos padrões de conduta" com as idéias de Sigmund Freud, e enxergaram seus frutos na incidência cada vez maior do divórcio. Além disso, a invenção da produção em série por Henry Ford — que triplicaria o número de carros no fim da década e contribuiria significativamente para a mobilidade da nação — garantia novos desafios à rigidez dos valores da comunidade que tradicionalmente formavam uma fortaleza contra a imoralidade. Não surpreende que um novo e vigoroso movimento de educação do caráter surgisse então, buscando retesar a frouxidão ética ao garantir que, mesmo as famílias e comunidades deixando de ensinar ética, as escolas proporcionariam respaldo moral.

Essa, em outras palavras, não foi uma era diferente da nossa — aspecto observado por James Leming, que, ao estudar a história da educação do caráter, observou que, "com espantosa similaridade aos anos 1920, as décadas de 1980 e 1990 foram uma época de atividade febril em termos de educação do caráter".[3] Não é de admirar, então, que as palavras de Lord Moulton falem a nós, nos dias de hoje, com atualidade e relevância em pelo menos três áreas:

- **A relação da ética com a lei.** As observações de Moulton deixam claro por que razão o velho adágio "Se não é ilegal, deve ser ético" é tão profundamente equivocado. A ética e a lei, como Moulton o sabia, são tão distintas quanto aquilo que a lei não exige e aquilo que é exigido por ela. Mais exatamente, a lei é um tipo de condensação codificada da ética: ela reflete áreas de acordo moral tão amplas que a sociedade se reúne e determina: "Esse comportamento ético deve ser exigido". Mas as distinções que Moulton faz também tornam claro outro aspecto: quando a ética entra em colapso, a lei apressa-se em preencher o vazio. Por quê? Porque a regulamentação é essencial para sustentar qualquer tipo de experiência humana que envolva duas ou mais pessoas. A escolha não está entre regulamentar ou não regulamentar a sociedade. É unicamente entre a auto regulamentação não exigível pela lei e a regulamentação exigível por ela.

Um exemplo pode ser útil. Até a década de 1950, nos Estados Unidos não se jogava lixo pela janela do carro simplesmente porque "isso não se faz" — fazer isso era "errado". Hoje não se joga nada pela janela porque há multas consideráveis para quem age assim.

3 James S. Leming, "Should Character Education Be Taught in Schools?" *Insights on Global Ethics*, Vol. 3, No. 4 (Camden, Me.: The Institute for Global Ethics, abril de 1993), p. 6.

O que antes era (nos termos de Moulton) uma questão do segundo domínio da ética transformou-se em uma questão de lei, do primeiro domínio. Basta contar o número de novas leis estaduais e federais criadas a cada ano para perceber quanto a invasão da lei no âmbito da ética está se tornando realidade — justamente aquilo que Moulton não via com bons olhos. Dadas as credenciais de Moulton, é claro, quase que poderíamos ter previsto essa invasão: um forte indicador da degradação ética é, com certeza, a superabundância de leis que são criadas — e de novos advogados que deságuam no mercado — a cada ano. Se de fato, como sugerem os dados de pesquisa citados no capítulo anterior, nossa degradação ética é grave, a era da hiper-regulamentação não tardará a chegar.

• **Ética e livre-arbítrio.** No entanto, embora a regulamentação excessiva sufoque, o excesso de licença dissipa. Daí a necessidade de distinguir, como o faz Moulton, entre ética e livre-arbítrio. O perigo aqui advém de uma visão equivocada, do tipo “oito ou oitenta”: se não houver livre-arbítrio, é preciso haver um legalismo opressivo — uma visão de que a única alternativa para o que Moulton chama de “espontaneidade, originalidade e energia” do livre-arbítrio seja o peso morto de uma legislação de chumbo. Felizmente, há mais uma alternativa. O nobre desejo de fugir à hiper-regulamentação não requer que o pêndulo oscile para o extremo oposto. O domínio da obediência ao exigível pela lei oferece um meio-termo justo entre os dois — com obediência bastante para atenuar o egoísmo que pode acompanhar a liberdade, mas com inexigibilidade em grau suficiente para que haja criatividade real.

Foi a incapacidade de reconhecer esse território ético intermediário, na verdade, que resultou em um dos experimentos fracassados mais lamentáveis da humanidade: os setenta anos de tentativa de impor o comunismo na União Soviética e, mais tarde, no Leste Europeu. Durante uma visita à então chamada Leningrado (hoje São Petersburgo), em 1989, ouvi um clérigo da Igreja ortodoxa russa explicar por que a União Soviética tinha pouca tradição de trabalho voluntário e doações beneficentes, com poucas organizações que ao menos remotamente lembrassem as fundações e organizações sem fins lucrativos dos Estados Unidos. Ele explicou que, aos olhos do Estado, o homem soviético era perfeito. Assim, toda tentativa de proporcionar algo além da beneficência estatal era interpretada como falta de confiança no Estado — e portanto, essencialmente, uma traição.

O problema, evidentemente, é que o Estado via apenas dois domínios: a lei e o livre-arbítrio. Comprometido com a economia planejada controlada por meio da lei, o Estado temia o caráter individualista do livre-arbítrio. E tinha boas razões para temê-lo: o individualismo de escritores como Aleksandr Solzhenitsyn e de cientistas como Andrei Sakharov representava sério perigo para a própria sustentabilidade do Estado. Crendo que tudo o que não fosse lei era livre-arbítrio, o Estado recusava-se a aprovar qualquer movimento para longe da lei, mesmo em direção a um território intermediário de "obediência ao não exigível" por esta. Tudo o que fosse importante era simplesmente regulamentado. A eficiência desse controle ainda permanece questionável: até mesmo nas entranhas da opressividade soviética, a religião prosseguia como atividade subterrânea, famílias estendiam os braços para se ajudar mutuamente e os consagrados hábitos russos de compaixão e generosidade persistiam no que restara da vida privada. No entanto, Moulton não teria provavelmente se surpreendido com o fato de que hoje os homens de negócios e estudiosos ocidentais, ao buscarem estabelecer relações com as nações da antiga União Soviética e do bloco do Leste Europeu, regularmente comentem encontrar um profundo vácuo ético, uma atmosfera predatória e licenciosa em que "vale tudo".

A ÁUREA MODERAÇÃO

"Quem cultiva a áurea moderação", escreveu o poeta latino Horácio, "evita tanto a pobreza de uma choupana quanto a inveja de um palácio". Com as palavras "áurea moderação" (*aurea mediocritas*), Horácio dá um nome popular a um conceito definido cerca de três séculos antes pelo filósofo ateniense Aristóteles, na obra *Ética a Nicômaco*.

Para Aristóteles, a essência da excelência é a "virtude", que ele descreve como um equilíbrio entre estados conflitantes. A virtude moral, para ser excelente, "deve ter a qualidade de visar o meio-termo" entre um excesso e uma deficiência. Ele oferece diversos exemplos:

- No que diz respeito à confiança individual, a *coragem* é o meio-termo entre a *covardia* (uma deficiência) e a *temeridade* (um excesso).
- Em questões que envolvam honra, tem-se a qualidade intermediária do *orgulho adequado*, que se situa entre a *humildade indevida* (deficiência) e a *vaidade vazia* (excesso).
- No "dar e tomar da moeda", a deficiência da *mesquinhez* (ou avareza) e o excesso da *prodigalidade* (ou desperdício) são extremos em relação a um meio-termo que ele descreve como *liberalidade*.

O meio-termo, como diz Aristóteles, é sempre "um ponto médio entre dois vícios". Mas como encontrar esse meio-termo? Perguntar isso é perguntar como se tornar virtuoso. Uma vez que o bem supremo, para o filósofo, é a felicidade humana, a virtude reside em alcançar a maior felicidade possível — não apenas para si, mas para a comunidade. O caminho para a felicidade passa pela áurea moderação. Qualidades como apetite, raiva, pena e prazer "podem ser sentidas tanto excessiva quanto deficientemente", disse ele; mas "senti-las nos momentos certos, com referência aos objetos certos, para com as pessoas certas, com o motivo certo e da maneira certa, é o que constitui não só o meio-termo, mas também o melhor, e essa é uma característica da virtude".

Para Aristóteles, então, a áurea moderação se fundamenta basicamente no seu entendimento empírico sobre aquilo que as pessoas virtuosas fariam em dada situação. Esse senso de retidão de ação e sentimento, disse ele, é "determinado por... aquele princípio pelo qual o homem de sabedoria prática o determinaria". Mas esse senso também se fundamenta na racionalidade. Uma vez que a virtude moral é, segundo ele, "um estado do caráter que diz respeito à escolha, e a escolha é desejo deliberado, então tanto o pensar há de ser verdadeiro quanto o desejo há de ser correto, para que a escolha seja boa". Desse modo, a áurea moderação é uma formulação mais intelectual que a Regra Áurea, com a qual costuma ser erroneamente confundida. Ambas, no entanto, vêm desde há muito oferecendo diretrizes para a tomada de decisões éticas.

• **Ética como medida do vigor nacional.** O experimento comunista também confirma a insistência de Moulton de que o vigor de uma nação reside no tamanho de seu domínio ético intermediário. Praticamente sem dispor de tal domínio, os soviéticos acabaram por fracassar. A história, evidentemente, está atulhada de ruínas semelhantes: as histórias de numerosos reinos do Velho Testamento e da Roma Imperial testemunham o fato de que sem ética as sociedades simplesmente perecem. Buscando explicar a razão disso, muitos se voltam à teologia, observando que infringir a lei (nesse caso, a lei divina que opera no âmbito moral da experiência humana) traz penalidades. Outros explicam o fato por meio da economia. Uma sociedade que carece de ética tem, afinal, duas escolhas. Ela pode seguir o exemplo da Itália, na década de 1980, quando o suborno parasítico e a corrupção ameaçavam sugar a força vital da economia, enquanto a Justiça permanecia à margem, de mãos amarradas. Ou, seguindo o exemplo soviético, ela pode tender ao excesso nas leis, inventando regulamentos por toda parte e estabelecendo mecanismos de aplicação complicados e tremendamente onerosos para policiar toda e qualquer interação concebível. O mero esforço de contratar policiais que permaneçam de prontidão atrás de qualquer moita — ou de criar a bizantina rede de informantes com a qual o Kremlin acompanhava os movimentos de seus cidadãos — evidentemente drena dos empreendimentos produtivos tamanha quantidade de trabalho e capital que pouco é deixado para sustentar a nação.

No entanto, o que realmente leva os Estados à ruína é a falta de confiança. Os advogados sabem muito bem que qualquer contrato, por mais bem elaborado que seja, pode ser quebrado se não houver ao menos algum resquício de ética e boa vontade de cada um dos lados. Com os tratados ocorre o mesmo: uma prova disso são as dezenas de acordos de cessar-fogo rompidos que pontilham o território da antiga Iugoslávia em razão das contendas sobre a Bósnia-Herzegovina. Numa sociedade carente de ética, a confiança se esvai mais rápido que a chuva nas areias do deserto. Sem confiança, não há base para acordos de nenhum tipo, seja um compromisso minúsculo, como despertar as visitas a tempo para não perderem o vôo matinal, seja um aperto de mãos em escala multinacional selando uma fusão empresarial de um bilhão de dólares. Em outras palavras, sem confiança não há como sustentar nenhum tipo de relação humana.

Em *O Coração das Trevas* (publicado no Brasil pela Nova Alexandria em 2001), o romancista britânico (nascido na Polônia) Joseph Conrad aborda essa questão ao se referir ao conceito de *contenção*. Esse breve volume magistral e multifacetado, publicado em Londres 22 anos antes da morte de Moulton, ocorrida em 1921, descreve o impacto da África sobre os europeus colonialistas que se aventuraram em seu vasto interior. Ele nos conta a história do enigmático Kurtz. Colocando-se como uma espécie de rei canibal, Kurtz abandonou suas atitudes e padrões de conduta europeus e adotou os modos da selva, levando-os ao exagero. "Ele era vazio em seu cerne", disse o narrador de Conrad, Marlow, observando que lhe "faltava contenção na satisfação de suas várias sofreguidões". Repetidamente, imagens e referências à falta de contenção ecoam ao longo do romance, até tornar-se evidente que, para Conrad, o cerne moral da humanidade envolve um complexo sistema de contenções internas — a obediência de Moulton ao não-exigível pela lei — sem o qual não resta senão um coração das trevas no interior do homem.

Bem mais que a história de uma jornada ou de um homem, o romance de Conrad é uma parábola de uma sociedade moderna que abandona suas contenções — seu território intermediário ético — e mergulha no tipo de colonialismo mercantil de rapina que caracterizou parte tão grande da Europa do século XIX. Não é de surpreender, então, que ele fale tão eloqüentemente à nossa própria época, em que os excessos da ganância, associados à intolerância racial e a um aventureirismo econômico em escala mundial, se combinam com a falta de contenção para produzir um coquetel ético particularmente inquietante. Conrad aborda a mesma questão de Moulton, mas enfocando-a pelo ângulo oposto: para Conrad, a grandeza nacional é medida pela contenção interna, pela moderação dos desejos e pelo decoro nas ações.

Definindo ética: infração deliberada das leis

Antes de deixar as distinções feitas por Moulton, precisamos abordar mais uma questão: a ética da desobediência civil. Lei e ética não são o mesmo. No entanto, não deveria ser preciso dizer que a obediência à lei, embora geralmente constitua condição *necessária* para a ação ética, não é suficiente para garanti-la. Os indivíduos que apenas obedecem à lei ao pé da letra podem ser éticos ou não. Esse aspecto é posto em prática de maneira muito curiosa quando a Comissão de Ética do Senado norte-americano decide que um de seus membros, pelo fato de não haver infringido nenhuma lei, deve ser considerado ético. O amplo cinismo vigente quanto às decisões da comissão sugere haver pouca fé por parte do público nessa entidade tão mal batizada, que parece não ter interesse nenhum na "ética" tal como Moulton a definiria, mas unicamente em leis ou regulamentações que possam ter sido violadas.

Obedecer à lei, então, não é o bastante para ganhar o rótulo de "ético". Mas sempre é preciso obedecê-la para que a ética esteja em vigor? Não. O padrão de desobediência civil — proposto pelo filósofo norte-americano Henry David Thoreau, em 1849, desenvolvido pelo ativista da independência da Índia, Mohandas K. Gandhi, na década de 1920 e utilizado tão efetivamente no Movimento dos Direitos Civis nos Estados Unidos na década de 1960 — estimula a desobedecer às leis injustas. Esse conceito se estabeleceu com tal firmeza que agora se tornou ele próprio uma lei: omitir-se de desobedecer às ordens que determinavam a morte dos judeus na Alemanha nazista levou à aceitação, nos tribunais de Nuremberg, do princípio de que existe a obrigação moral e legal de recusar-se obediência a leis imorais.

No entanto, o conceito de desobediência civil, tal como posto em prática por ativistas não-violentos, como Martin Luther King, traz consigo outra condição: a de que os indivíduos que, por razões morais, desobedecem à lei devem fazê-lo conscientemente e com ampla disposição a sofrer toda e qualquer penalidade que incida sobre sua desobediência. A desobediência civil tem portanto um imperativo moral. Ela, porém, não se restringe a movimentos sociais de destaque — aspecto evidenciado no caso do francês Kurt Werner Schaechter, um vendedor aposentado de instrumentos musicais que se interessou em traçar sua ascendência judaica. Pesquisando o passado da família nos Arquivos Nacionais da cidade de Toulouse, em 1991 (arquivos que permanecem fechados ao público), ele descobriu documentos de deportação de sua mãe que indicavam que ela havia sido enviada a Auschwitz em 1944 com inteira cumplicidade de colaboradores franceses. Sabendo que houve muitos casos semelhantes de judeus franceses enviados ao extermínio pelo governo de Vichy — e ciente de que tais revelações seriam particularmente mal recebidas por uma sociedade que ainda se orgulha da história de seus movimentos de resistência durante a Ocupação —, Kurt Werner retirou ilegalmente mais de 12 mil documentos dos Arquivos Nacionais, fotocopiouos e secretamente os repôs no lugar. Mais tarde, enviou cópias à imprensa. Seu propósito, é claro, não foi simplesmente infringir um estatuto de 1979 que limitava o acesso a esses documentos. Seu objetivo foi expor crimes passados. Tampouco tentou esconder o que fez ou escapar às sanções. O governo francês, talvez embaraçado por suas revelações e esperando que a história não fizesse grande alarde, não tomou nenhuma ação legal contra Schaechter.[4]

O imperativo ético de infringir leis não-éticas, porém, não se limita a questões de grande peso. Nem é preciso que se trate de iniciativas de grande interesse público. Mesmo as situações éticas mais isoladas podem envolver elementos de infração deliberada à lei. Essa questão foi levantada em um dilema exposto por uma participante de um seminário. Ela nos contou sobre seu filho, que fez um resgate em canoa nas florestas do estado do Maine.

A história teve início com três amigos de 20 e poucos anos que foram a uma pescaria num dia frio de primavera, num lago quase deserto. O filho dessa mulher, John, era bom pescador e praticante competente de atividades ao ar livre. Embora não conhecesse o lago, seus dois amigos já haviam pescado ali. Portanto, não tinha dúvidas de que eles sabiam o que estavam fazendo.

No entanto, enquanto os três atravessavam o lago de canoa, o vento começou a soprar com uma força inesperada. Eles remaram até a praia oposta, onde deixaram John, que queria pescar sobre uns rochedos. Os outros dois retornaram, cruzando novamente o lago. Entretido enquanto pescava, John não prestou muita atenção ao paradeiro dos amigos, até que, algum tempo depois, se deu conta de que eles haviam sumido. Escalando os rochedos para enxergar melhor, viu algo que fez seu sangue gelar: a camisa de um dos amigos flutuando sozinha no meio do lago. Não havia rastro da canoa nem de seus ocupantes.

4 Alan Riding, "A Mother's ID Card Exposes French World War II Secrets", *The New York Times* (7 de abril de 1993), p. A1, A6.

Abandonando seus apetrechos de pesca, John saiu em disparada pela beira do lago, até alcançar um local onde lembrava ter visto algumas construções. Perto da água havia uma canoa, que aparentemente pertencia a um dos bangalôs. Sem pedir permissão, ele arrastou-a até a água e estava prestes a zarpar quando seu proprietário veio correndo, alvoroçado, de um chalé próximo, exigindo explicações. Sem fôlego, John pediu ao homem que o acompanhasse e o ajudasse a salvar seus amigos. Para seu espanto, o homem se recusou. Disse que achava perigoso demais aventurar-se numa situação em que ambos poderiam se afogar tentando salvar os outros dois.

Então John, com o consentimento do proprietário, partiu sozinho na canoa — remando com dificuldade, a proa agitando-se como um cata-vento, pela ausência de um segundo remador. Não demorou para que avistasse seus amigos na praia oposta aos rochedos. Ao alcançá-los, contaram-lhe que a canoa começara a se encher de água no meio do lago. Sem meios de repará-la e remover a água, eles se lançaram a nado até a beira, na esperança de alcançar terra firme antes que a água gelada lhes adormecesse o corpo por completo. Um deles, de compleição mais atlética, aparentemente havia conseguido chegar em boa forma. O outro, menos desenvolto e magricela, fora acometido de hipotermia e já estava sofrendo delírios quando John os encontrou. Os dois rapazes conseguiram colocá-lo na canoa, trazê-lo até o carro e conduzi-lo a um hospital local, onde se recuperou graças à pronta ação dos outros dois.

Epílogo: no retorno, enquanto cruzavam o lago na canoa emprestada, os três amigos encontraram o proprietário que vinha na direção deles — num barco a remo. Ele lhe disse que a esposa, ao saber de sua recusa em sair ao socorro dos rapazes, o espezinhou e atormentou a tal ponto pela covardia que ele tirou o barco a remo do depósito e veio ajudá-los.

Há muita coisa por trás do dilema do proprietário — suas razões para a recusa, a evidente objeção de sua esposa a essas razões e a omissão em oferecer a John, antes de mais nada, o barco a remo, muito mais estável que uma canoa. Por outro lado, considere agora o uso que John fez da canoa. Ao que parece, ele sentiu que, em face da emergência, tinha o "direito" de tomar a canoa sem pedir permissão. Estava roubando? Ele, provavelmente, viu isso como um empréstimo. Considerando, porém, o que as ondas violentas levantadas pelo vento haviam feito a seus amigos, a canoa poderia jamais vir a ser devolvida — e o resultado final teria sido o mesmo de um roubo. Estava ele correto ao tomar a lei nas próprias mãos — ao pôr em prática, nesse sentido, a desobediência civil? A maioria de nós provavelmente responderia: "Sim". A urgência da necessidade, a gravidade da ameaça e a probabilidade de que ele fizesse uma real diferença no resultado, tudo isso pedia presteza — apesar do fato de a sabedoria ("É perigoso demais ir até lá") e a legalidade ("Essa canoa não é sua") conspirarem contra ela.

Boa forma? Isso é algo que não faltava a John, não apenas fisicamente, mas também no sentido ético. O fato é que, diante do perigo, ele agiu com base em suas convicções. Damos a isso o nome de coragem moral — embora, se ele tivesse se afogado, ficássemos tentados a chamá-la de imprudência. Diferentemente do policial da estrada e da coordenadora do baile de fim de ano, ele não via um terceiro caminho à frente — embora o barco a remo pudesse ter sido essa terceira alternativa. Mesmo assim, John leu a situação de maneira precisa e, sem tempo para análise, respondeu de modo imediato.

Talvez não seja demais dizer que seu amigo magricela ainda está vivo por causa da boa forma ética de John.

Esse tipo de boa forma não é um artigo de luxo. Desde as menores experiências pessoais até as relações internacionais de maior envergadura, ela faz parte de nosso *kit* de sobrevivência para o futuro. No pior dos casos, ao menos reduz o sofrimento e evita ações judiciais. Na melhor das situações, salva vidas. Em geral, não conta com tempo para análise — embora nela esteja refletida toda a criteriosa preparação necessária para obtê-la.

Este livro é sobre isso. Não é um manual de emergências para situações extremas, mas foi escrito com a intenção de servir de veículo para um diálogo reflexivo. Seu propósito é ser absorvido em silêncio sem a pressão de um dilema ético pairando no ar — de modo que, chegado o momento da ação, o pensamento já tenha sido processado, os impulsos já tenham sido internalizados e as intuições já tenham sido ativadas, conduzindo a resoluções que façam do mundo um lugar melhor.

Capítulo Quatro

Valores nucleares

Em seu curto poema "Viajando pela escuridão",[1] o poeta norte-americano do século XX William Stafford encontra em uma situação comum os elementos de um intenso dilema moral:

Viajando pela escuridão encontrei um veado
morto na margem da estrada do Rio Wilson.
Geralmente é melhor jogá-los no cânion:
essa estrada é estreita; uma guinada poderia causar mais mortes.

Sob o brilho da luz de freio tropecei atrás do carro
e fiquei ao lado do corpo, uma corça, uma morte recente;
ela já estava dura, quase fria.
Arrastei-a; tinha uma grande barriga.
Meus dedos resvalando por seu flanco mostraram a razão —
seu flanco estava quente; seu filhote ali esperava,
vivo ainda, porém nunca nascido.
Ao lado da estrada da montanha, hesitei.

1 William Stafford, *Traveling Through the Dark* (New York: Harper & Row, 1962), p. 11.

O carro apontava para a frente suas luzes baixas;
sob o capô ronronava o motor constante.
Permaneci de pé sob o brilho da exaustão quente e avermelhada;
ao redor de nós, eu podia escutar a natureza ouvindo.

Pensei bastante por todos nós — meu único desvio —
*e depois a empurrei por sobre a margem, para o rio.**

Em "Viajando pela escuridão", o narrador de Stafford não teve como prever o dilema moral com que se defrontaria. Quando a situação surgiu, o que deveria fazer? Conseguiria ele salvar o filhote vivo na barriga da mãe, ali, na escuridão da estrada deserta? Ou o filhote morreria, fizesse ele o que fizesse, pois a mãe já estava morta? O poema aborda uma questão central: o narrador agiu certo? Ao menos ele o enfrentou — e "pensou bastante por todos nós" nesse processo. Mas isso era o melhor que poderia fazer? Stafford nos deixa a decisão.

A história de Stafford coloca uma outra questão, menos óbvia, mas igualmente importante: por que ele parou? Não há lei que diga: "deve-se parar em estradas estreitas e remover riscos potenciais do caminho dos outros motoristas". Na verdade, existem muitas razões para não fazê-lo. Parar à noite em estradas estreitas, foi-nos dito, é perigoso. Pode-se ser atingido por outro carro, ou atacado por animais atraídos pela carcaça. No mínimo, pode-se ficar sujo. Além disso, não há nada que se possa fazer. Essa é

* *Traveling through the dark I found a deer / dead on the edge of the Wilson River road. / It is usually best to roll them into the canyon: / that road is narrow; to swerve might make more dead. / By glow of the tail-light I stumbled back of the car / and stood by the heap, a doe, a recent killing; / she had stiffened already, almost cold. / I dragged her off; she was large in the belly. / My fingers touching her side brought me the reason — / her side was warm; her fawn lay there waiting, / alive, still, never to be born. / Beside that mountain road I hesitated. / The car aimed ahead its lowered parking lights; / under the hood purred the steady engine. / I stood in the glare of the warm exhaust turning red; / around our group I could hear the wilderness listen. / I thought hard for us all — my only swerving — / then pushed her over the edge into the river.*

uma tarefa para as autoridades. E estamos indo para um outro lugar.

Porém, quase todos nós também veríamos um imperativo moral aqui — salvar outros motoristas, tentar ajudar animais feridos, assumir a responsabilidade pelo que nos rodeia mesmo que não haja obrigação de fazer isso. Aparentemente, foi esse imperativo que impeliu o narrador de Stafford. Considerando-se seus princípios de proteção à vida, ele tinha de parar? Não é que tenha buscado esse dilema. Pode ter desejado que isso nunca acontecesse — e, se estivesse dirigindo por alguma outra estrada naquela noite, isso não teria ocorrido. Mas não estava em outra estrada, e isso aconteceu. Então, ele parou — não porque fosse compelido a fazê-lo por forças externas, mas em obediência a um conjunto de princípios não imposto, interno e, aparentemente, poderoso. Parou devido a seus valores.

A definição de ética de Lord Moulton como "obediência ao não exigível pela lei" nos ajuda a entender tais obrigações. Mas deixa em aberto a questão fundamental que se situa no cerne de qualquer consideração ética: qual é a nossa obrigação diante do não exigível pela lei? O que é o não exigível pela lei? O que, afinal, é o certo?

As tentativas de responder a essa questão em termos práticos muitas vezes resultam em afirmações sobre qualidades ou características que devem governar a vida de cada um. Com freqüência, assumem a forma de códigos de ética ou afirmações de princípios — breves listas de valores morais nucleares pelos quais se deve viver. Observe essa expressão: *valores morais centrais*. O que, exatamente, isso significa?

Um valor, segundo o *Dicionário Oxford de Inglês*, é "aquilo que merece estima por si mesmo; que tem merecimento intrínseco". Não é algo valioso apenas como um meio para obter alguma outra coisa de valor: é um fim em si mesmo. Dedicação e veracidade, por exemplo, são características excelentes. A dedicação, contudo, não costuma ser vista como "algo que merece estima por si mesmo", mas como uma característica importante daqueles que desejam realizar algo. O que eles querem realizar pode ser maravilhoso ou terrível. Bombeiros dedicados contribuem para o bem-estar da sociedade, enquanto trapaceiros dedicados a prejudicam. A dedicação é um tipo de valor operacional ou instrumental que tem importância devido a seus efeitos, e não por si mesmo. Assim, a pergunta "Por que ser dedicado?" pode ser respondida adequadamente: "Porque isso leva a outros objetivos ou valores importantes". É menos comum responder desse modo à pergunta "Por que ser verdadeiro?" A veracidade é muito mais facilmente vista como algo com "valor intrínseco".

Então, muitos códigos de ética contêm "valores centrais" com valor intrínseco. Eles são valores *morais* — um ponto que vale a pena explorar. Afinal de contas, a sociedade tem valores que não pertencem ao domínio moral:

- **Valores políticos.** Existem diferenças profundas, chegando ao nível do "valor intrínseco", que separam os conservadores dos liberais. Para alguns, o termo "desregulamentação" é tão sagrado que perguntar "Por que desregulamentar?" é fazer uma pergunta tola e até mesmo ofensiva. Eles dizem que a desregulamentação é valiosa por si mesma. Com fervor idêntico, outros afirmam o mesmo a respeito de mercados regulamentados. Essas opiniões podem colocar-se em oposição veemente. Mas nenhuma delas é "moral" por si mesma. Tanto conservadores quanto liberais podem ser pessoas altamente morais.
- **Valores econômicos.** Há uma enorme diferença entre os que dizem "Sempre compre o melhor, mesmo que custe um pouco mais" e os que dizem "Sempre compre artigos usados e tente encontrar pechinchas". Os *shoppings* de todo o país, na verdade, reconhecem a enorme distância que existe entre os que compram no Wal-Mart e aqueles que preferem lojas de grife. Esses valores opostos, contudo, não são morais, mas econômicos. Nenhum dos lados é imoral, a menos que seus valores sejam levados ao extremo da opulência indulgente, por um lado, ou da avareza, pelo outro.

• **Valores culinários.** Todos temos gostos que não são nem imorais nem morais, mas simplesmente expressões de tendências e desejos individuais. Não há nada inerentemente não-ético em relação a uma esfiha de carne que seja corrigido ao se escolher um pastel de palmito. Isso não quer dizer que os alimentos não levantem questões morais: o vegetarianismo normalmente eleva o ato de comer a uma questão de consciência, ao escolher cuidadosamente com base em valores que vão bem além do paladar. Porém, no que diz respeito ao paladar, os valores geralmente não são morais. Aos 5 anos, quando ouvi minha mãe dizer (com palavras que ficaram gravadas em minha memória) que "a alface melhora o sabor de qualquer sanduíche", vi-me na presença de valores inabaláveis, embora ela não estivesse estabelecendo um decreto moral.

Valores morais, valores de alface e códigos de ética

Na verdade, o mundo está repleto de valores de alface. Eles são muito úteis, mas não tentam responder à pergunta "O que é certo?". Essa tarefa geralmente cabe a um código de ética. Um breve exame de meia dúzia desses códigos revela suas semelhanças e indica sua utilidade:

• **Os Dez Mandamentos.** Essa grande afirmação da lei de Deus está registrada na *Bíblia* (Êxodo, 20: 1-17) e é descrita como outorgada por Deus a Moisés em tábuas de pedra — e permanece como a lista central de preceitos para o judaísmo e a cristandade. Eles se dividem naturalmente em duas partes. Os quatro primeiros mandamentos definem a relação de Deus com o homem. Eles proíbem a adoração de mais de um deus, a criação de estátuas, tomar o nome de Deus em vão e o desrespeito ao Sabat. Esses quatro — em especial o segundo e o quarto — são explicados em algum detalhe. Os últimos seis, ao contrário, são imperativos simples e diretos: respeite seus pais, não mate, não cometa adultério, não roube, não dê falso testemunho nem minta, não inveje nem cobice. Todos os dez são redigidos predominantemente no negativo, estabelecendo proibições contra comportamentos em vez de afirmar o que deve ser feito.

• **A lei dos escoteiros.** Ao contrário dos Dez Mandamentos, essas afirmações têm sintaxe positiva. Na verdade, nem são um conjunto de ordens. Não dizem o que os escoteiros devem fazer, mas define como são.

Um escoteiro é:
Digno de confiança
Leal
Disposto a ajudar
Amigável
Cortês
Gentil
Obediente
Alegre
Frugal
Corajoso
Limpo
Reverente

Alguns desses valores talvez sejam menos morais do que instrumentais — pessoas "amigáveis", afinal de contas, podem ser totalmente imorais, enquanto alguns indivíduos (certos calvinistas da Europa, por exemplo, ou os puritanos da época colonial dos Estados Unidos) são comumente mais sisudos do que "alegres". Mas muitos desses termos, como gentileza e confiabilidade, direcionam-nos para valores morais grandiosos como o amor e a verdade. Existem, deve-se acrescentar, algumas anomalias que beiram o cômico quando essa lei é comparada com a Lei das Escoteiras:

Uma escoteira é:
Digna de confiança
Leal
Útil
Amigável
Cortês
Gentil para com os animais
Obediente
Alegre
Frugal
Limpa em seus pensamentos, palavras e atos

Percebemos que os meninos devem ser gentis — enquanto as meninas só precisam ser "gentis para com os animais". E, enquanto os meninos são "dispostos a ajudar", as meninas são simplesmente "úteis".

• **O código de honra de West Point.** Dentre os códigos de ética mais concisos, a afirmação do Exército dos Estados Unidos usa apenas treze palavras para definir o padrão da academia: "*A cadet does not lie, cheat, or steal, or tolerate those who do*" (em uma tradução livre: "Um cadete não mente, não trapaceia, não rouba nem tolera os que o fazem"). O código parte de proibições contidas nos Dez Mandamentos e as passa através de duas peneiras: não só regulamenta a própria ação, mas exige que se dê atenção às ações dos outros. É claro que apenas o significado da palavra "tolera" provocou reflexões em várias gerações de cadetes. Basta virar o nariz e afastar-se dos trapaceiros e mentirosos ou deve-se vigilantemente observar e relatar cada infração?

• **O teste dos quatro passos do Rotary Clube.** Como cerne da prática ética do Rotary Clube Internacional, esse código assume uma outra sintaxe: uma série de questões. Esse teste pergunta, "em relação às coisas que pensamos, dizemos ou fazemos":

1. É a VERDADE?

2. É JUSTO para com todos os envolvidos?

3. Contribuirá para a BOA VONTADE e para AMIZADES MELHORES?

4. Será BENÉFICO para todos os envolvidos?

Os valores morais expressos aqui — verdade, justiça, amizade e ajuda aos outros — são colocados como um teste não só da fala e da ação, mas também do pensamento. Esse é um teste difícil. Lembra a prescrição de Jesus, dizendo que simplesmente obedecer literalmente ao mandamento contra o adultério não era bom o bastante, mas que "todo homem que olhar para uma mulher com desejo já cometeu adultério com ela — em seu coração". Do mesmo modo, o teste do Rotary vai além do comportamento e chega à motivação.

• **Código de ética da empresa norte-americana McDonnell-Douglas.** Como muitos códigos empresariais, esse é apresentado em nove itens que exigem que os empregados sejam:

• honestos e dignos de confiança em todos os seus relacionamentos;

• confiáveis na realização das atribuições e responsabilidades;

• verdadeiros e exatos naquilo que dizem e escrevem;

• cooperativos e construtivos em todo trabalho realizado;

• justos e com consideração ao tratar os colegas, clientes e todas as outras pessoas;

• cumpridores da lei em todas as suas atividades;

• comprometidos com a realização de todas as tarefas com excelência;

• econômicos na utilização dos recursos da empresa; e

• dedicados no serviço à empresa e à melhoria da qualidade de vida no mundo em que vivemos.[2]

2 "Always Take the High Road: The McDonnell-Douglas Code of Ethics", panfleto preparado por McDonnell-Douglas (St. Louis: 1983).

A forte semelhança com as Leis dos Escoteiros não é um acidente. Enquanto era CEO da empresa, Sanford McDonnell participou do movimento escoteiro com o filho e percebeu que faltava um código de ética em sua empresa. Assim, em 1983, ele reuniu uma força-tarefa de executivos para esboçar um código de ética. "Eu lhes disse que queria que criassem um código de ética para a McDonnell-Douglas", lembrou ele, "que não se parecesse com o Juramento e a Lei dos Escoteiros, mas que mesmo assim abordasse os mesmos tópicos". Há um único item ausente: reverência. "Não achei que pudéssemos usar nossa influência", explicou ele, "para levar nossos empregados a adotar nossa fé religiosa".[3]

• **Os princípios de Minnesota.** Propostos em 1992 pelo Minnesota Center for Corporate Responsibility [Centro de Minnesota para Responsabilidade Corporativa] como um guia para atividades empresariais internacionais, inclui um preâmbulo e uma afirmação em seis partes dos "Princípios dos *Stakeholders*", que abordam as relações com clientes, empregados, proprietários/investidores, fornecedores, comunidades e concorrentes. Mas seu cerne, sob o título de "Princípios Gerais", estabelece quatro valores morais centrais:

Proposição 1: As atividades empresariais devem ser caracterizadas por justiça.

Entendemos que a justiça inclui tratamento eqüitativo e oportunidades iguais para todos os participantes no mercado.

Proposição 2: As atividades empresariais devem ser caracterizadas por honestidade.

Entendemos que a honestidade inclui sinceridade, veracidade e cumprimento das promessas.

3 De uma entrevista com McDonnell por Sukie Bernard, "Sanford N. McDonnell: Boy Scout Extraordinaire", em Rushworth M. Kidder, ed., *Heartland Ethics: Voices from the American Midwest* (St. Louis: The Principia, 1992), p. 10.

Proposição 3: As atividades empresariais devem ser caracterizadas pelo respeito à dignidade humana.

Entendemos que isso significa que as atividades empresariais devem demonstrar preocupação especial pelos menos poderosos e pelos menos favorecidos.

Proposição 4: As atividades empresariais devem ser caracterizadas pelo respeito ao meio ambiente.[4]

Entendemos que isso significa que as atividades empresariais devem promover o desenvolvimento sustentável e evitar a degradação ambiental e o desperdício de recursos. Essas quatro idéias — justiça, honestidade, respeito pela dignidade humana e respeito pelo meio ambiente — combinam bem com as idéias morais centrais encontradas em inúmeros códigos de ética empresariais desenvolvidos recentemente.

CÓDIGOS DE ÉTICA EMPRESARIAIS: UMA TENDÊNCIA CRESCENTE

Os executivos das empresas acham que a ética é importante?

Sim, sem a menor dúvida, segundo as pesquisas realizadas pela Conference Board [Conselho de Conferências], uma associação situada em Nova York que agrega grandes empresas. Uma medida: a prevalência dos códigos de ética empresariais. Anteriormente consideradas simplesmente como um meio para "desviar os episódios cíclicos de desconfiança pública diante das organizações empresariais", escreveu o pesquisador da Conference Board Ronald E. Berenbeim, as iniciativas de ética empresarial "agora possuem uma ampla base de apoio nas empresas".

A pesquisa feita em 1992 pela Conference Board, intitulada "Práticas de Ética Corporativa", incluiu 1 900 empresas (das quais 264 responderam) nos Estados Unidos, Canadá, México e Europa e descobriu que:

4 Ronald E. Berenbeim, "Corporate Ethics Practices", The Conference Board Report No. 986 (New York: 1992).

• **Os códigos são mais comuns nos Estados Unidos.** Cerca de 84% dos respondentes dos Estados Unidos têm códigos de ética empresarial, enquanto apenas 58% das empresas não-americanas os têm. Um estudo paralelo realizado em Londres pelo Institute of Business Ethics [Instituto de Ética Empresarial] descobriu que 71% de sua amostra de empresas do Reino Unido tinham códigos de ética em 1991 – em comparação com 55% em 1987.

• **Os CEOs falam "aberta e freqüentemente" a respeito de ética nos negócios.** Entre os respondentes nos Estados Unidos, 31% dos CEOs falaram sobre ética no ano anterior; na Europa, tradicionalmente mais reticente sobre o assunto, os números foram surpreendentemente altos: 40%.

• **A ética é cada vez mais popular nas empresas.** Quase metade (45%) dos códigos de ética dos respondentes havia entrado em vigor desde uma pesquisa anterior da Conference Board, em 1987. Contudo, as empresas financeiras têm probabilidade muito menor (57%) de possuir códigos de ética do que as empresas de outros setores (82%).

• **Os Estados Unidos e a Europa têm visões diferentes a respeito dos códigos.** Nos Estados Unidos, onde os códigos tendem a ser considerados documentos jurídicos, o conselho jurídico da empresa muitas vezes tem uma participação essencial no processo de redação. Na Europa, onde o código é, com maior freqüência, considerado um pacto social entre a empresa e seus funcionários, os conselhos de diretores têm um papel central – e probabilidade muito maior de incluir representantes dos trabalhadores no processo de redação.

• **O treinamento de ética está em expansão.** Cerca de 25% dos respondentes estabeleceram novos programas de treinamento de ética, comitês de ética, ou departamentos de *ombudsman* nos três anos anteriores.

Por que essa onda de interesse? A Conference Board cita quatro preocupações:

- **Questões de gerenciamento global.** As empresas que operam internacionalmente "desejam determinar os valores 'centrais' da empresa e, ao mesmo tempo, demonstrar respeito pelos costumes e práticas locais".

- **Gestão pela qualidade total.** A TQM [gestão pela qualidade total], que geralmente requer dos trabalhadores "um núcleo de compromissos e valores compartilhados para desenvolver e atingir um padrão de produção elevado", depende da ética para o seu sucesso.

- **Diversidade da mão-de-obra.** As empresas estão preocupadas com a representação das minorias. Além disso, perceberam que, em uma era de enxugamento, "trabalhadores e gerentes novos e menos experientes são responsáveis por decisões" — e precisam de um apoio ético na tomada de decisões.

- **Educação e treinamento inadequados.** Além das deficiências em ciências, matemática e alfabetização, os que terminam o Ensino Médio em escolas públicas têm carência de alfabetização ética.

O que, então, caracteriza um código de ética? Em primeiro lugar e notavelmente, ele é breve. Ao contrário de livros de regulamentações, códigos jurídicos ou manuais de política que exploram os detalhes dos valores operacionais, os códigos de ética geralmente colocam em foco um núcleo de valores morais conciso e fácil de memorizar. O mais longo dos citados aqui — a Lei dos Escoteiros — tem apenas doze elementos. Ele é também, imagino, um dos códigos mais memorizados no mundo: em quase todos os seminários de ética para executivos que realizei, pelo menos um dos participantes conseguiu dizê-lo de cor.

Em segundo lugar, um código não costuma ser explicativo. Às vezes pode ser longo, como no caso dos esforços de McDonnell-Douglas e do Minnesota Center para cercar suas palavras-chave com sinônimos e palavras relacionadas. Mas a própria brevidade de um código requer condensação. É claro que o prêmio nessa categoria vai para os Dez Mandamentos: dois dos mandamentos mais conhecidos no mundo, contra o assassinato e o roubo, têm apenas duas palavras cada um. Isso não quer dizer que esses conceitos sejam fáceis de definir, muito pelo contrário. Todavia, evocam um padrão que, depois de as definições estarem claras, deixa pouca margem à incerteza.

Em terceiro lugar, um código pode ser expresso de diversas formas. Pode ser positivo ou negativo, uma definição ou uma exortação, um conjunto de palavras isoladas ou uma série de frases elaboradas.

Em quarto lugar, ele se centra em valores morais. Embora, ocasionalmente, possa incluir valores que pareçam mais instrumentais do que definitivos, geralmente deixa de lado os valores de alface extraídos dos domínios de gosto, política, economia e outras áreas da experiência humana que provocam debates acalorados, mas que são moralmente neutros.

Quão bom é um código? Uma resposta ficou clara no já famoso caso de adulteração do Tylenol. Em 1982, os executivos da Johnson & Johnson receberam um relatório assustador: vários casos de envenenamento foram relatados na área de Chicago, ligados a cápsulas de Tylenol contaminadas com cianureto. Nas primeiras 24 horas, duas coisas ficaram óbvias: era necessário agir prontamente para impedir novos casos de envenenamento, e não havia um modo rápido de determinar se as cápsulas haviam sido adulteradas por um funcionário insatisfeito, contaminadas por uma falha no processo de fabricação ou submetidas a adulteração depois de o produto ter sido distribuído. O contexto também era claro: o Tylenol rendia 100 milhões de dólares por ano à Johnson & Johnson, uma empresa que, sob a liderança de seu presidente James Burke, havia recentemente revitalizado seu credo tradicional, ou código de ética, por meio de uma série de encontros com executivos.

A ação da Johnson & Johnson foi rápida, extensa e muito visível. Com um amplo *recall*, eles removeram todas as formas de Tylenol — e não só as cápsulas — de todas as prateleiras. Depois, por meio de uma campanha bem organizada para informar o público a respeito da preocupação com segurança, e também de diversos incentivos para atrair os clientes, relançaram o produto à prova de adulteração. Após dezoito meses, o produto recuperou a sua fatia do mercado.

Qual o papel da credibilidade da empresa? Bastante grande, segundo a professora da Harvard Business School [Faculdade de Administração de Harvard] Laura L. Nash, que cita esse caso como um exemplo que envolve um estilo de liderança que colocou a ética na frente do *marketing*. Escreveu ela:

> *Tendo entrevistado pessoalmente os três principais executivos envolvidos, estou certa de que nenhum manual de análise de* marketing *poderia quantificar ou mesmo identificar os fatores que moldaram sua estratégia.* A partir de um ponto de vista econômico e de relações públicas, poderíamos ter um argumento muito razoável para manter o produto nas prateleiras: *a contaminação não era culpa da empresa, e não parecia ter-se originado numa instalação da Johnson & Johnson; fora um incidente isolado em conseqüência de um comportamento aberrante; os benefícios do produto para a maioria das pessoas compensavam de longe os danos que poderiam acontecer se o produto permanecesse nas prateleiras.*[5]

5 Laura L. Nash, *Good Intentions Aside: A Manager's Guide to Resolving Ethical Problems* (Boston: Harvard Business School Press, 1990), p. 39.

Laura Nash também observou que, nessas primeiras 24 horas, mais de 200 decisões tiveram de ser tomadas. Aparentemente, o que manteve essas decisões em um caminho ético foi a credibilidade da empresa. Essa declaração de uma página tem quatro partes — dispostas na ordem de prioridade definida pelos funcionários da Johnson & Johnson — abordando a responsabilidade da empresa para com os clientes, os funcionários, as comunidades e, por fim, os acionistas. Ela começa assim: "Acreditamos que nossa primeira responsabilidade é para com os médicos, enfermeiras e pacientes, para com as mães e pais e todos os outros que utilizam nossos produtos e serviços". Ao contrário de alguns códigos empresariais que ficam pendurados despercebidos nas paredes ou circulam para impressionar o público, esse foi mantido vivo — tanto assim que, quando chegou a hora da tomada de decisões rápidas em todos os níveis hierárquicos da empresa, houve pouca necessidade de perguntar: "Qual é a linha da empresa?" ou "Devemos esconder isso?". A credibilidade e o compromisso do presidente com sua implementação foram entendidos como padrão: o lucro dos acionistas é importante, mas a segurança pública é muito mais. "Como um gerente me disse depois", escreveu a professora Laura Nash, "o caso Tylenol foi a prova tangível do que a alta gerência dizia nas reuniões de desafio à credibilidade. Saíamos dizendo: 'Meu Deus! Você tem razão. Acreditamos mesmo nisso. É verdadeiro. *E agimos do modo certo*'."[6]

Agimos do modo certo. Existem poucas afirmações na vida que ressoam com maior satisfação a longo prazo. Existem poucas coisas que valem mais do que poder olhar-se no espelho a cada manhã e dizer: "Sim, fiz a coisa certa". Na medida em que essa ação correta emana de uma atenção cuidadosa a um código de ética — criado não no calor do momento, mas bem antes, nos recessos friamente refletidos do pensamento coletivo de uma empresa —, tais códigos claramente valem a pena. Eles podem ajudar empresas e indivíduos a prosperar — e de vez em quando, como no caso do Tylenol, podem até ajudar a salvar vidas. Falando claramente, são importantes.

6 Nash, *Good Intentions Aside*, p. 40.

Fazendo *brainstorm* em busca de valores universais: os valores centrais

Mas será que os códigos de ética mencionados aqui, por mais que possam ajudar cada organização, têm muito em comum? Os códigos da Johnson & Johnson e da McDonnell-Douglas não são bem distintos — e ambos não são muito diferentes dos Princípios de Minnesota? Cada organização simplesmente não chega a seu próprio código conforme deseja, com pouca preocupação em relação a princípios comuns e abrangentes? Existem, na verdade, tais princípios? Existe algum conjunto de valores morais tão amplamente compartilhado pela humanidade que poderia constituir um código universal?

Essas questões trazem uma longa esteira de respostas — desde um estrondoso *Não* dito por niilistas e céticos, até o ressoante *Sim* vindo do púlpito dos fundamentalistas e evangélicos. Entre esses dois extremos, contudo, existe um domínio mais silencioso do discurso racional que indica fortemente essa universalidade.

Um desses princípios universais parece ser a proibição do assassinato. "Não existe nenhum grupo que considere correto matar um membro adulto e saudável da sociedade que não tenha cometido nenhum crime e cuja morte não seja necessária para o bem-estar do grupo", escreveu o filósofo Richard B. Brandt. Sua afirmação faz parte de seu sumário dos achados do antropólogo Edward Westermarck, cujo trabalho clássico de 1906, *The Origin and Development of the Moral Idea* [A Origem e o Desenvolvimento da Idéia Moral], estudou padrões éticos em uma diversidade de grupos sociais. Westermarck, apesar de sua forte preferência pelo que chamou de "subjetivismo ético", também descobriu que

> *não existe nenhum grupo no qual o casamento ou a relação sexual sejam aprovados entre os membros da família imediata, com a possível exceção de algumas famílias reais e também com a exceção de algumas circunstâncias rituais importantes. Não existe nenhuma sociedade na qual gentileza, simpatia, hospitalidade ou consideração pelos outros e por seus direitos sejam reprovadas.*

Vindo de um antropólogo, isso pode soar surpreendente. Afinal de contas, a tradição desse campo afirmou, muitas vezes, que vários e diversos hábitos, ideais e estilos de vida têm validade moral igual, e que qualquer um que seja escolhido por uma sociedade é o "certo", simplesmente por ser praticado por essa sociedade. Em 1959, porém, Brandt relatou — e aparentemente gostou disso — que "os antropólogos descobriram muito mais em comum entre os sistemas de valores dos diferentes grupos do que haviam descoberto antes". Ele cita a observação do antropólogo Clyde Kluckhohn sobre o assunto:

> *Cada cultura tem um conceito de assassinato, e o distingue de execução, morte na guerra e outros "homicídios justificáveis". As noções de incesto e outras regulamentações relativas ao comportamento sexual, de proibições à mentira sob circunstâncias definidas, de restituição e de reciprocidade, de obrigações mútuas entre pais e filhos — esses e muitos outros conceitos morais são completamente universais.*[7]

Desde a Segunda Guerra Mundial, de fato, um lado do debate sobre a universalidade dos conceitos morais estabeleceu-se firmemente na teoria e na prática políticas. A Declaração dos Direitos Humanos, promulgada em 1948 pelas Nações Unidas e depois atualizada e ampliada em 1975, em Helsinque, na Sessão Final da Conferência sobre Segurança e Cooperação na Europa, usou a construção de consenso e a estrutura de universalização desses organismos multinacionais para concordar com um conjunto de princípios centrais que inúmeras nações poderiam afirmar. O documento de 1948, em especial, "supôs a existência, em certo sentido, de padrões morais comuns para julgar nações e governos", disse o filósofo Alan Gewirth, da Universidade de Chicago.[8] Sem dúvida, tais suposições manifestaram-se nos debates sobre políticas públicas que tiveram um alcance

7 Richard P. Brandt, *Ethical Theory: The Problems of Normative and Critical Ethics* (Englewood Cliffs. N.J.: Prentice-Hall, Inc., 1959), p. 95.

8 "Common Morality and the Community of Rights", em Gene Outka e John P. Reeder, Jr., eds., *Prospects for a Common Morality* (Princeton, NJ.: Princeton University Press, 1993), p. 29.

bem além desse documento. "Uma moralidade comum", continuou o professor Gewirth, "também é invocada não só em apelos contemporâneos pelos direitos humanos, mas também na preocupação sofrida com problemas crônicos como falta de moradia, pobreza, dependência de drogas, aids e outras mazelas humanas".

Mas existe algum código universal, um conjunto de regras ou valores morais que possa ser considerado um guia na vida contemporânea? Lidando com a questão diretamente, o filósofo Bernard Gert responde com um "Sim" inequívoco. "As dez regras listadas abaixo", escreveu ele em *The Moral Rules: A New Rational Foundation for Morality* [As Regras Morais: Uma Nova Base Racional para a Moralidade],[9] "são as regras básicas ou fundamentais da moralidade":

As cinco primeiras
1. Não mate.
2. Não provoque dor.
3. Não incapacite.
4. Não prive de liberdade nem de oportunidade.
5. Não prive de prazer.

As outras cinco
6. Não engane.
7. Cumpra suas promessas.
8. Não trapaceie.
9. Obedeça às leis.
10. Cumpra suas obrigações.

Abordando a questão por outra perspectiva, o teólogo alemão Hans Küng examina o que há de comum nas religiões do mundo. Ele descobriu que "cinco mandamentos básicos aos seres humanos, [...] que também possuem inúmeras aplicações no mundo dos negó-

9 Nova York: Harper & Row, 1970, p. ii.

cios e da política, existem em todas as grandes religiões do mundo:

1. Não mate.
2. Não minta.
3. Não roube.
4. Não pratique a imoralidade.
5. Respeite os pais e ame as crianças".[10]

Então, existe uma base bem argumentada para um código universal. Mas há alguma evidência de que pessoas de diversas culturas realmente compartilhem um núcleo comum de princípios? Tentando explorar essa questão, como um jornalista, entrevistei 24 pessoas de dezesseis países escolhidas por representarem claramente o pensamento ético aos olhos de seus pares. Alguns, como o ganhador do Nobel da Paze ex-presidente da Costa Rica, Oscar Arias, são figuras conhecidas internacionalmente. Outros, como Dame Wina Cooper, uma ativista maori nascida no chão sujo de uma cozinha na Nova Zelândia no fim do século XIX, são conhecidos apenas em seu próprio país. Outros ainda, como o monge budista Shojun Bando, são conhecidos em pequenos círculos. Fiz a mesma pergunta a cada um dos entrevistados: se pudesse formular um código global de ética para o século XXI, o que colocaria nele? As respostas são relatadas detalhadamente em meu livro *Shared Values for a Troubled World: Conversations with Men and Women of Conscience*[11] [Valores Compartilhados para um Mundo Conturbado: Conversas com Homens e Mulheres de Consciência]. A base comum que emergiu está representada pela lista a seguir, com os valores nucleares derivados dessas entrevistas:

10 *Global Responsibility: In Search of a New World Ethic* (New York: The Crossroad Publishing Company, 1991), p. 57.

11 São Francisco: Jossey-Bass Publishers, 1994.

- Amor
- Verdade
- Justiça
- Liberdade
- Unidade
- Tolerância
- Responsabilidade
- Respeito pela vida

Como resultado de uma pesquisa jornalística, essa lista não afirma ter validade científica social — algo que deve esperar por relatos mais rigorosos baseados em dados de estudo de numerosos países. Contudo, ela tem sido confirmada em cada seminário de ética para executivos que realizo. Nesses seminários, geralmente se pede aos participantes que, a partir de uma sessão de *brainstorming* e de algumas leituras, desenvolvam uma lista de valores compartilhados em seu grupo. Se os participantes forem todos de uma organização que ainda precise desenvolver seu próprio código de ética, nós começamos a criá-lo. Caso contrário, adotamos uma ficção conveniente, fingindo (por exemplo) ser um conselho escolar local que deseja colocar uma lista de valores morais acima da porta da escola como uma declaração da crença comum. Seja qual for o modo como o fazemos, os resultados são surpreendentemente similares: grupo após grupo, sem conhecimento prévio do que definiram os grupos anteriores, nem dos oito valores de minhas entrevistas globais, chegam a uma lista quase idêntica. Alguns desejam incluir palavras como "criatividade" — que, como tento sugerir, parece fora de lugar numa lista de valores morais, pois, se for colocada ali, todos os indivíduos honestos e íntegros mas laboriosamente nada originais teriam de ser definidos como *imorais*. Outros sofrem com distinções sutis entre palavras como *honestidade*, *integridade* e *confiabilidade*. Mas ainda estou para ver um grupo que não inclua em sua lista alguma palavra para amor, verdade, tolerância, responsabilidade e justiça.

Existe então um núcleo fundamental de valores compartilhados? Os que respondem "não" encontram-se diante de um imenso ônus da prova: como explicar, mediante congruências como as examinadas, uma "mera coincidência" tão intercultural, recorrente e persistente que quase é milagrosa?

Relativismo ético e a síndrome do tio da mãe

Almoçando num pátio sombreado por árvores, em Palo Alto, na Universidade de Stanford, no ano de 1989, o professor Ronald A. Howard explicou-me como aborda o ceticismo ocasional de seus alunos a respeito da "mera coincidência" da universalidade. Volta e meia, os alunos vinham querendo discutir a questão do relativismo moral — insistindo que toda ética é relativa, situacional, subjetiva, negociável e pode ser alterada por aqueles que desejem estabelecer as definições. Afinal de contas, essa não é uma tese incomum — embora, como observa John W. Gardner, um colega do professor Howard no corpo docente de Stanford, seja "difícil de se manter na prática". Mesmo aqueles que afirmam teoricamente não existir uma verdade objetiva, disse o professor Gardner, "levam sua vida como se acreditassem em algo. Um estudioso que conheço, e que afirma peremptoriamente não existir base para os valores morais, foi tomado pela revolta moral quando um colega roubou uma de suas idéias e publicou-a sem dar-lhe o devido crédito".

Assim, quando os alunos de Howard assumem essa argumentação, ele os envolve num pequeno experimento imaginário. Imaginem, ele lhes diz, que vou lançar um de vocês de pára-quedas em algum país do mundo, e você não saiba onde está. Assim que se livrar de seu pára-quedas, quero que vá até a primeira pessoa que vir, pegue o que ela estiver segurando e saia correndo. Depois, veja o que acontece.

Com a possível exceção, ele explica, de que você tenha aterrissado diante de um monge budista e pegue a sua vasilha de mendicante — e a única resposta dele seja suspirar, "Ah! Isso é carma!" —, terá desafiado diretamente o conceito de direitos de propriedade, codificado no mundo ocidental pelo mandamento "Não roubar". Você não levou esse preceito consigo. Não o impôs sobre a cultura a partir da perspectiva de sua herança judaico-cristã, de livre-empresa e democraticamente individualista. Você o encontrou. E vai encontrá-lo em qualquer cultura em que aterrisse. Em relação às questões de roubo e de assassinato — dois princípios fundamentais ligados ao que Howard chama de "crimes de violência contra pessoas e propriedade" —, ele encontrou "uma surpreendente universalidade de consenso em quase todas as culturas".[12]

Desde nossa conversa, usei o exemplo do professor Howard em diversas palestras públicas — e, depois de uma delas, um antropólogo levantou-se e, com empolgação óbvia, afirmou conhecer uma cultura "em que o roubo era aprovado". Ao ser questionado, ele admitiu que sua afirmação era um pouco exagerada: só era aceitável, em determinadas situações, roubar do tio de sua mãe. Ainda assim, ele insistiu: como se pode falar em valores morais universais quando existem exceções óbvias? A única ação correta, então, não seria abandonar o conceito de morais universais e retornar ao relativismo ético?

Há uma resposta a essa pergunta, parece-me, no domínio da física. De muitas maneiras, a física é uma ciência de dados universais. No entanto, ouvimos dizer repetidamente que, desde que Einstein provou que todas as coisas são relativas, não há mais motivo para pensar que existam fundamentos *morais* universais do que para achar que haja absolutos *físicos* universais. Mas essa lógica desmorona não só sob a força da compreensão histórica — já que a teoria da relatividade de Einstein claramente não pretendia abarcar os domínios social, político e filosófico —, mas também diante da realidade física. A física, na verdade, está repleta de "absolutos": a velocidade da luz, a aceleração causada pela gravidade, a constante de estrutura fina, o número de Avogadro, a constante de Planck

12 De uma entrevista com Howard por Rushworth M. Kidder, "He Calls Ethics Crucial to Survival", em *The Christian Science Monitor* (19 de junho de 1989), p. 14.

e o *pi* são apenas alguns. Se a física fosse meramente situacional, poderíamos esperar que cada equipe de pesquisa determinasse seus próprios valores diários para essas constantes — definindo *pi* em 3,14 em alguns casos e usando 2,95 em outras circunstâncias —, com resultados obviamente confusos.

Na verdade, a maioria dos físicos ainda trabalha à vontade com o regime de leis identificado por Sir Isaac Newton há três séculos. Existe, contudo, um domínio da física em que essas constantes têm pouca importância. Ele se chama mecânica quântica e fala de coisas como "partículas sem tamanho, um espaço com dez dimensões, uma realidade criada pelo observador, uma infinidade de universos paralelos e um mundo em que a probabilidade substitui a certeza".[13] É altamente teórico, e, para o leigo, o mais bizarro é afirmar que a matéria não é real, sólida e tangível do modo como sempre pensamos que fosse. Um exemplo: o fenômeno conhecido como túnel quântico, no qual se descobriu que partículas lançadas com grande velocidade em direção a um objeto impenetrável simplesmente "aparecem" do outro lado — na verdade não há outra palavra para descrevê-lo. Isso não acontece sempre. Mas existe a possibilidade de que aconteça; os físicos chamam o fenômeno de "uma probabilidade pequena, mas não negligenciável", e agora existem alguns instrumentos de medida comercialmente disponíveis baseados nessa tecnologia.

E isso, disse o astrônomo da Universidade de Chicago David Schramm, é o que torna o mundo quântico tão interessante. Se partículas isoladas podem fazer isso, o mesmo ocorre com grupos de partículas — com probabilidades muito mais baixas, mas ainda "não negligenciáveis". Os grupos de partículas incluem coisas como bolas de futebol — ou pessoas. A mecânica quântica deixa claro que uma bola de futebol ou um corpo, lançados com força assombrosa contra uma parede, têm probabilidade, por minúscula que seja, de passar

13 Rushworth M. Kidder, "Making the Quantum Leap: A Five-Part *Monitor* Series" (reimpressão), *The Christian Science Monitor* (13 de junho de 1988), p. 1.

direto por ela, incólumes. "Se eu jogar uma bola contra a parede", diz Schramm, "há uma probabilidade muitíssimo maior de a bola quicar de volta do que penetrar através da parede. Mas a probabilidade de que ela passe pela parede não é absolutamente zero".

Isso significa, então, que as pessoas devem realizar suas atividades diárias segundo os fatos da mecânica quântica? Ao nos aproximarmos de um congestionamento numa rodovia, devemos simplesmente acelerar contra os carros à frente na esperança de passar através deles? Acho que não. "Em princípio", disse o físico David Gross, da Universidade Princeton, num almoço no refeitório da faculdade, "existe uma probabilidade não negligenciável de que eu esteja do outro lado da sala. Mas essa probabilidade é tão pequena que seria preciso esperar várias vidas do universo para que eu pulasse para lá e voltasse".[14] Apesar das exceções da mecânica quântica, a maioria de nós — e a maioria dos físicos — ainda age de acordo com as antigas constantes da ordem newtoniana. Edward W. Kolb, um físico do Fermi National Accelerator Laboratory [Laboratório Acelerador Nacional Fermi], em Batavia, Illinois, expressou-se muito bem a dizer: "Quando estou atravessando uma ponte, não me preocupo com a probabilidade de atravessá-la e cair no rio em vez de atravessar o rio passando em cima dela". Então, afirmando que mesmo aqueles que trabalham com física quântica devem levar uma vida comum, ele observou que "você tem de cortar a grama, sabendo ou não qual a origem do universo".[15]

Aqui há uma analogia com o domínio moral. Do mesmo modo como não abandonamos toda a ordem newtoniana diante de algumas poucas exceções quânticas, também não precisamos abandonar toda a estrutura de preceitos ou proibições básicos e compartilhados — contra o roubo, por exemplo — simplesmente por causa de um tio da mãe em algum lugar. Todavia, a síndrome do tio da mãe — a noção de que toda ética é relativa — continua a ser um conceito prevalente e debilitante na filosofia popular atual:

14 Kidder, "Making the Quantum Leap", p. 19.
15 Idem, p. 20.

• Nas escolas, ele nos impede de articular um núcleo de valores comuns a serem transmitidos à próxima geração, ao perguntar: "Mas quais valores serão ensinados?".

• Nas organizações, ele nos impede de identificar um código de ética, devido à suposição de que não existem valores compartilhados a serem identificados e de que qualquer código seria pouco mais do que a imposição dos valores de alguém sobre os das outras pessoas.

• Na vida social e cívica, ele nos impede de reconhecer que a prevalência de roubos em algumas áreas centrais da cidade não significa necessariamente que os moradores tenham um código moral diferente que aprova o roubo — que, de algum modo, "eles gostam de viver assim".

• Na vida internacional, ele nos impede de entender que subornos e gangues, por mais comuns que sejam em algumas culturas, não tornam obsoletas as proibições morais amplamente difundidas contra a fraude e o uso de força.

O filósofo britânico Walter T. Stace, há meio século, expressou-se muito bem quando, em meio a uma intensa rejeição do relativismo ético que se havia tornado quase clássico, abordou as conseqüências práticas de tal visão:

> *Se os homens realmente acreditarem que um padrão moral é tão bom quanto qualquer outro, eles concluirão que seu próprio padrão moral não tem nada de especial que o recomende. Eles bem poderiam então passar a algum padrão mais baixo e mais fácil. É verdade que, por algum tempo, pode ser possível manter uma visão teórica e agir na prática de outra forma. Mas as idéias, mesmo as filosóficas, não são tão ineficazes que possam permanecer para sempre ociosas nas câmaras superiores do intelecto. No fim, elas acabam se infiltrando no nível da prática. Acabam afetando a ação.*
>
> *...Certamente, se acreditarmos que um padrão moral é tão bom quanto qualquer outro, tenderemos a ser mais tolerantes. Toleraremos queima de viúvas, sacrifícios humanos, canibalismo, escravidão, torturas físicas ou qualquer outra dentre mil e uma abominações que são,*

ou foram, de tempos em tempos, aprovadas por algum código moral. Mas não é esse tipo de tolerância que desejamos, e não acho que seu cultivo trará "um progresso para a moralidade".[16]

Assim, existem valores centrais que, de modo prático, podem ser considerados universais. E daí? Que diferença isso faz em nossa vida?

Uma resposta vem de uma experiência compartilhada em um de nossos seminários por uma jovem corretora de seguros que trabalhava numa pequena empresa em sua cidade natal. Certo dia, ela estava em sua mesa quando surgiu um rapaz com quem havia estudado no Ensino Médio. Ele era filho de um rico empresário local, havia comprado um carro caro e de alto desempenho e precisava fazer um seguro.

Ela lhe fez as perguntas de rotina que qualquer corretor de seguros faria para aprovar ou rejeitar o seguro. As respostas dele foram satisfatórias, de modo geral. Mas uma, contudo, perturbou-a. Quando ela perguntou: "Já foi condenado por dirigir embriagado?", ele respondeu: "Não". Mas ela tinha certeza de lembrar-se de uma história no jornal, alguns anos antes, sobre o rapaz ter sido condenado por dirigir embriagado. Então, ela lhe fez perguntas mais detalhadas — sem mencionar o motivo de sua preocupação. Ele continuou afirmando que nunca tivera uma condenação.

ÉTICA SITUACIONAL

O que os jornalistas dos anos 1960 chamavam de "nova moralidade" recebeu sua expressão popular mais sistemática num pequeno livro intitulado *Situation Ethics* [Ética Situacional], publicado em 1966 pelo teólogo protestante norte-americano Joseph Fletcher. "A nova moralidade, a ética situacional", escreveu ele, "declara que tudo é certo ou errado, de acordo com a situação". Ele questionou os sistemas éticos baseados no "legalismo" ou no "antinomianismo"

16 Walter T. Stace, *The Concept of Morals* (New York: Macmillan Publishing Company, 1937), p. 58-59.

– o primeiro aderindo rigidamente a códigos e diretrizes explícitos, e o segundo advogando uma anarquia existencial sem regras nem princípios. Como um tipo de caminho intermediário, ele propunha uma abordagem voltada para "uma adequação ao contexto – não o 'bom' ou o 'certo', mas o *adequado*".

Como era de prever, essa tese escandalizou tanto os protestantes quanto os católicos, que a viam como um tipo de superutilitarianismo que fornecia justificativas para fazer (nas palavras da época) "qualquer coisa que o empolgue". A cada página, Fletcher punha lenha nas duas fogueiras. Afirmando que a ética devia ser pragmática, relativista, positivista e pessoal, ele insistia que não existe uma consciência – e que "não existem 'valores' no sentido de bens inerentes", que "tudo tem seu preço", e que "somente o fim justifica os meios, nada mais". A visão de Fletcher, especialmente quando considerada em conjunto com o trabalho inicial de Sidney Simon sobre esclarecimento de valores, publicado no mesmo ano (*veja quadro nas páginas 292-293*), acirrou as discussões contra o ensino da ética nas escolas: os críticos não queriam que tais idéias poluíssem as mentes jovens, enquanto o próprio Fletcher argumentava não existir um "sistema" de ética que pudesse ser ensinado.

Para ser justo com Fletcher, a tese dele é menos existencial do que afirmam os que o criticam. Ele insiste em um absoluto moral: o amor cristão, que descreve como "obrigatório e sem exceções, sempre bom e correto independentemente das circunstâncias". Outras leis e princípios são "apenas *contingentes*, válidos somente *se estiverem* a serviço do amor em qualquer situação". Entremeando seu livro com citações extraídas da *Bíblia*, especialmente dos escritos de São Paulo, ele dedicou grande parte de seu trabalho a ampliar o conceito cristão de amor – por exemplo, observando que, por não ser sentimental, "o amor deseja bem ao próximo, quer gostemos ou não dele". Da mesma forma, então, o amor substitui a lei, já que "amor e justiça são a mesma coisa, pois a justiça é o amor distribuído".

Fletcher não inventou a ética situacional. Na verdade, ele a atribui a outros pensadores europeus do século XX, incluindo

Dietrich Bonhoeffer, Karl Barth, H. R. Niebuhr e Paul Tillich. Em 1956, a "*Situations-ethik*" (a Igreja católica a chamava assim, com a palavra alemã utilizada pelos pensadores citados) foi banida pela Igreja católica de suas escolas e seminários. Conforme o uso atual, o termo aplica-se à visão de que um ato ser certo ou errado depende apenas da moralidade dos motivos ou intenções do indivíduo em uma dada situação.

Depois de ele ter ido embora, a consciência dela ficou perturbada. Ela então levou o fato a seu chefe, o proprietário da corretora. Este descartou a questão, aconselhando-a a não se preocupar — pois, afinal de contas, ela não tinha nenhum indício a não ser uma lembrança vaga e imprecisa de uma história de jornal. Seu chefe lembrou-lhe o motivo real para ele não querer ir adiante com a questão: o pai desse rapaz era um importante cliente da corretora e um velho amigo. Ela, porém, pediu ao chefe que, pelo menos, mencionasse essa sua preocupação para a seguradora. Ele se recusou, afirmando que ela já havia feito o que a lei exigia para determinar se esse cliente seria viável para a seguradora.

Então, contra a sua própria consciência, enviou os formulários. O seguro do rapaz foi aprovado. Três dias depois, num passeio noturno em alta velocidade com alguns amigos, após algumas bebidas, o carro saiu da estrada e bateu numa árvore. Ele e um de seus amigos morreram.

Um caso de conflito de valores? Sim, sem dúvida. Em nosso seminário, a jovem corretora explicitou-os: por um lado, seu desejo de buscar a verdade; por outro, o desejo de seu chefe de manter o cliente. Também entraram em jogo aqui o desejo da moça de fazer seu trabalho de modo consciencioso, voltado para o futuro, e o desejo do chefe de que o trabalho fluísse eficientemente e sem bloqueios desnecessários a curto prazo. Contudo, o relato da história feito por ela sugere que o chefe não percebera que essa era, essencialmente, uma questão moral, até ocorrerem as conseqüências fatais.

Um código de ética teria feito alguma diferença? Não necessariamente. Um mero pedaço de papel emoldurado ao lado da estante de troféus do chefe não poderia ter alterado essas circunstâncias — a menos que tivesse sido apresentado, discutido e revisto de tempos em tempos por toda a equipe com o pleno apoio do chefe. Porém, se isso tivesse ocorrido, muitas coisas poderiam ter sido diferentes. Tal código certamente focalizaria a necessidade de dizer a verdade — e talvez a necessidade de empenhar esforços para revelar todos os aspectos relevantes de cada caso e estabelecer comunicação livre e confiável entre clientes e fornecedores. Esse mesmo código poderia ter ajustado, mesmo que sutilmente, qualquer relativismo subjacente ao pensamento do chefe — afastando-o da idéia de que a "verdade" é algo meramente subjetivo, aproximando-o da convicção de que a integridade requer a aplicação consistente dos padrões, mesmo quando fortes laços pessoais e financeiros estão em jogo. Poderia ter dado à jovem um modo melhor de ela falar com o chefe. Poderia ter inclinado o diálogo para o aprofundamento das investigações. A longo prazo, poderia ter sido exatamente o que o cliente estivesse precisando, por mais que resistisse a isso no momento. No fim das contas, poderia ter feito com que dois jovens ainda estivessem vivos hoje.

Então, os códigos de ética nos dão pontos de referência compartilhados. Eles também nos dão pequenos lampejos de certeza em um mundo perturbado — permitindo-nos resolver pequenas questões que, em outras circunstâncias, poderiam se transformar em dilemas torturantes. Afinal de contas, se todas as coisas são relativas, tudo requer debate e decisão. É por isso que os juízes esportivos normalmente exigem linhas claras delimitando as quadras e campos esportivos, em vez de ter apenas uma camisa marcando cada canto. Não é que eles sejam perfeccionistas pedantes. É porque querem evitar grandes questões durante o jogo e chegar ao final sem ser atropelados por muitas discussões sobre onde estava o pé de cada jogador. Se o código de ética estiver funcionando, boa parte da energia despendida em tais debates pode ser liberada para o trabalho produtivo. Em uma empresa em que a opção de mentir, trapacear ou roubar estiver efetivamente eliminada por meio de uma autoregulamentação interna, por exemplo, pode nem ocorrer a um funcionário "vingar-se" de seu superior por meio de engano ou fraude. Além disso, se o código estiver funcionando adequadamente, nem deve haver muitos motivos para querer "se vingar", como poderia ocorrer em outra situação.

Aborto, distúrbios e a escada dos valores para as táticas

Mas há outra razão mais global para desejar que existam valores compartilhados: é nesse nível que temos a melhor oportunidade para chegar a um consenso. Isso surge em relação ao que chamo de "a Escada dos Valores para as Táticas".

Em todas as organizações, quatro palavras são usadas com freqüência sem muita clareza:

- Valores
- Objetivos
- Planos
- Táticas

Um exemplo pode ser útil neste ponto. Suponha que tenhamos estabelecido um código de ética para uma escola local de Ensino Médio e ele tenha sido afixado na porta. A palavra honestidade consta nele. Durante a elaboração desse código, quase todos na comunidade concordaram sobre a importância de incluir essa palavra na lista. Mas o que quer dizer? O que significa? Como podemos torná-la operacional na escola?

Podemos observar que há muita cola na escola e propor que nosso objetivo — o segundo passo descendo em nossa escada — seria reduzir a cola ao mínimo. Quase todos na comunidade provavelmente concordariam com isso. É claro que alguns poderiam retrucar, perguntando se esse é mesmo o objetivo mais importante a ser abordado. Mas provavelmente haveria amplo consenso.

Então, descendo mais um degrau na escada, perguntamos qual plano ou estratégia seria melhor para atingir esse objetivo. Como reduzir a cola? Poderia surgir uma resposta como: "Jogar duro com quem colar! Tratá-los com determinação férrea — suspensão, expulsão, bilhetes para os pais, pontos perdidos nas notas, e tudo o mais!". Aqui o consenso seria muito ameaçado, talvez metade da comunidade diga: "Espere um pouco, os garotos que têm problemas sérios de cola já foram punidos de todas as formas. Mais punições não vão resolver. Eles precisam de cuidados, conselhos e atenção".

Mas continuamos, descendo até o ponto mais baixo, a tática. Por meio de que tática podemos realizar nosso plano de ser duros com os que colam? Expulsamos os alunos da escola quando forem pegos colando? Aqui o consenso se dissolve e a vasta maioria busca opções diferentes.

O foco desse exemplo propositadamente exagerado é que é muito mais fácil obter acordo no nível dos valores do que no nível das táticas. Observe o seguinte: as mesmas pessoas que fugiram horrorizadas diante da sugestão tática final permaneceram firmemente a favor do valor fundamental da honestidade. Ou, em outras palavras, nós nos unimos na visão mais elevada que podemos encontrar para nossa direção futura, embora nem sempre concordemos com os meios para chegar lá. Isso ficou claro para mim em uma conversa que tive em Washington com vários estrategistas republicanos importantes logo depois de George Bush perder a eleição presidencial de 1992. Essa distinção entre valores e táticas, eles diziam, explicava a diferença entre Bush e o ex-presidente Ronald Reagan. De modo geral, Reagan era capaz de falar sobre valores compartilhados, articulando uma visão para o país bastante atraente para a maioria do eleitorado. Muitos eleitores discordavam das táticas dele em questões específicas — às vezes até violentamente. Mesmo assim, Reagan conseguia articular um núcleo de valores do qual eles gostavam, e foi essa articulação que os manteve leais quando chegou a hora de votar.

Mas Bush, disse um desses estrategistas, nunca conseguiu falar sobre valores. Quando tentava, dizia frases muito infelizes como "essa coisa de visão". Um ponto em que ele foi bem-sucedido ocorreu quando, na convenção republicana de 1988, pediu por um "país mais gentil". O efeito desse discurso, continuou o estrategista, foi dramático. Os dados das pesquisas mostraram que os eleitores que se haviam afastado de Bush voltaram a apoiá-lo e Bush venceu a eleição — para perder quatro anos depois, quando, com táticas e planos que não agradaram aos eleitores, foi incapaz de reuni-los em torno dos valores compartilhados do país.

A questão aqui não é condenar Bush, mas fornecer informações sobre os estilos de liderança. A liderança, especialmente nas organizações e nos países democráticos, não tem a ver com táticas, microgerenciamento e detalhes. Tem a ver com articular valores compartilhados e desenvolver uma visão para o futuro — já que, afinal de contas, o consenso é construído assim, e os bloqueios são vencidos.

Como o foco em valores pode trazer informações práticas a respeito dos problemas atuais? Examinemos dois tipos muito diferentes de questões contemporâneas — o debate sobre o aborto e os distúrbios em Los Angeles no ano de 1992 — que requerem compreensão e resolução.

O debate sobre o aborto

Aparentemente, o aborto provoca uma das discussões mais intransigentes e acaloradas já confrontadas pela sociedade civil ocidental. Dividindo amigos e comunidades, transformou-se em teste para muitos políticos; abalando congregações religiosas, é apresentado como pedra de toque da verdadeira fé. Até mesmo os termos usados para caracterizar os lados opostos — *pró-vida* e *pró-escolha* — sugerem fendas profundas em uma estrutura de valores centrais, como se apenas um lado estivesse interessado na vida e apenas o outro se preocupasse com a escolha.

No fundo, contudo, esse é um debate mais sobre definições do que sobre valores. Como? Imagine que você tenha colocado diante de um público em um estúdio de TV os mais reflexivos, articulados e veementes defensores da posição pró-vida que conseguiu encontrar, e confrontou-os com partidários da posição pró-escolha igualmente inteligentes, hábeis e comprometidos. Então imagine que, violando todas as regras do jornalismo sensacionalista, você começou perguntando *não* por que se odeiam, mas o que possuem em comum. Pode-se imaginar uma conversa como a que se segue:

Todos vocês acham que a vida é importante? Os lados respondem que "sim" — pois, afinal de contas, é isso que imbui tanta força em suas convicções.

Então, vocês apóiam o assassinato? De jeito nenhum, respondem os dois lados, pois o assassinato destrói a santidade da vida.

Todos vocês dão grande importância ao conceito de liberdade de escolha? Sim, novamente, dizem todos, já que ela é fundamental para o individualismo e para a democracia.

E as crianças — elas são importantes? É claro, dizem os dois lados, pois sem elas não haverá um futuro que valha a pena discutir.

Mas e se as crianças não forem desejadas: devem ser mortas ou abandonadas? De modo algum, afirmam todos, pois esse seria o maior golpe contra o nosso respeito pela vida.

E em relação ao papel da mulher na sociedade? É crucialmente importante, dizem todos os debatedores, e deve seguir firmemente em direção à meta da plena igualdade jurídica com os homens.

Então, as mulheres, como os homens, têm direito à liberdade? Sem dúvida, dizem os dois lados, a menos que desejemos regredir a uma desalentadora perda de direitos humanos e reverter décadas de progresso sob as leis.

Ah, sim, as leis: devem ser obedecidas? Certamente, concordam todos, pois sem essa base haveria apenas anarquia.

E as leis injustas? Mude-as, concordam todos, não por meio da violência e de táticas vigilantes, mas por meio do discurso racional em canais legislativos e jurídicos, mantendo em aberto a opção da desobediência civil, mas sempre respeitando o direito que os outros têm de discordar.

E a respeito dos cuidados com a família — as mulheres não devem dar atenção a isso? Sem dúvida, concordam ambos os lados, e os homens também devem dar atenção a isso com a plena participação de escolas, igrejas e governos.

Por fim, e a religião — ela tem um papel aqui? Certamente tem, concordam todos, já que pensar de outro modo infringiria perigosamente os direitos individuais, e, além disso, a adoração e a fé, juntamente com a caridade e a compaixão, contribuem em muito para a saúde e o bem-estar de nossas comunidades.

Então, poderiam me dizer em que ponto vocês discordam, já que têm em comum todos esses valores fundamentais?

Em apenas uma questão, dirão eles: na definição do ponto em que a vida começa. Um lado define que ela começa no momento da concepção — e que terminá-la com um aborto é cometer assassinato. O outro a define como algo que se desenvolve durante a gestação — e que destruir um embrião fertilizado em seus primeiros estágios é pouco mais do que cortar uma unha. Entre essas definições existe um abismo, com sentimentos intensos e profundos dos dois lados. Mas, se os que estão no lado pró-vida subitamente fossem convencidos de que a vida ainda não teria começado em uma determinada semana, não haveria mais dificuldade em permitir que uma mulher fizesse um aborto até esse momento tanto quanto deixá-la decidir sobre o corte das unhas, já que apóiam fortemente a escolha individual. E, se os que estão do lado pró-escolha pudessem ser persuadidos de que a vida começa na concepção, não teriam interesse em terminar essa vida, pois "escolha" não implica que as pessoas devam ter permissão para decidir se vão ou não cometer um assassinato. O que separa esses lados? Não são seus valores, que se alinham com congruência admirável. Eles são separados por suas definições.

Tem sido dito, talvez com razão, que o debate sobre o aborto desaparecerá da cena política em uma ou duas décadas, quando a droga francesa do aborto RU-486 ou alguma equivalente chegar às mãos das mulheres. As tentativas de proibi-la continuarão. Mas a história do movimento de proibição nos Estados Unidos no início do século XX e o registro do desejo incansável da humanidade de usar quaisquer tecnologias que tenham sido inventadas dão poucos motivos para pensar que algo que o público deseje amplamente possa ser impedido por muito tempo pela legislação. Todavia, a legalização do aborto só vai mudar o palco do debate de um confronto público envolvendo tribunais, médicos e clínicas de aborto para uma luta pessoal envolvendo as mulheres na privacidade de seus lares. A questão legal, em outras palavras, será resolvida, mas a questão moral permanecerá. Nenhuma droga e nenhuma lei vão resolver a questão central de quando a vida começa.

Na verdade, argumenta o filósofo norte-americano Michael Hooker, essa questão é "impossível de decidir *conceitualmente*".[17] Para explicar, ele se volta a uma analogia admiravelmente simples. Hooker imagina um grande recipiente de vidro cheio de bolinhas de gude — tantas que qualquer pessoa ao vê-las diga: "Nossa, quantas bolinhas!". Suponha que você comece a retirar as bolinhas, uma a uma, até que sobrem tão poucas que qualquer pessoa diria: "Nossa, quase não há bolinhas ali". Pergunta: Qual foi a bolinha que, ao ser retirada, fez com que os observadores passassem do estado de dizer "muitas bolinhas" para o estado de dizer "quase nenhuma bolinha"?

17 Michael K. Hooker, *How to Think About Ethics* (Camden, Me.: The Institute for Global Ethics, 1992), p. 5.

"Obviamente, não foi uma única bolinha", disse Hooker. Nesse particular, explicou ele, os fetos são como recipientes de bolinhas de gude. "Não existe um ponto na vida de um ser humano em desenvolvimento no qual se possa dizer: 'Sim, neste ponto ele se transformou num ser humano'. *Não há* um evento discreto... Não há um 'momento da concepção'. É um contínuo de eventos bioquímicos. O conceito de que existe um momento da concepção é ininteligível. Ele não pode ser concretizado quando reduzido ao nível da biologia molecular."[18]

Então, os valores certamente informam os dois lados do debate sobre o aborto. Mas esse não é, de modo geral, um debate sobre valores. É verdade que o debate permanece no domínio moral simplesmente porque a questão "Quando a vida começa?" não pode ser solucionada no domínio científico. Mas os inúmeros valores compartilhados que unem os dois lados dessa questão são, no fim das contas, muito mais numerosos e presentes do que a única definição que os divide — demonstrando mais uma vez que, por mais que possamos nos fragmentar em relação a detalhes, ainda podemos encontrar terreno comum, como uma nação, no nível dos valores.

Os distúrbios de Los Angeles

Em 29 de abril de 1992, um tribunal de primeira instância absolveu os quatro policiais brancos de Los Angeles que haviam sido filmados espancando o motorista negro Rodney King. Naquela tarde, a região centro-sul de Los Angeles explodiu em tumultos. Um dia depois, e mais pobre em 700 milhões de dólares por danos, o país começou a avaliar o impacto. Durante a semana seguinte, lembro-me de que a linguagem dos analistas e comentaristas dos noticiários foi mudando gradualmente. No início, consideraram essa situação um rompimento da lei e da ordem. Vários dias depois, admitiam que havia algo mais em jogo — houvera um colapso fundamental no nível das políticas social e jurídica. Depois de uma semana, a questão havia atingido o nú-

18 Hooker, *How to Think About Ethics*, p. 6.

cleo com toda a sua força. Eles diziam que essa não era simplesmente uma questão de crime nem uma questão policial. Era uma degradação moral. Os valores da sociedade norte-americana — não só entre os que protestavam, mas em todo o país — estavam tristemente distorcidos e precisavam ser realinhados.

Esse foi um reconhecimento potente e saudável. Ajudou-nos a lembrar que uma comunidade depende de um centro comum de valores — e quando esses valores são abalados as comunidades passam a existir apenas nominalmente. Como esses valores centrais não podem ser impostos, nem mesmo pelo governo, a avaliação do problema subjacente em Los Angeles ajudou a afastar o país da busca de uma "solução" governamental ilusória, no nível das políticas, e nos dirigiu a um período muito necessário de busca de alma.

Mas como tal busca de alma pode tornar-se prática e produtiva? Afinal de contas, uma coisa é crispar as mãos sobre o lapso da moralidade. Outra coisa totalmente diferente é expressar uma ação positiva e de olhos abertos na arena dos valores. Tendo em mente que o consenso começa pelos valores, os seis passos a seguir fornecem pelo menos um esboço de solução para Los Angeles e outras comunidades em luta:

Passo 1: identificar as vozes morais na comunidade. Podem ser ou não os ricos, os poderosos ou os políticos. Qualquer que seja sua origem, contudo, eles representam os indivíduos mais éticos na comunidade — pessoas cujos semelhantes diriam: "Bem, esse é um pensador ético!". Lembre-se de que *comunidade* significa aqueles que interagem ao redor de um centro de interesses e valores. Não é simplesmente uma definição geográfica: algumas das vozes mais importantes podem morar a milhares de quilômetros de distância.

Passo 2: reunir essas vozes e definir valores comuns. Esse processo de definição de valores, já utilizado em muitos ambientes empresariais e gerenciais, busca *encontrar* (e não *impor*) os valores fundamentais e compartilhados desses homens e mulheres de consciência — atributos morais tais como honestidade, eqüidade, solução pacífica de conflitos e respeito pelo futuro que eles mais desejam honrar. Uma pergunta útil para iniciar a discussão é: "Se pudessem chegar a um código de ética compartilhado para essa comunidade, o que constaria nele?".

Passo 3: realizar um exame dos valores para a comunidade. O objetivo aqui é comparar os valores identificados no Passo 2 com os valores reais encontrados na comunidade. Quão diferentes são os valores praticados nas ruas dos valores considerados exemplares? Se houver grandes pontos de divergência, pode valer a pena perguntar se a comunidade realmente vive em um vácuo moral ou se, em vez disso, uma maioria ética foi silenciada pelo medo.

Passo 4: realizar um exame dos valores em relação a políticas sociais, jurídicas e econômicas que afetam a comunidade. Refinando o Passo 3, este passo pergunta: "Em que extensão os valores desejados por essa comunidade são criados ou reforçados por políticas do governo ou de empresas? É um reforço positivo ou negativo? Nossas leis aprimoram ou degradam os valores da comunidade?" Embora seja verdade que o governo tem (ou deve ter) apenas um papel marginal em relação a valores, as leis claramente podem apoiar ou minar valores sólidos.

Passo 5: criar um processo para formular um Relatório de Impacto de Valores que acompanhe todas as mudanças de política propostas. Todos conhecemos os relatórios de impacto ambiental exigidos por lei para descobrir os possíveis efeitos prejudiciais de qualquer mudança proposta para o ambiente físico. Precisamos fazer perguntas semelhantes em relação a leis que pretendam mudar a comunidade. Essa nova lei vai obrigar as famílias a se separar ou as manterá unidas? Vai premiar a honestidade ou a duplicidade? Abrirá novos caminhos para a ambição? Beneficiará alguns à custa de muitos? Vai promover ou aliviar a violência, o ódio, a apatia e a baixa auto-estima? Não só *será* justa, mas *parecerá* justa? Ajudará a confirmar a relevância dos valores morais ou vai reforçar uma rígida neutralidade de valores? É claro que a base para tais avaliações será formada pelos valores compartilhados a que chegarem os principais interessados, refinados pela comunidade e pelos exames de políticas.

Passo 6: construir coalizões para apoiar os passos anteriores. Já se disse com sabedoria que nada pode ser dirigido até que se mova. O processo que leve a um relatório de impacto de valores deve receber impulso — não por um punhado de líderes, mas por uma ampla campanha. Por quê? Porque os valores não são coisa de especialistas. Eles são parte de cada indivíduo. Nesse processo, não há banidos nem pobres: todos têm uma consciência e podem contribuir com algo. As coalizões que surgem em torno desse processo, na verdade, podem formar um novo pluralismo — uma comunidade de consciência baseada não em interesses especiais, mas na força dos valores compartilhados, unida por algumas verdades centrais e que se irradia para famílias, escolas, locais de culto e toda a nação. Por mais estranho que pareça, tais coalizões podem surgir prontamente a partir da força intensa de situações similares à de Los Angeles, nas quais a necessidade é intensamente sentida e a revolta moral é mais forte.

Existem muitas situações similares à de Los Angeles? Após muita conversa em todo o país, ouvi cada vez mais desalento em relação à vida nas áreas centrais das cidades. Não são mais histórias sobre famílias trabalhadoras pobres-porém-honestas. São histórias em que não há famílias, em que as gangues substituem as avós, em que os únicos valores são os da sobrevivência e da defesa própria. São histórias de implosões que estão por acontecer num ambiente de valores neutros, ignorado ou rejeitado pelo restante da sociedade. Elas pedem a compreensão do papel dos valores e da visão em nossa liderança local e nacional — e o desenvolvimento de processos e programas que possam trazer à tona os valores anteriores à explosão da violência.

Conclusão: uma pausa para Ícaro

Estamos dispostos a dar atenção a essas questões morais? O poeta inglês W.H. Auden aborda essa questão em seu belo poema "Musée de Beaux Arts".[19] Intitulado com as palavras francesas para "Museu de Belas-Artes", o poema refere-se aos quadros de antigos mestres e foca em uma obra do pintor holandês Pieter Brueghel the Elder, *Landscape with the Fall of Icarus* [Paisagem com a Queda de Ícaro]. Segundo Auden, os antigos mestres entendiam que até o sofrimento mais intenso acontece num contexto em que os transeuntes parecem indiferentes e despreocupados. O poema termina com uma imagem alarmante do mítico Ícaro, que usou asas de penas e cera feitas por seu pai, Dédalo, e voou próximo demais do sol, fazendo com que a cera derretesse e ele fosse lançado ao mar.

> *No* Ícaro *de Brueghel, por exemplo: como tudo volta as costas*
> *bem descuidadamente diante do desastre; o lavrador pode*
> *ter ouvido o barulho da água, o grito de desamparo,*
> *mas para ele não foi um fracasso importante; o sol brilhava*
> *como fizera sobre as pernas brancas que desapareceram nas verdes*
> *águas; e o barco caro e delicado deve ter visto*
> *algo surpreendente, um garoto caindo dos céus,*
> *mas tinha algum lugar aonde ir e continuou a velejar calmamente.**

19 W. H. Auden, Collected Shorter Poems 1927-1957 (New York: Random House, 1967), p. 123.

* *In Brueghel'* Icarus, *for instance: how everything turns away / Quite leisurely from the disaster; the ploughman may / Have heard the splash, the forsaken cry, / But for him it was not an important failure; the sun shone / As it had to on the white legs disappearing into the green / Water; and the expensive delicate ship that must have seen / Something amazing, a boy falling out of the sky, / Had somewhere to get to and sailed calmly on.*

Parece que todos nós temos "algum lugar aonde ir". No entanto, como o narrador no poema de William Stafford, estamos, de certa maneira, "viajando pela escuridão" sem saber qual dilema moral nos aguarda depois da próxima curva. Como podemos estar mais bem preparados? O que nos mantém velejando calmamente em meio ao que ocorre? O que faz com que nos desviemos o suficiente para ver que há uma questão moral em jogo — e então, se necessário, nos faz parar e nos envolver nela?

Creio que a resposta está no reconhecimento de nossos valores centrais. A questão pode envolver uma corretora de seguros quando deixa de tomar decisões que poderiam salvar uma vida ou uma empresa internacional que lida com um caso fatal de adulteração de um produto. Pode centrar-se em debates intensos e políticos sobre o aborto ou em tristes explosões de ódio nas ruas do centro das cidades. Pode ser algo tão pessoal quanto a decisão de tirar um veado morto de uma rodovia ou algo tão rico filosoficamente como uma aula que usa um experimento com um pára-quedas e uma cultura estrangeira. Qualquer que seja a questão, ela só nos parecerá importante na medida em que estivermos dispostos a reconhecer e ativar os valores morais presentes no núcleo de nosso pensamento. Sem um senso claro de nossos valores centrais, podemos simplesmente continuar velejando. Com tal senso, paramos e pelo menos tentamos ajudar.

Com uma compreensão desse núcleo comum, então, estamos mais bem preparados para abordar as mais difíceis escolhas com as quais os indivíduos se defrontam — aquelas entre o certo e o certo.

Capítulo Cinco

Certo *versus* certo: a natureza dos paradigmas de dilema

Peter não era machista — nem em sua opinião nem (tanto quanto sabia) na de suas colegas. Ele dirigia um laboratório especializado em análise de dejetos perigosos, e empregava tanto homens quanto mulheres. A química sempre lhe parecera totalmente neutra quanto ao sexo: conhecia muitas mulheres que eram excelentes cientistas e técnicas de laboratório, e nunca lhe havia ocorrido discriminar alguém.

Mas, em meados dos anos 1980, a empresa pediu-lhe que criasse um laboratório especial para lidar com uma das piores e mais tóxicas substâncias conhecidas: a dioxina. Usando todas as precauções possíveis, organizou uma operação muito promissora. Ele somente se afastou de um dos procedimentos padronizados: deliberadamente, procurou contratar profissionais homens ou mulheres que já não estivessem em idade fértil. O motivo: a melhor literatura da época sugeria que mulheres expostas à dioxina tinham incidência mais elevada do que a usual de abortos espontâneos, defeitos genéticos e distúrbios neurológicos em filhos gerados por elas. Todos os estudos focalizavam as mulheres: Peter não encontrou nada na literatura sugerindo que a exposição dos homens causasse deformidades nos filhos que viessem a ter posteriormente.

Por ter sido logo depois de uma extensa publicidade a respeito da contaminação por dioxina em Times Beach, Missouri, em 1982 (Times Beach foi evacuada por recomendação do Center for Disease Control [Centro para Controle de Doenças] de Atlanta), a criação do laboratório mostrou ser a coisa certa na hora certa. Foi um claro sucesso. Um dia, Peter foi informado de que uma jovem e brilhante cientista de outra divisão da empresa havia solicitado a transferência para o laboratório dele. Só havia um problema: Camille, a cientista, era uma mulher casada, de 20 e poucos anos. Ela pretendia deixar a empresa dali a seis meses para continuar a estudar. Enquanto isso, gostaria muito de um trabalho com prazo determinado no laboratório de dioxina, o que ficaria muito bem em seu currículo: havia poucas mulheres com tal experiência e ela achava que aquilo poderia ajudar muito em sua carreira.

Cautelosamente, Peter convidou Camille para uma entrevista. Tentando ser o mais delicado possível — a fim de obter informações sem fazer nenhuma pergunta pessoal indevida —, ele descobriu que ela pretendia ter filhos. Peter também soube que ela estava irredutível na sua insistência em trabalhar no laboratório dele — e que estava pronta para processar o laboratório se ele não a contratasse. Além da questão do sexo, Peter não via motivo para recusá-la: devido a sua excelente folha de serviços, ela era exatamente o tipo de funcionário que Peter normalmente adoraria ter em sua equipe.

Para Peter, o dilema surgiu de seus valores centrais. Havia duas coisas com as quais ele se importava e estavam profundamente arraigadas em sua consciência. Uma era o senso de igualdade entre os sexos, associada a uma profunda crença de que adultos como Camille tinham o direito de tomar as próprias decisões. A outra era uma preocupação profunda com a santidade de vida — o mesmo sentimento que o impelira para o trabalho ecológico —, associada a um senso especial de cuidado para com bebês e crianças pequenas que dependiam das decisões tomadas pelos adultos. Por um lado, ele sabia que devia dar o emprego a Camille, não só pelo interesse demonstrado por ela, mas para solapar a barreira dos sexos. Por outro lado, sabia também que devia impedir o risco de ela causar danos irreparáveis a seus filhos em troca de ganho profissional imediato. Ele sentia que os dois impulsos eram certos. Mas não podia agir seguindo os dois.

Camille também não estava disposta a ajudá-lo a decidir. Ela deixou claro que, se *não* fosse contratada, processaria a empresa por discriminação. No entanto, ele também sabia que, se *a contratasse* e os filhos dela apresentassem deformidades, a empresa poderia ser legalmente responsabilizada por deixar de protegê-la. O laboratório tomava medidas rigorosas para garantir a segurança de seus funcionários. Mas havia certeza de que eram suficientes? A dioxina era uma nova substância química; como *se poderia* ter certeza? Contudo, ele *tinha certeza* de que não existia um documento jurídico que pudesse solicitar a sua assinatura para isentar o laboratório de toda responsabilidade pela segurança dela e de seus filhos.

De qualquer modo, a empresa estava vulnerável a um processo legal.

Por fim, Peter recusou-se a aprovar a transferência dela — insistindo que, para ela se juntar à equipe, a mudança teria de ser autorizada por alguém superior. No fim das contas, o presidente da empresa aprovou a transferência dela. E ela mostrou ser ótima funcionária: fez um trabalho excelente, gostou das tarefas e saiu, conforme planejado, depois de seis meses.

Houve alguma complicação posterior? Nenhuma, que Peter saiba. Mas, desde então, ele e o país ficaram sabendo mais a respeito da dioxina. Pesquisas mais recentes sugerem que a substância não é tão tóxica como se pensava, que o fechamento de Times Beach provavelmente foi desnecessário e que a substância que fora identificada pela Environmental Protection Agency [Departamento de Proteção ao Meio Ambiente] como "a mais tóxica já fabricada pelo homem" é, na verdade, um carcinogênico fraco que exige níveis elevados de exposição para causar danos.

HOMENS E MULHERES TÊM MORALIDADES DIFERENTES?

Desde que Kohlberg formulou seus estágios de desenvolvimento moral com base em estudos de meninos *(veja páginas 64-66)*, pesquisadoras questionaram a validade de seu trabalho. As mulheres desenvolvem o julgamento moral de maneira diferente?

Para descobrir isso, Carol Gilligan, uma psicóloga educacional da Universidade Harvard, realizou profundas entrevistas para três projetos – com 25 estudantes universitários, depois com 29 mulheres que pensavam em fazer aborto e, por fim, com 144 homens e mulheres em nove faixas etárias, dos 6 aos 60 anos. Sua meta, escreveu ela em *In a Different Voice* [Em uma Voz Diferente], era entender "a formação da identidade feminina e seu desenvolvimento moral na adolescência e na idade adulta".

Seu livro é uma tapeçaria rica e honesta, tecida pela discussão analítica e entremeada com a voz das narrativas de seus sujeitos, e sugere conclusões múltiplas. Entre elas:

- Os homens tendem a uma "ética de justiça" que vê a moralidade como uma questão de direitos, enquanto as mulheres gravitam para uma "ética de cuidado" que enfatiza as responsabilidades. Para os homens, o que mais importa é a igualdade, todos sendo tratados do mesmo modo. Para as mulheres, contudo, o mais importante é "a premissa da não-violência – ninguém deve ser ferido".
- As mulheres atribuem grande valor moral a redes e relacionamentos laterais, enquanto os homens tendem a se focar em cadeias hierárquicas de comando. Força, por exemplo, tem significado diferente para homens e mulheres: enquanto os homens a vêem ligada à asserção e à agressão, as mulheres a vêem como alimentação e interdependência.

• Essas perspectivas são tão fundamentalmente diferentes que resultam em modos separados de pensamento a respeito de resoluções. Para os homens, a solução de dilemas tende a encontrar uma expressão "formal e abstrata", enquanto para as mulheres os problemas morais são resolvidos mais naturalmente em maneiras "contextuais e narrativas".

• Considerando-se essas perspectivas distintas, o desenvolvimento de um julgamento moral entre as mulheres é significativamente diferente do que ocorre entre os homens. A partir do estudo do aborto, Gilligan descobriu que "a seqüência dos julgamentos morais das mulheres começa numa preocupação inicial com a sobrevivência, foca-se na bondade e finalmente alcança uma compreensão reflexiva do cuidado como o guia mais adequado para a resolução de conflitos nos relacionamentos humanos".

O contraste com Kohlberg é instrutivo. Ser moral, para Kohlberg, é alcançar o sexto estágio de desenvolvimento, uma consciência moral que adere à justiça e à igualdade com base em princípios morais universais. A partir da perspectiva das mulheres entrevistadas por Gilligan, ao contrário, "uma pessoa moral é aquela que ajuda os outros; bondade é serviço, cumprir as próprias obrigações e responsabilidades para com os outros, se possível sem sacrificar a si mesmo".[1]

Entretanto, toda essa informação ainda não havia sido divulgada. Como Peter estava agindo baseado nas melhores informações disponíveis, e porque seus próprios valores centrais eram tão fortes, ele defrontou-se com um dilema ético do tipo certo *versus* certo.

O dilema dele pode ser analisado a partir da perspectiva dos quatro paradigmas apresentados no capítulo um:

- Justiça *versus* compaixão
- Curto prazo *versus* longo prazo

1 Citações extraídas de Carol Gilligan, *In a Different Voice: Psychological Theory and Women's Development* (Cambridge, Mass.: Harvard University Press, 1982), p. 3, 19, 66, 105 e 174.

- Indivíduo *versus* comunidade
- Verdade *versus* lealdade

As palavras usadas aqui são menos importantes do que os conceitos:

- O conceito por trás do paradigma justiça *versus* compaixão diz que a justiça, a eqüidade e a aplicação igualitária da lei muitas vezes conflitam com a compaixão, a empatia e o amor.
- Curto prazo *versus* longo prazo, ou *agora* versus *depois*, reflete as dificuldades que surgem quando necessidades ou desejos imediatos vão de encontro a objetivos ou perspectivas futuros.
- O paradigma indivíduo *versus* comunidade pode ser reformulado como *nós* versus *eles*, *eu* versus *outros* ou *o pequeno grupo* versus *o grupo maior*.
- Verdade *versus* lealdade pode ser visto como honestidade ou integridade *versus* compromisso, responsabilidade ou cumprimento de promessas.

Seja como for que você os chame, esses quatro padrões nos ajudam a descrever as questões básicas no cerne de tantos conflitos éticos — o conflito de valores centrais que fazem com que pessoas boas sintam dificuldade em fazer escolhas difíceis.

Esse conflito de valores constitui um *dilema*. É conveniente explicitar várias definições aqui — não para prescrever, restringir ou descartar outras definições, mas simplesmente esclarecer as formas como essas palavras podem ser mais úteis. Afinal de contas, lidar com ética é lidar, em ampla medida, com as maneiras como falamos uns com os outros: o problema é que, como disse um personagem de T.S. Eliot em um momento de frustração verbal, "tenho de usar palavras quando falo com você".[2] Sem dúvida. Se a ética às vezes parece confusa e com limites indistintos, parte do problema está em nossas definições. A res-

2 "Sweeney Agonistes", *The Complete Poems and Plays: 1909–1950* (New York: Harcourt, Brace & World, 1952), p. 83.

posta não está, como já mencionei, em exercícios intensos de distinção e definições afiadas como navalha. Mas também não está em ser vago — especialmente em relação a palavras como *dilema*. Essa palavra vem do grego: o prefixo *di-* significa "dois" e a palavra *lema* significa "uma proposição fundamental, uma suposição básica considerada correta". Embora seja usada popularmente para descrever uma situação com duas alternativas desagradáveis ou negativas, o sentido original de *dilema* não tem nenhuma conotação negativa. Conforme usada aqui, ela descreve qualquer situação que coloque um lema profundamente enraizado contra outro. Uso a expressão *dilema ético* para me referir às situações certo *versus* certo, nas quais dois valores morais centrais entram em conflito — distinguindo tais dilemas das questões certo *versus* errado que produzem o que podemos chamar de *tentações morais*.

A outra palavra que precisa ser definida é *paradigma*, do prefixo grego *para-*, que significa "além" ou "ao lado de", e *deigma*, que significa "exemplo". A palavra significa literalmente "padrão" ou "modelo". Geralmente é usada para descrever um conceito, estrutura ou processo de pensamento geral amplamente aceito (especialmente nas comunidades intelectuais) como um modo efetivo de explicar fenômenos ou conjuntos de dados complexos. Por exemplo, o modo de os animais lidarem com o inverno pode ser categorizado em diversos paradigmas, um dos quais é a migração. Esse paradigma, extraído literalmente do conceito de um grupo de pessoas que deixa uma terra por outra, faz sentido ao reunir grande diversidade de observações relativas a pássaros, mamíferos, peixes ou borboletas. Por extensão, também nos permite falar sobre o movimento dos íons em direção a um eletrodo e a mudança dos átomos de uma posição para outra na molécula. O que conecta todas essas coisas? Não são os detalhes específicos: íons, beija-flores e refugiados não parecem, na superfície, ter muito em comum. Aqui como em todos os outros lugares, o paradigma só emerge quando descartamos os detalhes e alcançamos as idéias centrais — nesse caso, a idéia referente ao movimento de grupos.

O mesmo ocorre com nossos paradigmas de dilema. O que nos ajuda a classificar nossos dilemas em quatro conjuntos tem pouco a ver com os elementos descritivos da experiência. Não é a presença da dioxina na história de Peter que nos ajuda a perceber o paradigma mais relevante, nem o fato de ele ser um cientista, nem mesmo o fato de seu problema surgir de uma questão legal relativa a uma discriminação sexual em potencial. O que importa aqui são os valores nucleares que impelem sua tomada de decisão. Para descobrir quais são eles, experimente examinar a história com os quatro paradigmas:

• **Justiça *versus* compaixão.** Este é o que parece se encaixar melhor. Por um lado, Peter tinha plena consciência dos elementos de justiça e igualdade. Apesar do fato de a ciência lhe falar sobre as inegáveis diferenças entre homens e mulheres, ele claramente não desejava discriminar com base no sexo. E, seguindo os ditames da justiça, contrataria Camille.

Por outro lado, seu senso de compaixão exigia que ele conversasse com ela e tentasse demovê-la da decisão — não em benefício próprio, nem mesmo em benefício dela, mas em benefício dos que ainda não haviam nascido. A compaixão e o respeito pela vida o levaram a assumir uma posição profissionalmente difícil, certamente impopular e provavelmente ilegal. Afinal de contas, não seria muito mais fácil simplesmente deixar-se levar, contratá-la e torcer pelo melhor? Isso não seria “errado”. Mas a consciência não permitiu que ele agisse assim: e, seguindo os ditames da compaixão, não poderia admiti-la no laboratório de dioxina.

• **Curto prazo *versus* longo prazo.** Esse paradigma parece relevante em dois aspectos. Em primeiro lugar, ajuda-nos a ver o dilema que Peter enfrenta conforme o passar do tempo. É adequado, ele poderia dizer, respeitar os direitos de Camille a curto prazo sem se preocupar com as conseqüências a longo prazo — que, como se viu, se mostraram insignificantes. Em outras palavras, é certo contratá-la. Mas também não é certo respeitar a saúde dos filhos dela a longo prazo — e os interesses da empresa? Refletindo sobre os alarmantes "e ses" desse caso, ele não deveria ajudá-la a garantir-se contra eles, deixando de contratá-la? Não seria certo estabelecer um precedente a longo prazo de modo que, se a pesquisa científica disponível declarasse um alto nível de risco relativo a sexo, esse sexo (quer masculino ou feminino) devesse ser tratado diferentemente do outro?

Esse paradigma exemplifica também outra coisa: os dilemas têm atores. Para Peter, o paradigma curto prazo *versus* longo prazo pode não parecer tão poderoso quanto o paradigma justiça *versus* compaixão. No entanto, se tomarmos Camille como ator, a situação muda. Justiça *versus* compaixão não se encaixa: como ela não tem razão para ver a situação sob essa luz, não está dividida entre o senso de justiça e o sentimento de amor. Mas, como ele, ela está dividida na questão curto prazo/longo prazo. No futuro imediato é de seu interesse incluir "experiência com dioxina" em seu currículo. Mas deveria abrir mão dessa vantagem devido à possibilidade de ter de cuidar de uma criança deformada a longo prazo — uma criança que poderia requerer tanta atenção que ela nem pudesse mais trabalhar como química? Ou essa "perspectiva" é visivelmente remota diante dos fatos disponíveis? Todos nós pesamos riscos *versus* benefícios todos os dias, e muitas vezes optamos por correr alguns níveis de risco — na comida que comemos, nos carros que dirigimos, nos locais em que trabalhamos, e em dezenas de outros modos. Há alguma diferença aqui?

Repare que a avaliação do risco depende de um fator crucial: conhecimento. Como Camille era uma química experiente, ela possuía esse conhecimento. Era plenamente capaz de emitir pareceres profissionais sobre a probabilidade de entrar em contato com substâncias tóxicas — e de encontrar maneiras para proteger-se usando desde capas especialmente projetadas até tecnologia robótica de ponta. Mas Peter também era químico e tinha seus próprios pareceres profissionais. Nesse caso, os dois equivocaram-se — Peter por pensar que a dioxina era altamente perigosa (demonstrou-se não o ser) e Camille por pensar que a experiência com a dioxina pesaria muito em seu currículo (o que deixou de ser verdade quando a dioxina perdeu seu status de "tóxico mais perigoso"). O importante é que a solução de dilemas muitas vezes depende do conhecimento que temos — um assunto ao qual voltaremos com mais detalhes.

- **Eu *versus* comunidade.** Consideremos Peter como o "eu" aqui. Talvez seu instinto fosse evitar problemas — aprovar a contratação dela, não criar confusão e não se envolver em um problema complicado. Mas isso seria o melhor para a comunidade — o laboratório como um todo, a comunidade em que Camille morava e (talvez) viesse a criar uma criança deformada, ou, em última instância, o universo dessas profissionais em idade reprodutiva? Provavelmente, não: respeitar as necessidades do eu conflita com o respeito às da comunidade. Contudo, a essa altura, surge outro problema. Esse paradigma pode ser examinado sob outro ponto de vista. Talvez as exigências do eu levassem Peter a assumir uma posição firme logo de início para evitar complicações futuras — não contratá-la, não ter nada a ver com ela, para não complicar sua própria vida com problemas legais a longo prazo. Mas pode também ser verdade que as demandas da comunidade — especialmente da comunidade de mulheres que, depois de séculos de discriminação, só agora estão começando a progredir em círculos dominados pelos homens, como o da ciência profissional — o levassem a contratá-la, como um modo de ajudá-la a construir a sociedade justa e igualitária em que ele gostaria de viver.

Esse paradigma, embora se encaixe, parece menos útil do que os anteriores. Por quê? Em parte, porque o processo de análise revela que nenhum dos argumentos do "eu" — nem evitar complicações ao deixar-se levar e contratá-la, nem evitar problemas legais a longo prazo ao não contratá-la — soa como genuíno do ponto de vista moral. No fim das contas, os dois parecem claramente egoístas, em vez de genuinamente autoconscientes e auto-interessados.

Deveríamos nos preocupar quando, ao aplicar esse paradigma eu *versus* comunidade, os dois lados pudessem ser argumentados de modos tão diferentes? Na verdade, não. O propósito de *analisar* os dilemas por intermédio desses paradigmas não é *resolvê-los* ainda. Essa é uma etapa posterior, quando da aplicação de nossas três regras de tomada de decisão. Nesse estágio, simplesmente tentamos entender os valores centrais e fundamentais que estão em conflito — de modo que, no momento em que finalmente aplicarmos as regras de resolução, o conflito que precisa ser resolvido esteja tão claro quanto possível e se destaque.

• **Verdade *versus* lealdade.** Esse paradigma, tão poderoso em muitos casos, parece fora de lugar aqui. Nem Peter nem Camille se defrontaram ou distorceram alguma "verdade" objetiva e óbvia. E nenhum deles parecia estar impelido a tomar decisões com base em fortes sentimentos de lealdade. Se Peter soubesse o que sabemos agora a respeito da dioxina, e se tivesse optado por ignorar ou ocultá-lo, a verdade certamente estaria envolvida. Mas mesmo assim esse paradigma não teria se encaixado: o caso seria claramente uma questão de certo *versus* errado, e os paradigmas simplesmente não se aplicariam a essas questões.

E esse é um detalhe importante. Um valor claro da análise de paradigma consiste em sua utilidade para nos ajudar a distinguir dilemas certo *versus* certo das tentações certo *versus* errado — como o exemplo a seguir deixa claro.

Randy, um norte-americano que morava na capital de um país da América do Sul, gerenciava uma divisão do escritório latino-americano de uma empresa industrial multinacional. Como muitos países sul-americanos, aquele estava ansioso para desenvolver sua indústria nacional de eletrônicos. Até então, a qualidade dos produtos desse novo setor vinha sendo bastante baixa. Para proteger esse segmento, o governo havia criado tarifas elevadas sobre a importação de computadores, que chegavam a até 100% do valor do equipamento. Entretanto, todos sabiam que os oficiais da alfândega daquele país eram muito mal pagos e não tinham muito pudor de aceitar subornos como um modo de suplementar sua renda.

Quando se preparava para passar as férias com a família nos Estados Unidos, Randy foi chamado pelo chefe e recebeu uma tarefa. Seu escritório, que freqüentemente fazia apresentações de vendas, precisava de uma impressora colorida de alta qualidade para preparar documentos com excelente aparência. O chefe havia olhado os catálogos de empresas norte-americanas e sabia exatamente qual impressora queria e quanto custava. Então, ele pediu a Randy que comprasse uma e a trouxesse no avião. Pediu também que comprasse duas garrafas de bom uísque para usar como suborno na alfândega. Ele garantiu a Randy que seria reembolsado por seus gastos — felizmente, pois mesmo a bebida mais cara ainda custaria apenas uma fração do que teria de pagar na alfândega, se entrasse legalmente.

O que Randy deveria fazer? Trazer a impressora ou não?

Ao examinar esse exemplo com os paradigmas, notamos algo peculiar. Os paradigmas não se encaixam. É fácil ver que o eu (ou o pequeno grupo que formava a empresa) e a comunidade (ou o grupo mais amplo que formava a nação) tinham posições diferentes. Mas é difícil ver posições "certas" nos dois lados. Isso também não parece ser uma questão de justiça *versus* compaixão ou um dilema curto prazo/longo prazo. O candidato mais provável parece ser verdade *versus* lealdade, em que a lealdade ao chefe poderia levá-lo a comprar a impressora enquanto a verdade o levaria a obedecer à lei. Mas como, então, articular os dois certos? Está "certo" desobedecer à lei? A partir de uma perspectiva norte-americana, essas leis podem parecer injustas. Mas é motivo suficiente para desobedecê-las? Certamente existem situações em que o certo pode ser desobedecer à lei, como no caso de desobediência civil. Mas Randy, aparentemente, não estava disposto a ser preso por suas crenças, e também não estava interessado em subornar os oficiais da alfândega à luz da publicidade, para que todos pudessem ver o que estava fazendo.

Na verdade, é difícil ver esse caso como uma situação de certo *versus* certo — pela simples razão de que provavelmente não o é. Muitos observadores, olhando de fora, de um modo imparcial e sem interesses pessoais em jogo, classificariam esse caso como certo *versus* errado. A coragem moral, diriam eles, impele Randy a encontrar um modo de se recusar a cumprir o pedido de seu chefe — e a fazer o que é honesto mesmo quando lhe pedem para fazer o que é conveniente. Nossas tentativas para aplicar os paradigmas muitas vezes nos alertarão logo para uma questão certo *versus* errado: se nenhum dos paradigmas se encaixar, pode ser que não se trate de um dilema ético, mas simplesmente de uma tentação moral.

Paradigma 1: verdade *versus* lealdade

Tendo isso como pano de fundo, examinemos mais profundamente o primeiro dos quatro paradigmas certo *versus* certo — verdade *versus* lealdade.

A verdade, para a maioria das pessoas, é a conformidade com os fatos ou a realidade. Lealdade envolve obediência a uma pessoa, um governo ou um conjunto de idéias a que se deve fidelidade. Essas são definições ilusoriamente simples. Mas são valiosas na medida em que distinguem entre o objetivo e o subjetivo, entre a idéia de uma realidade separada da tendência do observador e o conceito de um sentimento pessoal de apego que depende da presença de uma personalidade. É essa tensão entre o objetivo e o subjetivo que faz surgir a maioria de nossos dilemas.

Mas o que é a verdade? A questão é eterna. "Para isso vim ao mundo, para dar testemunho da verdade", explicou Jesus. "Verdade!", esbravejou Pilates. "O que significa verdade?" Jesus supunha, aparentemente, que aqueles que o ouviam entendiam que a verdade existia. Pilates desafiou essa suposição, e os filósofos antes e depois dele lutaram com as implicações dessa questão. Existe uma verdade objetiva? Ou a verdade é apenas o que fazemos dela? Até a mecânica quântica aborda essa questão, descrevendo uma realidade criada pelo observador que, na prática, esvazia a distinção entre objetivo e subjetivo.

A questão de Pilates é intrincada, fascinante e complexa. Mas, para os que desejam buscar alguma forma prática de boa forma ética e resolver dilemas cotidianos, ela pode não exigir muita atenção. Se estamos lutando para resolver um dilema verdade *versus* lealdade, provavelmente não é porque estamos envolvidos em profundas ruminações epistemológicas sobre a existência da verdade. Provavelmente é porque vemos claramente que a verdade, que significa *isto*, nos diz para agir de um modo — enquanto a lealdade, que significa *aquilo*, nos impele a agir de outro.

Então, o que significa verdade na experiência cotidiana em que surgem os dilemas? É verdade, dizemos, que hoje estive na vila — se, de fato, movi-me fisicamente até um município próximo, menor do que uma cidade. Mas, e se simplesmente caminhei pela estrada para comprar leite na padaria local? Se minha esposa e eu entendemos que "vila" significa qualquer lugar em que posso fazer compras, então digo a verdade ao afirmar que estive lá. No entanto, eu poderia ser desmentido num tribunal se ficasse provado que *disse* que fui à vila quando *na verdade* fui apenas até a loja local.

Verdade na experiência humana, então, significa em grande parte aquilo que todos nós concordamos que é a verdade. É, como disse Walter Lippmann citando Charles S. Pierce, "a opinião destinada a obter a concordância de todos que a investigarem".[3] Tal concordância pode depender inteiramente da linguagem. Quando dizemos que a água é molhada, que a madeira vem das árvores e que as formigas são insetos, estamos fazendo afirmações verdadeiras por definição: é isso que queremos dizer ao falarmos "molhado", "árvores" e "in-

3 Walter Lippman, *A Preface to Morals* (New York: The Macmillan Company, 1929), p. 129.

seto". Mas quase todas as verdades convencionadas vão além da definição e dependem de nosso conhecimento do mundo à nossa volta. Obtemos esse conhecimento de diversas maneiras. Grande parte vem da investigação empírica, o que quer dizer que se baseiam não em suposições, adivinhações ou opiniões, mas em experimentos ou experiência vindos da observação dos fenômenos. Algumas podem vir por meio de intuição ou sentimentos. E outra parte pode vir da dedução lógica baseada no que consideramos como realidades absolutas. Então, se dizemos que o carro precisa de conserto porque treme quando dirigimos, confirmamos que essa é uma afirmação verdadeira com base na experiência. Podemos também dizer que não vamos consertá-lo na oficina do bairro, pois o mecânico de lá é um homem descuidado e pouco confiável, que fala muito, mas não conhece os carros tanto assim — uma afirmação considerada como "verdade", especialmente por aqueles que levaram o carro à oficina do mesmo bairro. Também podemos dizer que chove todas as vezes que lavamos o carro — uma afirmação baseada mais na superstição do que em registros cuidadosos, mas que combina tanto com nossa experiência recente que a deixamos permanecer como verdade.

Na prática, a verdade que mais surge nos dilemas verdade *versus* lealdade baseia-se no relato preciso do mundo à nossa volta nos termos em que quase todos usam para realizar esse relato. Geralmente, o mundo é representado de forma distorcida em três maneiras. Quando dizemos acontecerem coisas que não aconteceram, não estamos sendo precisos. Quando fazemos relatos parciais ocultando detalhes visíveis, não estamos sendo completos. E quando escondemos uma verdade importante com outras verdades menos precisas não estamos sendo relevantes. As leis da prova exigem que sejamos precisos, completos e relevantes — um conjunto de características resumidas na pergunta feita nos tribunais: "Jura dizer a verdade, toda a verdade e nada mais além da verdade?". A verdade, então, é refletida em nossas afirmações sobre o mundo. Mas "quando tentamos enganar os outros intencionalmente", escreveu Sissela

Bok em seu ótimo livro sobre a mentira, "comunicamos mensagens com o objetivo de enganá-los, com o objetivo de fazê-los acreditar no que nós não cremos".[4] Ela prossegue definindo como mentira "qualquer mensagem intencionalmente enganadora que seja *afirmada*". Na verdade, a definição dela fornece um teste útil para a aplicação do paradigma verdade *versus* lealdade: se o dilema surgir em nossa experiência porque fomos solicitados a fazer *afirmações* que violem a verdade, o paradigma verdade *versus* lealdade provavelmente é relevante.

Para muitas pessoas, esse paradigma verdade *versus* lealdade parecerá a questão central no horizonte ético — talvez a única. A ética, dizem elas, tem a ver com dizer a verdade: aqui está a essência de uma vida moral, e sem ela não há esperança de ética. A revelação de Sissela Bok apóia essa afirmação. O efeito de dizer a verdade, diz ela, é promover a confiança, sem a qual não existe possibilidade de uma sociedade moral. "A confiança em algum grau de veracidade", escreveu, "funciona como uma *base* para as relações entre os seres humanos; quando essa confiança é abalada ou desaparece, as instituições entram em colapso".[5] No entanto, dizer a verdade é uma condição de uma vida ética, não é toda a ética. A verdade franca e brutal pode acompanhar tiranias assassinas, casamentos sem amor, sociedades injustas e apatias irresponsáveis.

A lealdade, por seu lado, foca-se não nas afirmações de fatos, mas nas percepções de obediência — "a identificação completa e voluntária deste eu completo com uma causa", como a definiu o filósofo Josiah Royce. Ela pode surgir por razões monetárias (ele me paga, então sou leal a ele), emocionais (ela é o amor da minha vida), tribais (ele é um de nós), políticas (ele representa minhas idéias), intelectuais (estou convencido de que a Terra orbita ao redor do Sol e nem vou investigar outras explicações), ou por diversas outras maneiras.

4 Sissela Bok, *Lying: Moral Choice in Public and Private Life* (New York: Pantheon Books, 1978), p. 13.

5 Bok, *Lying*, p. 33.

Mas, em geral, envolve a fidelidade a uma pessoa ou conceito que seja suficientemente forte para resistir à intrusão de opiniões ou fatos contrários. Ela exige, como escreveu George P. Fletcher em *Loyalty: An Essay on the Morality of Relationships* [Lealdade: Um Ensaio sobre a Moralidade dos Relacionamentos], "a rejeição de alternativas" que abalariam a relação leal. "Algumas das palavras morais mais fortes no idioma inglês", observou Fletcher, "estão reservadas para os fracos que não conseguem ultrapassar o limiar da lealdade: eles cometem adultério, deslealdade, traição".[6] Em seu ponto máximo, a lealdade foi responsável pelo patriotismo que fez com que os colonos, durante a Revolução Americana, dessem a vida pela idéia de uma nova nação, e também é responsável pelo heroísmo que ainda faz com que pessoas enfrentem perigos para salvar outras durante furacões e inundações. Em situações intermediárias, ela pode manter casamentos mesmo na ausência de amor, manter filhos cuidando de pais idosos que sejam difíceis e ingratos, manter um funcionário num emprego desagradável até que alguém seja contratado para a vaga. Em sua pior face, a lealdade é responsável por alguns dos mais horríveis excessos do século XX, perpetrados pelos que obedeciam a Hitler, Mao, Stalin e assim por diante.[7] Mas, de modo geral, ela envolve algum componente de responsabilidade, dedicação e honra. Também envolve certo reconhecimento de que existem obrigações, mesmo as mais sutis, que precisam ser cumpridas.

Então ela é mesmo uma característica "certa"? Muitos dizem que sim. Uma pesquisa realizada em 1993 para a revista *Industry Week* [Semana da Indústria] descobriu que 96% dos respondentes acreditavam ser a lealdade um fator importante no sucesso ou no fracasso de uma organização, enquanto 87% dos respondentes achavam que havia menos lealdade entre empresas e funcionários do que cinco anos antes.[8] Claramente, a lealdade é importante — e é por isso que

6 New York: Oxford University Press, 1993, p. 8.

7 Josiah Royce, *The Philosophy of Loyalty* (New York: Macmillan, 1908), p. 105.

8 "Purview", suplemento do "pr reporter", Vol. 8, No. 30 (5 de abril de 1993), p. 13.

os dilemas verdade *versus* lealdade não são simplesmente questões de certo *versus* errado.

Para entender por quê, vejamos outro exemplo — extraído de uma pesquisa feita para o Movimento Americano de Escoteiras pela Organização Lewis Harris.[9] Nessa pesquisa, foi solicitado a cinco mil crianças do Ensino Fundamental ao Ensino Médio que respondessem a várias situações hipotéticas. Uma delas era a seguinte: sua melhor amiga vangloriou-se de ter depredado o prédio da escola. No dia seguinte, o diretor pergunta-lhe diretamente: "Foi sua amiga quem fez isso?". O que você diria?

A maioria das respondentes — e quase podemos vê-las contorcendo-se nas carteiras — disse que mentiria para proteger a amiga. Quase todos os adultos, ao ver os resultados, ficaram assustados pelo fato de a maioria das crianças estar disposta a mentir. Mas o problema é mais complicado do que isso. Desde que começaram a andar e a falar, as crianças ouviram de um modo ou de outro que a lealdade é algo muito bom e que devem ser leais com os amigos. Mas, no momento seguinte, foi-lhes dito que dizer a verdade é muito importante e que nunca devem mentir. Essa situação coloca-as diretamente em um dilema certo *versus* certo, do tipo verdade *versus* lealdade. Existem maneiras de ajudá-las a resolver o dilema, é claro: pode-se pelo menos ajudar as mais velhas a entender que os piores crimes do século XX foram cometidos por pessoas que colocaram a lealdade militar acima da verdade objetiva. Mas não se resolve esse dilema fazendo de conta que ele não existe. O diretor que diz a uma criança: "Você não sabe que a lealdade é algo terrível, e que você sempre deve dizer a verdade?", esquiva-se de uma das mais importantes convicções da criança, a de que a lealdade *não é* algo ruim, e de que talvez existam momentos nos quais é melhor *não* contar toda a verdade.

Se isso parece um relativismo ético pouco encoberto, pense no caso a seguir. Você é um norte-americano pego de surpresa pela in-

9 Robert Coles e James Hunter, *Girl Scouts Survey on the Beliefs and Moral Values of America's Children*, Girl Scouts of the United States of America (New York: 1990).

vasão iraquiana ao Kuwait no início da Guerra do Golfo, em 1990. Enquanto os soldados iraquianos varrem as ruas em buscas, casa a casa, seus amigos kuwaitianos esforçam-se por escondê-lo no sótão. De repente, batem à porta. Seus amigos abrem. "Há algum norte-americano escondido na sua casa?", perguntam os soldados. Ao ouvir a pergunta, você espera que eles coloquem a lealdade acima da verdade — pelo menos dessa vez.

Eles agiram mal por contar uma mentira? Poucas pessoas responderão que sim. Na verdade, essa situação abre novos patamares de investigação filosófica, em que se pode argumentar sobre a resposta de seus amigos, que, embora pareça mentirosa em seu contexto imediato, na verdade, manteve uma verdade maior ao salvar uma vida. A verdade requer que você responda precisamente a todas as perguntas, especialmente quando o propósito de quem pergunta é prejudicar inocentes? Dizer a verdade, em outras palavras, sempre serve às metas da verdade? Não é preciso levar esse argumento aos domínios da metafísica, nem nos debruçarmos sobre os significados sutis da palavra verdade, para perceber que de fato existem circunstâncias — reunidas sob a categoria de "lealdade" — nas quais a verdade imediatamente aparente pode ser menos correta do que alguma formulação mais elevada de verdade. Questões de rudeza, amedrontamento ou franqueza danosa também se enquadram nessa categoria — como Emily Dickinson deixa claro em seu poema que começa com "Diga toda a Verdade, mas diga-a em viés":[10]

Como Raio abrandado às Crianças
com explicação gentil
deve a Verdade reluzir gradativa
ou a todos cegará —*

10 Poema 1129, em Thomas H. Johnson, ed., *The Complete Poems of Emily Dickinson* (Boston: Little, Brown and Company, 1960), p. 506.

* *As Lightning to the Children eased / With explanation kind / The Truth must dazzle gradually / Or every man be blind –*

Dizer a verdade é uma coisa. Dizer toda a verdade em todas as situações, contudo, é algo bem diferente.

Verdade *versus* lealdade: três exemplos

Como funciona na prática esse paradigma verdade *versus* lealdade? Examine os três exemplos a seguir:

- **A carta de referência.** Como um executivo numa empresa industrial de médio porte, Cal freqüentemente reunia-se com Harry, que trabalhava numa unidade supervisionada por ele. Os dois moram na mesma comunidade, seus filhos estudam na mesma escola, ambos são devotados à família e muitas vezes encontram-se em situações sociais. Mais ainda, gostam muito de golfe e jogam juntos com certa regularidade. Com o passar dos anos, estabeleceram uma amizade bastante firme, ainda mais agradável pelo fato de suas esposas serem bastante próximas.

Certo dia, Cal soube, com profunda tristeza, que Harry estava envolvido em algumas irregularidades financeiras no trabalho. A questão era séria, mas surgiram algumas dúvidas: havia motivos para pensar que Harry se enganara com as normas, embora depois ele tenha tentado encobrir esse engano por meios tortuosos. Depois do que Cal considerou como uma auditoria e uma investigação cuidadosas, Harry foi demitido.

Ele foi falar com Cal e pediu uma carta de referência.

O que Cal deveria fazer? A verdade o compelia a descrever Harry como um risco financeiro — um rótulo do qual seria difícil, se não impossível, livrar-se no mundo dos negócios, podendo impedir que Harry voltasse a conseguir um emprego de responsabilidade. A lealdade o levava a focar-se nas várias características fortes que ele sabia ter Harry, diminuindo a importância das questões financeiras. Os dois lados estavam certos, mas ele não podia agir dos dois modos.

• **A questão do presidente do conselho.** Em sua posição como vice-presidente de uma organização de crédito, Andrew fora indicado diretamente pelo conselho dirigente, assim como o presidente. A organização sem fins lucrativos com cerca de 10 milhões de dólares em bens tinha um histórico de fornecer empréstimos a famílias necessitadas. E mostrou-se muito atraente para uma organização semelhante e um pouco maior, cujos dirigentes se aproximaram do presidente para sugerir uma fusão.

As negociações entre as organizações continuaram durante alguns meses, e o presidente era o principal negociador na organização de Andrew. O conselho diretivo sabia dessa atividade. Porém, na medida em que a situação parecia estar chegando a um ponto de decisão, o conselho ficou temeroso e, certo dia, instruiu o presidente a abandonar as negociações, explicando que daí por diante todos os contatos com outra negociação deveriam passar pelo conselho.

Vários dias depois, o presidente disse a Andrew que convidara os diretores da outra organização de crédito para visitarem a empresa durante um dia; eles poderiam examinar os arquivos de empréstimos e ser informados sobre os procedimentos de sua organização. Andrew ficou perplexo: esse ato não estaria sendo uma violação direta da ordem do conselho? O presidente admitiu que sim, mas afirmou estar cansado de ser jogado de um lado para o outro pelo conselho. Disse então que iria adiante com os planos para o que lhe parecia ser uma boa fusão, não só para as duas organizações, mas também para a base de clientes a quem serviam. E pediu que Andrew estivesse presente naquela reunião.

O dilema de Andrew era claro. Por ter sido nomeado pelo conselho, ele tinha mais do que o compromisso comum de um vice-presidente para com o conselho dirigente. No entanto, sabia que, se fosse contra o presidente nessa questão, sua posição na organização poderia durar pouco. Além disso, gostava do presidente e o respeitava. O que fazer?

Explicou, então, ao presidente que, embora não pretendesse ficar contra ele, sua consciência não permitia que participasse da reunião.

Assim, concordaram que ele trabalhasse em casa no dia da visita. Chegou o dia, e Andrew estava em casa quando, no início da tarde, o telefone tocou. Era o presidente do conselho, perguntando por que Andrew estava em casa.

Agora, o dilema tornara-se imediato. Para Andrew, era certo apoiar o presidente, demonstrar o tipo de lealdade que ele sabia o presidente teria para com ele em circunstâncias semelhantes, e não contar sobre o acordo. Além disso, teria sido fácil criar uma explicação aceitável e que não revelasse o acordo, dizendo, por exemplo, que estava com um problema de saúde. No entanto, era certo dizer a verdade — especialmente quando a pergunta era legítima e vinha de uma pessoa que tinha todo o direito de saber o que estava acontecendo.

• **O namorado da conselheira.** Como conselheira sobre doenças sexualmente transmissíveis em um órgão de serviço social para mulheres, May descobriu horrorizada que tinha duas doenças desse tipo. Sabendo que não tivera relações sexuais com ninguém, a não ser o companheiro de longa data, ela concluiu que as doenças só poderiam ter vindo dele. Conversando com ele sobre isso, ela o acusou de lhe ter transmitido as doenças — e, na verdade, acusou-o de promiscuidade, pois ele só poderia ter contraído as doenças por meio de relações sexuais com outras mulheres. Ele negou com contundência, recusando-se até a fazer exames médicos. E ela terminou o relacionamento.

Alguns meses depois, uma jovem que May não conhecia veio aconselhar-se após ter contraído uma doença sexualmente transmissível. Durante a conversa, a cliente revelou o nome do namorado. Para surpresa de May, era o seu ex-namorado — um fato que, aparentemente, aquela jovem desconhecia.

O dilema de May: deveria manter sua conduta profissional e não dar indícios de que conhecia esse homem? Ou alertaria a jovem sobre o que sabia?

Por um lado, seria certo agir de modo profissional. Sua lealdade para com a profissão exigia que ela evitasse envolvimento pessoal com as clientes e a conduzia para que lhes oferecesse aconselhamento objetivo, não contaminado por qualquer distorção. Essa exigência parece ainda mais imperiosa quando há sentimentos intensos envolvidos. Se May revelasse seu relacionamento passado com esse homem, poderia provocar sérias dúvidas em sua cliente a respeito de seus motivos para agir assim — inclusive, talvez, a suspeita de que estivesse buscando vingar-se de seu ex-namorado, tentando por meio de acusações falsas destruir o relacionamento atual dele.

No entanto, também seria certo alertar a cliente sobre algo que May sabia, quase com certeza, ser verdade. Esse homem, em sua opinião profissional, era perigoso para a saúde de sua cliente. Se fosse alertada, poderia evitar ser contaminada por outras doenças. A verdade, associada a sua profunda compaixão por seus semelhantes, inclinava-a a contar para a cliente o que sabia e impedir maior sofrimento — algo que ela faria em qualquer outra situação humana em que falar sobre perigos pudesse salvar vidas. Poderia haver alguma razão, ela perguntou a si mesma, para não contar uma verdade salvadora em benefício de outra pessoa?

Como esses três exemplos demonstram, os dilemas verdade *versus* lealdade nos são muito familiares. Embora nem sempre atinjam os níveis de complexidade e de tensão sugeridos aqui, eles surgem com freqüência em nossa experiência, especialmente nos momentos em que a honestidade está em questão. Eles são o tipo de dilemas que pedem a aplicação dos princípios de resolução. Contudo, antes de passar a esses princípios, precisamos considerar os outros três paradigmas de dilemas. E, depois, precisamos nos perguntar por que só encontramos quatro.

Capítulo Seis

Outros três paradigmas de dilema

Como mostra a discussão de verdade *versus* lealdade no capítulo anterior, os dilemas certo *versus* certo são comuns. Isso acontece porque os dois elementos opostos do dilema aparecem no código de ética de todos. Tudo bem quando não há conflito. Mas, em situações nas quais idéias certas levam a direções opostas e não podem ser facilmente reconciliadas, tem-se um sério dilema ético. Da mesma maneira, os três paradigmas restantes — indivíduo *versus* comunidade, curto prazo *versus* longo prazo e justiça *versus* compaixão — evocam profundos dilemas éticos que chegam até nossos valores centrais.

Paradigma 2: indivíduo *versus* comunidade

Dentre as forças que moldam a história, nenhuma é mais potente do que as duas que se confrontam em nosso próximo paradigma certo *versus* certo: as afirmações do individualismo e as reivindicações da comunidade. O individualismo é subjacente a todo o processo pelo qual a fronteira norte-americana se transformou numa nação. Mas a comunidade engloba tudo o que a nova nação aspirava tornar-se. Atualmente, à medida que a cultura norte-americana é exportada para todo o mundo, a tensão entre esses pólos, que antes ficava confinada aos limites dos Estados Unidos, espalha-se para outros países. Para entender por que esse dilema continua a ser tão desafiador, vamos examinar brevemente as raízes dessas duas forças em oposição.

"O individualismo é um sentimento calmo e imbuído de consideração que faz com que cada cidadão se isole da massa de seus semelhantes e se recolha ao círculo de sua família e amigos; com essa pequena sociedade formada segundo o seu gosto, ele deixa com alegria que a sociedade mais ampla cuide de si mesma."[1] Com essas palavras, Alexis de Tocqueville, comentarista perspicaz e intuitivo sobre os Estados Unidos dos anos 1830, focalizava a atenção sobre a palavra recém-surgida individualismo. Contudo, a força que ele descrevia não era nova. O colono francês J. Hector St. John de Crevecoeur havia anteriormente elogiado o ímpeto do individualismo. "Somos todos animados pelo espírito de um esforço que é livre e irrestrito", escreveu ele em 1782, em *Letters from an American Partner* [Cartas de um Sócio Americano], "porque cada pessoa trabalha para si mesma".[2] Como uma força poderosa na consciência de uma nação jovem, o individualismo tomou forma destacadamente na vida de Benjamin Franklin, filho de um fabricante de sabão, cujos engenho e iniciativa o transformaram em um modelo norte-americano. Esse modelo rapidamente proporcionou uma estrutura ao pensamento político, não só na nova República, mas em grande parte da compreensão que surgia em relação ao capitalismo. "Não é a partir da benevolência do açougueiro, do cervejeiro ou do padeiro que esperamos venha o nosso jantar", escreveu Adam Smith em *A Riqueza das Nações*, "mas do cuidado deles com seus próprios interesses".[3] O sociólogo norte-americano Robert Bellah e seus colegas escreveram em *Habits of the Heart* [Hábitos do Coração] que,

1 Robert N. Bellah, Richard Madsen, William M. Sullivan, Ann Swidler e Steven M. Tipton, *Habits of the Heart: Individualism and Commitment in American Life* (Berkeley: University of California Press, 1985), p. 37.

2 Bellah et al., *Habits of the Heart*, p. 36.

3 Adam Smith, *The Wealth of Nations* (Oxford and New York: Oxford University Press, 1993), p. 22.

"no fim do século XVIII, haveria quem argumentasse que, numa sociedade na qual cada um buscasse vigorosamente o próprio interesse, o bem social emergiria automaticamente".

Não é de surpreender que essa busca do interesse individual tenha entrado rapidamente em conflito com as reivindicações da comunidade — que, quer tomassem a forma do *ethos* militar do Exército Continental do general Washington ou do puritanismo opressivo relatado no livro *The Scarlet Letter* [A Carta Escarlate], de Nathaniel Hawthorne, pareciam ter o propósito de sitiar o individualismo.

A expansão da influência norte-americana no século XX representou, inevitavelmente, a expansão do individualismo. À medida que as tecnologias de viagem rápida a longa distância e comunicação instantânea romperam a natureza confinante das comunidades, o automóvel colocou um poder significativo nas mãos dos indivíduos. O cinema e depois a televisão focaram atenção intensa sobre as personalidades — tornando aceitável, pela primeira vez na história, olhar fixa, íntima e longamente, sem nenhum embaraço, para o rosto de outro por meio da tecnologia. Desse modo, as afirmações do individualismo foram ainda mais reforçadas. Acrescentem-se a isso a expansão do comunismo a partir dos anos 1930 e o medo que ele provocou nas democracias de todo o mundo, e o individualismo elevou-se, supremo. O "Terror Vermelho" que varreu os Estados Unidos depois da Segunda Guerra Mundial, culminando com as audiências anticomunistas conduzidas pelo senador Joseph R. McCarthy, em 1954, provou que era melhor afirmar os valores individuais de modo claro e firme — pois qualquer sinal de que se favorecia uma abordagem mais comunitária poderia manchá-lo instantaneamente com a imperfeição do "camarada" e do "companheiro".

Todavia, em meados dos anos 1980, o clima havia mudado significativamente. Quando o financista Ivan F. Boesky proclamou, em 1985, no discurso de formatura na *School of Business Administration* [Faculdade de Administração e Negócios] da Universidade da Califórnia em Berkeley, que "ambição é saudável", ele se destacou como porta-voz de uma era na qual o individualismo econômico havia se transmutado em egoísmo público. No ano de 1989, com a queda do Muro de Berlim, as distorções de comunidade ocorridas sob a bandeira do comunismo vieram à tona. E, à medida que se tornava novamente aceitável afirmar o poder da comunidade, surgiram novas vozes que deram significado ao conceito.

Uma das vozes mais ponderadas pertencia a John W. Gardner, fundador do grupo de *lobby* Common Cause [Causa Comum] e ex-ministro da saúde, educação e bem-estar social. Em seu livro publicado em 1990, *On Leadership* [Sobre Liderança], Gardner identificou oito ingredientes de comunidades bem-sucedidas:

• *"Totalidade que Incorpore a Diversidade"*, permitindo que os grupos "confrontem e resolvam as diferenças" sem se fragmentar;

• *"Uma Cultura Compartilhada"*, na qual as "normas e valores sejam explícitos" e na qual existam "muitas oportunidades para exprimir valores em ações relevantes";

• *"Boa Comunicação Interna"*, por meio da qual as pessoas "acreditem que têm voz ativa" diante de "organizações neutras", tais como igrejas e universidades;

• *"Cuidado, Confiança e Trabalho em Equipe"*, por meio dos quais os membros são cuidados e protegidos, provocando "um sentimento de que, quando a equipe vence, todos vencem";

• *"Manutenção e Governo do Grupo"*, inclusive mecanismos formais de governo e oportunidades de liderança não-governamental;

• *"Participação e Tarefas de Liderança Compartilhadas"*, o que incentiva "o envolvimento individual na busca dos propósitos compartilhados";

- *"Desenvolvimento dos Jovens"*, por meio do qual as gerações futuras "aprendem a assumir alguma responsabilidade pelo bem-estar de qualquer grupo de que participem"; e

- *"Vínculos com o Mundo Externo"*, sem os quais a comunidade pode ser tentada a "estabelecer limites para proteger sua integridade" e ignorar as relações "com as comunidades mais amplas das quais faz parte".[4]

Associando essas idéias à liderança, Gardner observou que "Habilidade na construção e reconstrução da comunidade ...é uma das aptidões mais elevadas e cruciais que um líder pode manifestar". O fato de essas construção e manutenção envolverem o paradigma eu *versus* outro está implícito em seu argumento: "A boa comunidade", disse Gardner, "encontra um equilíbrio produtivo entre a individualidade e a obrigação para com o grupo".

Esse equilíbrio é também o foco de Amitai Etzioni, co-fundador, com William Galston, do movimento comunitário e autor de *The Spirit of Community: Rights, Responsibilities, and the Communitarian Agenda* [O Espírito da Comunidade: Direitos, Responsabilidades e o Programa Comunitário]. É por meio da comunidade, escreveu ele, que "encontramos reforço para nossas tendências morais e fornecemos auxílio para outros seres humanos". E continua:

> *Quando o termo* comunidade *é usado, a primeira idéia que geralmente nos vem à mente é um local onde as pessoas se conhecem e cuidam umas das outras — o tipo de lugar no qual as pessoas não perguntam apenas "Como vai?" como uma formalidade, mas se importam com a resposta. ...Nosso foco aqui ...está em outro elemento da comunidade, crucial para as questões de que tratamos:* as comunidades nos falam com vozes morais. Elas fazem exigências a seus membros. *Sem dúvida,*

4 John W. Gardner, *On Leadership* (New York: The Free Press, 1990), p. 116-18.

elas são a força de sustentação mais importante das vozes morais, além do próprio eu interior.[5]

A distinção de Etzioni — entre a comunidade e o "eu interior" — indica diretamente o dilema apresentado no paradigma indivíduo *versus* comunidade. Observe que, para ele, tanto as vozes internas quanto as externas são "morais". Em outras palavras, ambas são certas: o dilema é verdadeiro, pois coloca dois valores morais centrais um contra o outro.

No caso do participante de um de nossos seminários, esse dilema eu *versus* outro ocorreu quando, trinta anos antes, como estudante universitário, ele assistiu a uma aula de filosofia em que se discutiu a moralidade do suicídio. Havia, perguntou o professor, alguma circunstância em que o suicídio pudesse ser justificado com bases morais? Depois de muitos debates, a classe respondeu: "Não". Então, o professor, que havia sido piloto na Segunda Guerra Mundial, contou a sua experiência.

Derrubado sobre a Alemanha, fora levado para um campo de prisioneiros e interrogado pelos nazistas. No fim das contas, ele não tinha informações úteis a seus capturadores. Suas tarefas estavam distantes do planejamento militar estratégico, e ele pouco sabia sobre assuntos como deslocamentos de tropas ou ataques aéreos planejados. Assim, depois de interrogatórios rigorosos que incluíram tortura física dolorosa, ele voltou a sua cela.

Certa noite, algumas semanas depois, chegou um novo prisioneiro — um de seus amigos íntimos que, como ele, havia sido derrubado enquanto pilotava um avião. Enquanto conversavam, o amigo perguntou sobre a natureza do interrogatório e a tortura por que deveria passar na manhã seguinte. O professor contou à classe que, ao explicar ao amigo o que acontecera, deixara de lado os piores detalhes de sua provação. Ainda assim, percebeu que o amigo ficava cada vez mais agitado. Por

6 Amitai Etzioni, *The Spirit of Community: Rights, Responsibilities, and the Communitarian Agenda* (New York: Crown Publishers, 1993), p. 31.

fim, o amigo confidenciou sua preocupação: ele não suportava a dor. Disse que sabia que, ao ser submetido à tortura, cederia e falaria. Ainda pior, ele tinha um amplo conhecimento sobre movimentos de tropas e ataques planejados. Se falasse, os nazistas usariam essas informações; o resultado provável seria a ocorrência de inúmeras baixas no lado norte-americano. Ele não via uma alternativa, disse o professor, a não ser a morte. Ainda assim, sua aversão à dor era tão grande que lhe faltava a força de vontade para cometer o suicídio.

Em vez disso, ele pediu ao amigo para que o matasse antes do amanhecer.

Estavam claramente colocadas as alternativas do eu e da comunidade. Uma das maiores reivindicações do indivíduo é o direito de existir, de evitar a morte. Mas a comunidade — nesse caso, os militares norte-americanos cujas vidas estariam em perigo se o amigo falasse e, em certo sentido, todo o país que estava por trás deles — também tinha o direito de sobreviver.

Em um contexto militar, algumas das ações mais nobres envolvem o auto-sacrifício individual em nome do grupo: dessa perspectiva, a morte seria sem dúvida uma escolha altamente moral.

Entretanto, como poderia ser moral tirar a vida de um amigo?

Talvez uma versão mais comum do dilema eu *versus* comunidade tenha acontecido a Julia, que, 35 anos atrás, fundou uma pequena empresa de galvanização. No decorrer dos anos, a empresa cresceu com constância, até que em meados dos anos 1960 já possuía um amplo laboratório próprio. Desde o início, Julia insistira no descarte adequado da grande quantidade de substâncias químicas utilizadas no processo de galvanização. Mas o laboratório, seguindo as práticas-padrão da época, simplesmente jogava "fora" as pequenas quantidades dos solventes utilizados. Nos anos 1970, novas regulamentações entraram em vigor e, como a vizinhança rural da fábrica estava se transformando em novos bairros, o laboratório investiu em equipamentos de recuperação mais sofisticados e interrompeu as antigas práticas.

Recentemente, ao cavar o solo ao lado da fábrica para a instalação de uma moderna creche para os funcionários e público em geral, Julia soube de um fato perturbador. Amostras da água no subsolo indicavam certo nível de contaminação por alguns dos solventes perigosos usados com regularidade no laboratório. Os níveis estavam dentro de limites aceitáveis. Mas, devido à nova consciência ambiental, os vizinhos da fábrica passaram a ficar cada vez mais preocupados com suas atividades. Muitos deles obtinham água potável de poços que não distavam da nova construção. Alguns deles, na verdade, eram funcionários de Julia.

Pelo bem da comunidade, ela deveria mostrar os resultados dos testes a seus vizinhos e, ao mesmo tempo, iniciar uma investigação para confirmar (como esperava) que os poços não estavam ameaçados, que não havia poluição atual e que a fonte era uma atividade há muito interrompida? Ou isso alimentaria temores — e talvez provocasse tanta histeria que a construção da creche tão necessária seria adiada ou interrompida, prejudicando assim não só a empresa, mas muitas pessoas na comunidade que necessitavam dessa instalação?

Outra forma de dilema eu *versus* comunidade surgiu para Bill, diretor de uma pequena faculdade de ciências humanas. Maud participava da pequena equipe administrativa com quem ele trabalhava de perto; era uma mulher solteira que trabalhava na controladoria e cuja lealdade à faculdade não tinha limite. Em vinte anos de trabalho, ela havia passado por diversos cargos. No entanto, nunca se mostrara muito capaz em nenhum deles. Embora generosa com seus colegas e cuidadosa com suas tarefas, era uma funcionária lenta e deliberada, incapaz de absorver as novas tecnologias e facilmente perturbada por mudanças na rotina. Bill tivera várias conversas com ela a respeito de seu trabalho, e todas haviam terminado em lágrimas. Ele sabia que, faltando-lhe seis anos para a aposentadoria, ela possuía poucas economias e não tinha família. A vida dela parecia completamente voltada para a faculdade.

Bill também estava ciente, contudo, de que, com o aumento dos custos e a diminuição dos alunos, teria de fazer ajustes em sua equipe. Estava claro para todos os envolvidos que o trabalho de Maud poderia ser quase eliminado com um novo computador. Também estava claro que não havia um cargo óbvio para o qual ela pudesse ser transferida e que o salário dela pesava significativamente no orçamento. As necessidades da comunidade deixavam claro que ela devia ser demitida. As necessidades do indivíduo, contudo, impeliam Bill a mantê-la no emprego por mais seis anos.

Cada um desses três dilemas demonstra a tensão entre o indivíduo e a comunidade — uma tensão que veremos mais detalhadamente nos próximos capítulos.

Paradigma 3: curto prazo *versus* longo prazo

Em certo sentido, esse dilema é o mais comum de todos. Nós o encontramos todos os dias, de diversas maneiras. A cada vez que pego uma moeda da minha carteira, por exemplo, encontro a tensão entre esses dois pólos. Devo economizar essa moeda para que minha filha possa ir à faculdade no futuro? Ou devo gastá-la para que ela possa comer, vestir-se e abrigar-se agora? Ignorar essa alternativa é, em última instância, suicida: sem a devida atenção às necessidades do momento, os instantes não se sucedem e não há futuro. No entanto, desconsiderar o futuro é tolice: viver apenas para o momento não deixa nada a ser vivido quando chega o momento seguinte.

O dilema pessoal de curto prazo *versus* longo prazo também nos atinge de outras formas. Como um lanche agora e arruíno meu apetite para um jantar tardio porém excelente? Inscrevo-me para um curso noturno que me dará uma nova carreira ou passo minhas noites deste mês com meus filhos? Manifesto-me com firmeza, neste momento, a respeito de uma transgressão em minha comunidade ou deixo que a correção ocorra de outra forma, mais suave? Na dimensão pessoal, esse paradigma também está profundamente enraizado no pensamento religioso e teológico. A maioria das teologias tem em comum o conceito de autonegação, geralmente ligado a uma promessa de bênçãos em um futuro mundano ou espiritual. No entanto, quase todas as religiões dão ênfase a atos imediatos de gentileza e cuidado individuais — algumas vezes até o ponto de serem interpretados por outras pessoas como negligência para consigo mesmo, mas em geral com uma profunda fé em que a recompensa virá àqueles que cumprem a vontade de Deus. Dou o pouco que tenho hoje para ajudar os outros a terem um amanhã melhor? Ou, usando a imagem das companhias aéreas, coloco primeiro minha máscara de oxigênio para poder ajudar a criança ao meu lado a colocar a dela — cuidando primeiro de minha sobrevivência para que possa ajudar os outros no futuro?

Esse paradigma vai além das preocupações pessoais. Ele alcança um tema dominante que permeia a sociedade moderna pelo menos de duas formas mais amplas e institucionais:

- **Economia.** A cada trimestre, as organizações apresentam um relatório. Como esses números precisam ser positivos, há muita pressão para que eles reflitam um lucro substancial — e para distribuir o máximo possível de lucros para os acionistas. Mas, como a empresa precisa cuidar de seu futuro, há muita pressão para investir em novos equipamentos, equipe, pesquisa e desenvolvimento de produtos. A tensão entre esses opostos é constante. Poucas empresas são tão imunes a flutuações econômicas que possam permanecer calmamente comprometidas com investimentos de longo prazo durante épocas difíceis. Entretanto, a crescente percepção dos perigos de se pensar apenas no curto prazo — particularmente o perigo de perder a qualidade, a liderança e a competitividade das empresas — está levando diversas companhias a direcionar maiores esforços ao pensamento orientado para o futuro e ao planejamento estratégico.

O desenvolvimento do capitalismo moderno e o da economia de mercado estão englobados na equação curto prazo/longo prazo. Vozes preocupadas erguem-se contra o domínio do pensamento de curto prazo. Em *The Illusion of Choice* [A Ilusão da Escolha], Andrew Bard Schmookler observou que "no decorrer do tempo tem havido uma passagem dos valores que enfatizavam a produtividade para valores que promovem o consumo. O ascetismo da ética protestante foi ideal para o acúmulo de riqueza. Mas alguns acreditam que, na medida em que o poder produtivo da economia se expandia, o crescimento contínuo do sistema dependia de garantir uma demanda suficiente para os bens produzidos". Citando o historiador Daniel Horowitz, Schmookler observou que a tendência começou há cerca de um século. "No fim do século XIX", escreveu Horowitz, "iniciou-se uma passagem do autocontrole para a auto-realização, do mundo do produtor, baseado nos valores da autonegação e do desempenho, para a cultura do consumidor que enfatizava a satisfação imediata e a realização do eu por meio da gratificação e da permissividade".[6] O resultado, segundo Daniel Bell, foi que, "nos anos 1950, a cultura norte-americana havia se tornado basicamente hedonista, preocupada com diversão, exibição e prazer".[7]

Tal preocupação é compartilhada por William H. Donaldson, presidente e CEO da Bolsa de Valores de Nova York. Donaldson considera que esse paradigma curto prazo-longo prazo é crucial. "Há uma íntima conexão", disse ele, "entre o capitalismo moral e ético e a questão do comportamento de curto prazo *versus* o comportamento de longo prazo e a questão dos padrões profissionais de negócios". Usando o termo "mentalidade de transação", do sociólogo David Riesman, Donaldson observa que existe "uma importante diferença entre uma mentalidade

6 Andrew Bard Schmookler, *The Illusion of Choice: How the Market Economy Shapes Our Destiny* (Albany, N.Y.: State University of New York Press, 1993), p. 148.

7 Daniel Horowitz, *The Morality of Spending: Attitudes Towards Consumer Society in America, 1875-1940* (Baltimore: Johns Hopkins University Press, 1985), p. xxvii; citado em Schmookler, *The Illusion of Choice*, p. 149.

baseada em transações" — que procura apenas "a conveniência da oportunidade de lucros a curto prazo" — e "uma mentalidade de negócios que nutre relações de longo prazo benéficas não só para os clientes ou os consumidores, mas para os outros envolvidos com uma empresa ou para os que dela dependem". Observando a ênfase recente de Wall Street em "colocar as transações acima dos relacionamentos", ele observou que "não é injusto chamar os anos 1980 de década da transação".[8]

• **Ambientalismo.** Uma das fontes mais visíveis dos dilemas de curto prazo/longo prazo é o movimento ambientalista. Opondo a conservação *versus* o desenvolvimento, a proteção de um futuro global *versus* as necessidades do presente, o ambientalismo cria alguns dos mais difíceis dilemas de nossa época. Muitos deles focam-se na pressão inexorável do crescimento populacional em um mundo onde já há 5,5 bilhões de pessoas. Com um aumento líquido da população global em cerca de um milhão de pessoas a cada quatro dias[9] — quase todo no mundo em desenvolvimento e principalmente nas áreas urbanas —, o mundo terá mais oitenta cidades com a área metropolitana de Nova York entre 1990 e 2025. Apenas alimentar e abrigar essas pessoas coloca uma pressão imensa e imediata sobre o meio ambiente — a tal ponto que as pressões por desenvolvimento a curto prazo (empregos, terras para agricultura, atividades florestais, moradia e novas cidades) com freqüência superam a demanda por atenção cuidadosa a nosso futuro a longo prazo.

Mesmo assim, o recente crescimento do ambientalismo tem sido quase espetacular. Esse movimento comprometido quase inteiramente com o pensamento a longo prazo é global e amplo: cerca de duzentos milhões de pessoas em 140 países participaram do Dia da

8 William H. Donaldson, "Capitalism and the Challenges of the 1990s", palestra proferida em 30 de novembro de 1992, para a Série Anual de Palestras Baird da Escola de Administração da Universidade de Wisconsin-Milwaukee, p. 2, 5, 7.

9 George D. Moffett, *Critical Masses: The Global Population Challenge* (New York: Viking Penguin, 1994).

Terra em 1990. "O problema", como escreveu Harlan Cleveland em *Birth of a New World: An Open Moment for International Leadership* [O Nascimento de um Novo Mundo: Um Momento Aberto para a Liderança Internacional], "não é o gerenciamento das áreas globais de propriedade da humanidade. É o gerenciamento do comportamento humano nas áreas globais de propriedade da humanidade... A estrada à frente está repleta de escolhas éticas para conciliar o que é eficiente com o que é prudente e justo".[10] Ele bem poderia ter acrescentado "para conciliar as demandas de curto prazo com os investimentos a longo prazo".

Como os alertas tanto da economia quanto do ambientalismo são contrários ao curto prazo, poderia parecer que todos os dilemas de curto prazo/longo prazo não passam de tentações certo *versus* errado. Não é sempre correto, poderíamos perguntar, favorecer o longo prazo em vez do curto prazo? Não. Na verdade, a atenção dada ao curto prazo é uma resposta humana tão importante e natural que, às vezes, esquecemos de lhe dar a merecida atenção intelectual. A autonegação, afinal de contas, não é sinônimo de auto-sacrifício: mesmo que adiemos a gratificação, é preciso cuidar das necessidades presentes. Embora haja sabedoria na frase de John Galsworthy: "Se não pensar sobre o futuro, não poderá ter um",[11] também é verdade que, se não pensar sobre o hoje, pode não estar aqui para pensar sobre o futuro. Talvez Winston Churchill tenha conseguido o equilíbrio adequado entre investimento futuro e cuidados imediatos quando comentou que "não há melhor investimento para qualquer comunidade do que dar leite aos bebês".[12]

Algumas vezes, como sugeriu Churchill, consumo e investimento são sinônimos. Contudo, o mais freqüente é que sejam opostos. Foi

10 São Francisco: Jossey-Bass Publishers, 1993, p. 197.

11 John Galsworthy, *Swan Song* (1928), Parte II, capítulo 6.

12 Winston Churchill, "Post-War Planning", fala transmitida por rádio, 21 de março de 1943, em Robert Rhodes James, ed., *Winston S. Churchill: His Complete Speeches* 1897-1963 (New York: Chelsea House Publishers, 1974), Vol. VII, p. 6761.

assim com Paolo, que trabalhava como engenheiro especializado em uma grande empresa na Pensilvânia, quando uma empresa menor, mas em crescimento e com boa reputação, lhe ofereceu um cargo mais elevado e um bom aumento de salário. Paolo sentiu-se orgulhoso: embora a recessão estivesse afetando os empregos em sua profissão, a empresa menor deixou claro que estava muito impressionada com o trabalho dele e desejava que trabalhasse para ela.

Mas a família de Paolo, após diversas mudanças em dez anos, estava feliz onde morava. A esposa dele havia acabado uma grande reforma em sua casa antiga e começara a trabalhar numa agência de publicidade local. E os dois filhos adolescentes, depois de um início um pouco difícil, talvez devido à discriminação racial (eles tinham pele morena, como Paolo), gostavam da escola e estavam bem integrados em um bom círculo de amigos. Como a empresa menor distava cinco horas de carro de onde moravam, Paolo sabia que a mudança de emprego exigiria a venda da casa e uma nova cidade para morar, com toda a perturbação imediata envolvida nessa transição. Mas ele também sabia que um aumento de salário beneficiaria sua família e pensava nos custos da educação universitária em um futuro não muito distante. Podia ver que era certo respeitar as necessidades de curto prazo e não obrigar a família a passar por outro período incerto de adaptação. Mas também era certo respeitar as necessidades a longo prazo e estabelecer maior segurança financeira para sua família e mais satisfação profissional para si mesmo.

Um debate similar entre curto prazo e longo prazo passou pela mente de Jon quando ele recebeu dois ingressos. Não eram dois ingressos *quaisquer*: eram convites para ele e sua esposa irem a um jantar beneficente patrocinado pela companhia de ópera da cidade, no qual seu solista mais famoso — a quem os jornais saudavam como "o novo Caruso" — iria cantar. O jantar tinha o objetivo de iniciar uma nova campanha de arrecadação de fundos para reformar o teatro de ópera, um projeto que entusiasmava a cidade. Os ingressos custavam 500 dólares cada um e eram muito procurados. E ali estavam eles, sobre a sua mesa.

É claro que Jon sabia por que os recebera. Como executivo de uma fundação beneficente privada, Jon trabalhava de perto com as instituições artísticas de toda a região. A companhia de ópera recebia apoio duradouro e constante por parte da fundação, no total de milhões de dólares. Como executivo, Jon examinava as solicitações da companhia de ópera e fazia recomendações ao conselho em relação à concessão de fundos. Ele sabia que a companhia planejava apresentar uma grande solicitação de fundos à fundação para apoiar o lançamento de sua campanha de arrecadação de capital.

A fundação para a qual Jon trabalhava tinha uma política-padrão contra pagamentos efetuados a eventos de arrecadação de fundos — uma política que Jon ajudara a esboçar, como um modo de reduzir o potencial para situações de conflito de interesses e evitar muitas pequenas solicitações de cada organização sem fins lucrativos da cidade. Todavia, nesse caso, não eram solicitados fundos: os ingressos eram gratuitos. Jon adorava seu trabalho, em parte por ser um fã entusiasmado de ópera e de artes, e estava ansioso por ouvir "o novo Caruso". Ele também sentia ter um motivo profissional para ir — não só para ouvir o anúncio da campanha (embora pudesse ler a respeito depois), mas para, ao conversar com seus conhecidos durante o evento, avaliar as perspectivas de sucesso da campanha. Ele não desejava que sua fundação fizesse uma grande doação para um projeto desde o início fadado ao fracasso. Em outras palavras, havia alguns fortes motivos de curto prazo para que aceitasse os ingressos.

Mas ele sentia que também deveria respeitar as questões de longo prazo. Esse era um presente substancial. Ele poderia ser acusado de aceitar um presente dado com o objetivo de influenciar sua recomendação quanto à nova proposta de verba? Sua opinião, na verdade, seria comprometida por seu comparecimento — e por dar mais atenção às personalidades e ao fascínio da noite do que às questões importantes da proposta? Poderia estabelecer um perigoso precedente para o futuro, indicando a expectativa de que as organizações que buscavam verbas deveriam oferecer benefícios especiais para os executivos? Seu comparecimento dificultaria, em vez de facilitar, seu trabalho no futuro?

No caso de Pan, pesquisadora numa empresa de *marketing*, a questão agora *versus* depois surgiu repentinamente, sem aviso, e com todo o potencial para acabar com a sua carreira. Algumas semanas antes, Alex ligara para Pan pedindo uma análise demográfica de um segmento específico do mercado e ela concordara prontamente. Alex era um cliente antigo que trabalhava numa grande empresa. Ela havia feito trabalhos similares para ele, por vários anos, sempre para satisfação mútua. Parecia ser um trabalho rotineiro. Pan o concluiu rapidamente e depois se reuniu com Alex a fim de explicar seus dados e conclusões. Os resultados, explicou ela, poderiam ter diversas interpretações; mas ela achava, depois de ter debatido com seus superiores, que a análise apresentada era a mais razoável.

Assim, a pesquisadora não se preocupou quando, uma semana depois, Alex convidou-a para assistir à apresentação dos resultados que ele faria a seus superiores. Ela compareceu, sabendo que não tinha nenhum papel a desempenhar, a não ser ouvir. Todavia, dez minutos após o início da apresentação, percebeu que faltava algo. Alex estava usando a pesquisa de maneira sutilmente seletiva — e dirigindo o raciocínio para uma conclusão oposta à dela. Mais ainda, ela podia ver que os superiores estavam gostando da apresentação: a análise ia ao encontro das idéias deles e parecia confirmar a direção que desejavam seguir. Alex terminaria em mais uns dez minutos. Logo depois, os executivos votariam, e a empresa poderia seguir por um caminho que, na opinião dela, faria com que gastassem milhões num mercado que não era, nem de longe, tão robusto como ele os havia levado a crer. Ela deveria interromper e corrigir a apresentação dele?

Tudo, a curto prazo, indicava claramente que não. Esse comportamento iria envergonhá-lo diante de seus colegas e superiores. Poderia causar danos duradouros à amizade deles e, talvez, limitar futuros contratos entre as empresas em que trabalhavam. Na verdade, poderia colocar em risco o emprego dela: há alguns meses, ela havia discordado da linha de raciocínio de um de seus superiores, com base em sua pesquisa, e havia ouvido em tom educado, mas firme, que existiam muitas conclusões válidas além de sua própria. Ela não queria ficar com a imagem de criadora de problemas. Além disso, como mãe solteira, precisava do emprego para sustentar a filha e sentia-se feliz por trabalhar em um cargo que combinava bem com suas habilidades e interesses.

Mas podia visualizar o perigo à frente. A reputação da empresa nesse nicho de mercado poderia ser afetada pela decisão daquela tarde. Se, após dois anos, a linha de produtos fracassasse, o resultado seria atribuído a Alex? À empresa dela? A ela? O emprego dele correria perigo? O relacionamento longo e cuidadosamente cultivado entre as duas empresas seria colocado em risco? Sua reputação de fornecer análises precisas seria abalada — tornando mais difícil, no futuro, desempenhar suas tarefas ou encontrar outro trabalho em sua profissão? Ela seria responsabilizada por não ter falado quando um alerta teria sido necessário?

Paradigma 4: justiça *versus* compaixão

Você acabou de pegar seu filho fumando, em uma violação direta das regras do time de futebol da escola no qual é o atacante. Ele está escalado para o jogo do dia seguinte. Você diz ao técnico para deixá-lo no banco ou lhe dá uma bronca e o perdoa?

Você está corrigindo exames finais, e um aluno normalmente bom recebe nota 4,5 e é reprovado no curso. Ele afirma que estava extenuado e você tem certeza de que diz a verdade. Você arredonda a nota para que seja aprovado com nota 5 ou mantém rigidamente o seu sistema de notas?

Você está no conselho dirigente de uma escola particular cujo diretor, que tem um histórico de alcoolismo, foi pego bebendo com alguns alunos do Ensino Médio. Você vota pela demissão dele para proteger a escola e a comunidade ou procura mantê-lo e ajudá-lo a colocar a vida em ordem?

Se essas questões o perturbam um pouco, você está diante de um dilema tão velho quanto a literatura e tão moderno quanto a moda de amanhã. A justiça exige que sigamos firmemente nossos princípios, mantendo as regras apesar das pressões do momento, e busquemos ser justos sem dar atenção às personalidades ou às situações específicas. É por isso que os olhos da Justiça, representada na pintura e na escultura, estão geralmente vendados — cegos às circunstâncias externas, para poder julgar apenas segundo uma imparcialidade total que cultiva a igualdade e não tem favoritos.

A compaixão, ao contrário, nunca é cega. Ela exige que cuidemos das necessidades específicas dos indivíduos, caso a caso, e busquemos a benevolência de todos os modos possíveis. A compaixão nos impele a amar sem condição nem restrição — além de todas as regras ou limitações das leis e, algumas vezes, violando-as. Reconhecendo que cada pessoa é única e cada circunstância é nova, a compaixão dá atenção aos aspectos específicos da experiência e às diferenças entre indivíduos.

A maioria dos códigos de ética inclui alguma forma de justiça juntamente com alguma forma de amor ou compaixão. Os dilemas difíceis surgem quando justiça e compaixão são colocadas em oposição — como parece acontecer cada vez mais com a evolução da humanidade. De algum modo, na verdade, esse paradigma justiça *versus* compaixão nem sempre foi tão intenso quanto é hoje. O significado original de justiça, escreveu Robert C. Solomon em *A Passion for Justice* [Uma Paixão por Justiça], "encontra-se no reino das paixões pessoais, especialmente em nosso senso de vingança".[13] Em Homero

13 Robert C. Solomon, *A Passion for Justice: Emotions and the Origins of the Social Contract* (Reading, Mass.: Addison-Wesley Publishing Company, 1990), p. 9.

e em trechos do Antigo Testamento, observou ele, a justiça é vista "simplesmente como auto-afirmação, a insistência sem qualificativos de que a própria honra e integridade devem ser defendidas, e que qualquer ofensor merece o pior... A idéia de que a justiça deva ser temperada com compaixão e clemência ainda estava um milênio no futuro...". No final do Antigo Testamento, contudo, a idéia de equilibrar esses dois aspectos começava a surgir: "Já te foi dito, ó homem, o que convém", diz o profeta Miquéias (6: 8), "o que o Senhor reclama de ti: que pratiques a justiça, que ames a bondade, e que andes com humildade diante do teu Deus".

Mas o que significa "praticar a justiça"? O que é justiça? Para o filósofo John Rawls, ela é "a primeira virtude das instituições sociais, como a verdade é a virtude dos sistemas de pensamento". Explicando essa comparação, ele afirma que "uma teoria, por mais elegante e econômica que seja, deve ser rejeitada ou revisada se for inverídica; do mesmo modo as leis e instituições, por mais eficientes e bem montadas que sejam, devem ser alteradas ou abolidas se forem injustas".[14] Uma sociedade justa, continuou ele, é aquela em que "as liberdades de igual cidadania são estabelecidas; os direitos garantidos pela justiça não estão sujeitos a negociações políticas nem ao cálculo dos interesses sociais".

E a compaixão? Não é de surpreender que a primazia da justiça nos sistemas sociais leve Rawls a definir o amor e a benevolência meramente como "noções secundárias". O motivo: o amor, que "busca a direção do bem do outro", é bom enquanto se trata de apenas uma pessoa, ou desde que todas as pessoas que são amadas façam reivindicações similares à justiça. "A dificuldade", disse ele, "é que o amor a diversas pessoas se enreda na confusão quando as reivindicações dessas pessoas estão em conflito". É no julgamento dessas reivindicações que a justiça deve sobrepor-se à compaixão.

14 John Rawls, *A Theory of Justice* (Cambridge: Harvard University Press, 1971), p. 3.

A justiça é, então, a condição suprema que não admite alternativa? Todos os dilemas que caem sob esse paradigma realmente são apenas versões das tentações certo *versus* errado nas quais a justiça é certa e a compaixão é errada? Não, segundo o famoso teólogo Reinhold Niebuhr. "A relação entre amor e justiça tem sido o problema mais importante para Niebuhr em sua elaboração de uma ética social",[15] escreveu D.B. Robertson em *Love and Justice: Selections from the Shorter Writings of Reinhold Niebuhr* [Amor e Justiça: Coletânea de Textos Curtos de Reinhold Niebuhr]. Nos escritos de Niebuhr, "o amor é a possibilidade final ou mais elevada na relação do homem com o homem", observou Robertson, acrescentando que "esse é o auge da realização da natureza do homem como um ser social".

O próprio Niebuhr escreveu: "[Uma ética] deve orientar não só em termos das possibilidades derradeiras da vida, para as quais o amor que perdoa e se sacrifica é a norma, mas também deve lidar com o problema de estabelecer harmonias toleráveis de vida em todos os níveis da comunidade". Contudo, para Niebuhr, esse "amor que perdoa" deve ter precedência sobre as "harmonias toleráveis" da justiça — uma vez que, como escreveu ele, o "desejo de justiça é uma forma de amor", e a própria justiça é simplesmente "uma aproximação da irmandade sob condições de pecado". Niebuhr admite que viver o amor não é fácil, e gasta muita energia esmiuçando o que chama de "idealismo moral". No entanto, ele não deixa dúvidas de que o padrão deve ser, em última instância, o amor.

Não se trata aqui de resolver a discussão em favor do amor ou da justiça. Trata-se de reconhecer que cada um tem forte influência sobre nós e que essa influência cria dilemas intensos e às vezes dolorosos. Considere as seguintes situações da vida real:

• **Desintoxicação ou punição.** Como diretor de uma pequena escola pública de Ensino Médio, Allen estava muito satisfeito com

15 D.B. Robertson, ed., *Love and Justice: Selections from the Shorter Writings of Reinhold Niebuhr* (Louisville, Ky.: Westminster/John Knox Press, 1957), p. 9.

os times femininos. No ano anterior, de fato, o time feminino de basquete de sua escola havia vencido o campeonato estadual. As coisas pareciam ainda melhores neste ano: quatro das calouras do ano anterior estavam de volta.

Mas, certo dia de novembro, várias semanas antes de o time ter autorização oficial para ser escalado e começar a treinar, essas quatro moças saíram da escola às 9 horas da manhã, entraram num bar, ficaram completamente bêbadas e voltaram para a escola a tempo de pegar o ônibus das 14h30 para casa. Não havia como esconder a condição delas. Assim que entraram no prédio, a escola inteira envolveu-se na polêmica. Minutos depois, a diretoria estava cheia de professores e funcionários discutindo acaloradamente. Um lado insistia para que as garotas fossem suspensas imediatamente, recebessem uma punição significativa quando voltassem e fossem expulsas do time — ou, como ainda não havia um time oficial, pelo menos fossem impedidas de jogar no time quando este fosse escalado. Eles diziam que a justiça tinha de ser feita: essas moças deveriam servir de exemplo para os outros alunos.

O outro lado chamava a atenção para as circunstâncias do caso, observando que beber e *depois voltar para a escola* era obviamente um pedido de ajuda. Ninguém se dava conta, perguntavam, das tristes condições domésticas dessas crianças, várias das quais vinham de lares abusivos em que imperava o alcoolismo? Essas garotas não precisavam de suspensão e punição: precisavam de clínicas de desintoxicação e de aconselhamento profissional. Eles diziam que a compaixão devia ter precedência nesse caso; se a escola queria estabelecer um exemplo, que fosse um exemplo de cuidado.

Justiça e compaixão: o diretor tinha de tomar a decisão e não havia como satisfazer os dois lados ao mesmo tempo.

• **Descontando o bônus.** Rick, chefe de um grande hospital-escola, supervisionava cerca de 2 mil empregados. Como uma organização sem fins lucrativos, o hospital dependia de arrecadação de fundos e doações para parte de sua renda. Alguns desses fundos eram distribuídos a cada ano como bônus para empregados que, depois de atingir o máximo do salário para seu cargo, mereciam reconhecimento por seu excelente desempenho. Tais pagamentos normalmente chegavam a 4% do salário-base.

Um dos empregados nessa categoria era Bia, que por anos havia sido secretária executiva de Rick. Um dia, logo depois de os bônus terem sido distribuídos, ela se aproximou dele com o contracheque na mão e um olhar preocupado. O problema: havia dinheiro demais em seu cheque, mesmo considerando o bônus, e ela achou que o departamento pessoal houvesse cometido um engano. A investigação provou que ela estava certa: ao calcular o bônus, o departamento pessoal havia incluído no salário-base alguns dos itens de benefícios, e depois fez o cálculo de 4%. Cada valor pago a mais não era grande, e ia de um centavo a 300 dólares. Mas, como 301 empregados receberam bônus naquele ano, o pagamento feito a mais atingia mais de 13 mil dólares.

Ao buscar um conselho, o departamento de recursos humanos pediu a Rick que ignorasse o problema e deixasse que os funcionários ficassem com os valores recebidos a mais. Eram funcionários dedicados e antigos — por isso receberam bônus de mérito. Além disso, o erro fora do hospital. Esses funcionários confiavam que o departamento pessoal tivesse calculado corretamente, e não havia motivos para recalcular os valores. Pedir que devolvessem o dinheiro não só pareceria mesquinho, mas poderia provocar dificuldades, pois alguns dos funcionários poderiam já ter gastado o dinheiro. Essa decisão também provocaria embaraço e sobrecarga para o departamento pessoal, que, de modo geral, funcionava bem e havia cometido um erro inocente.

Mas Rick via também existir um princípio envolvido na questão. Como executivo de uma organização sem fins lucrativos, ele tinha a responsabilidade de zelar pela distribuição correta dos fundos que vinham, em parte, de contribuições beneficentes. Ele sentia ser responsável por lidar com o dinheiro que os outros lhe haviam confiado — dinheiro alheio, na verdade — e que tinha a obrigação de supervisioná-lo segundo seus princípios mais elevados. A questão não eram os valores; 13 mil dólares não fariam um rombo no orçamento anual de 200 milhões de dólares do hospital. Simplesmente não era justo, pensava ele, distribuir acidentalmente o dinheiro dos outros em vez de seguir uma política previsível e igualitária. Por mais que desejasse ser compassivo com seus funcionários — especialmente com Bia, cuja integridade não devia ser punida com a redução de seu bônus —, ele sentia que a justiça precisava ser feita.

Contudo, nesse ponto, os advogados aconselharam-no contra o pedido de devolução, citando o risco de o hospital ser processado por um funcionário e observando que, conforme a lei estadual, o hospital não podia descontar dinheiro de pagamentos futuros para compensar pagamentos a mais efetuados no passado. Rick concordou, e não foi pedida a devolução do dinheiro. Ele nos disse ter sido uma decisão correta do ponto de vista empresarial, mas não uma boa decisão moral: embora a lei tenha ditado a conclusão, a situação continuava a ser ética na opinião de Rick.

• **Acelerando para a maternidade.** Linda, que estava grávida do primeiro filho, entrou em trabalho de parto logo depois do almoço em um dia de semana à tarde. Walt, o marido, estava em casa na hora. As contrações pareciam estar ficando mais próximas enquanto eles corriam para o carro em grande agitação: era a primeira vez que passavam por isso, e, embora lhes tivessem dito o que aconteceria, mal sabiam o que esperar e como controlar suas emoções.

Voaram pelas ruas a caminho do hospital, quando, pelo espelho retrovisor, Walt viu as luzes faiscantes de um carro de polícia. Olhando para o velocímetro, ele viu que estava a 120 quilômetros por hora. E viu também crianças brincando na rua e nas calçadas enquanto voltavam para casa, depois de sair de uma escola próxima. Enquanto brecava, ele subitamente se deu conta de que, em nome de sua família e de um filho muito esperado, estava colocando em perigo a vida de outras crianças e a felicidade de outras famílias. Para ele, a questão era claramente do tipo eu *versus* comunidade, e percebeu que agira mais por egoísmo do que em consideração aos outros.

Mas qual era o dilema do policial? Ainda sem saber das circunstâncias, ele estava sentado em seu carro, passando rotineiramente o número da placa para a delegacia, enquanto os segundos passavam a ser minutos. Mesmo depois de perceber a situação — o marido agitado e a esposa obviamente grávida —, o que fazer? Claramente, ele deveria acompanhá-los ao hospital, e fez isso. Mas e depois? Walt deveria ter sido liberado, apesar do perigo significativo que fora para a comunidade? A justiça estava sendo respeitada ao se permitir que uma pessoa ignorasse a lei sempre que houvesse circunstâncias atenuantes — mesmo quando isso criasse riscos consideráveis? É claro que Walt teria sido severamente punido se uma criança tivesse corrido para a frente de seu carro e fosse atingida. O mero fato de ele ter escapado de tal resultado, mesmo que por um triz, deveria diminuir sua punição? Ou existia um princípio de uniformidade exigindo que o policial impusesse algum tipo de penalidade independentemente das conseqüências? Tudo no caso de Walt — seu nervosismo genuíno, seu esforço para agir corretamente, o óbvio desconforto da esposa, o carinho e o apoio que sentimos diante da maternidade — indicava a compaixão. Mas tudo na estrutura legal — a necessidade de justiça, a obrigação de proteger os inocentes, o cumprimento dos padrões — indicava a justiça.

A decisão era do policial, e ele não poderia escolher ambas.

Existem apenas quatro paradigmas?

Como o dilema do policial nos lembra, vários paradigmas podem estar incluídos em uma única situação. Embora esse caso pareça especialmente adequado para exemplificar o paradigma justiça *versus* compaixão, ele também tem elementos do paradigma eu *versus* comunidade, especialmente se Walt for identificado como o ator principal no dilema. Considerando-se as pressões de tempo envolvidas, pode-se realizar uma análise curto prazo-longo prazo; e, devido à tensão entre a lealdade de Walt à sua esposa e às leis de trânsito que conhecia, poderia até haver uma superposição verdade *versus* lealdade. Não se trata de determinar um único paradigma com a exclusão de todos os outros. Trata-se de realizar a análise para esclarecer o fato de que ambos os lados da questão são certos, para que entendamos por que o dilema é tão real, imperioso e difícil.

Mas não pode haver um quinto ou um sexto paradigma? Por que existem apenas quatro? Por que, ao analisar centenas de dilemas da vida real em nossos seminários, nenhum outro paradigma veio à tona com a mesma força desses quatro?

O autor britânico C.P. Snow, em seu livro de 1959, *The Two Cultures and the Scientific Revolution* [As Duas Culturas e a Revolução Científica], foi quem popularizou a agora famosa oposição entre pensamento científico e humanista. Na verdade, essa distinção não é nova. A divisão — entre a tendência para observar e medir os objetos do universo físico, por um lado, e o impulso para contar histórias e discernir as mentalidades do observador, do outro — é provavelmente tão velha quanto a humanidade. Platão, reconhecendo a divisão entre o filósofo e o poeta, lançou o debate das duas culturas e descobriu, no final, que a percepção da verdade absoluta se manifesta de modo mais próximo na matemática. Seu aluno Aristóteles — autor de um livro intitulado *Poética* e de um outro intitulado *Física* — reconheceu diferentes metodologias mentais em funcionamento, enfatizou tipos ideais que transcendem o meramente físico e atribuiu à arte e à literatura a mais elevada capacidade para realizar aquilo que a natureza deixara por fazer. Entretanto, foi o filósofo medieval Roger Bacon — fundador da filosofia inglesa, cujo conhecimento de química e de matemática o levou a reconhecer o valor do raciocínio dedutivo, a estabelecer um método científico e a inventar os óculos — a quem se chamou de o último homem a conhecer tudo, o último homem a criar uma ponte entre as duas culturas.

O DIAGRAMA POTTER[16]

Dentre os esforços para sistematizar a tomada de decisões éticas, um dos mais intrigantes é o Diagrama Potter. Formulado por Ralph B. Potter, em 1965, numa dissertação na Harvard Divinity School [Escola de Teologia de Harvard] a respeito das respostas cristãs à ameaça nuclear, ele usa um quadrante para mapear o fluxo da tomada de decisão ética.

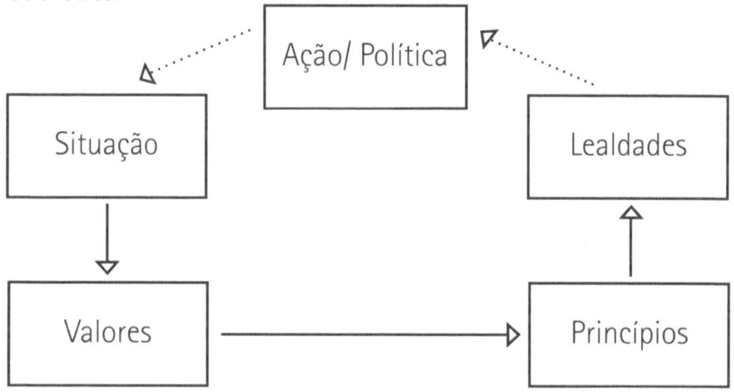

Clifford Christians, exemplificando esse processo em *Media Ethics: Cases and Moral Reasoning* [Ética nos Meios de Comunicação: Casos e Raciocínio Moral], usa o caso de dois jornais concorrentes que cobriram um incêndio que destruiu um cinema especializado em filmes para gays. Um sacerdote conhecido, um político e um banqueiro morreram no incêndio. Um jornal divulgou os nomes; o outro, não.

Como esses jornais tomaram suas respectivas decisões? O processo começa com a avaliação da *situação*: quais são os fatos do caso?

16 Ver Ralph B. Potter, "The Structure of Certain American Christian Responses to the Nuclear Dilemma", dissertação de Ph.D., Universidade Harvard, 1965, e seu artigo "The Logic of Moral Argument", em Paul Deats, ed., *Toward a Discipline of Social Ethics* (Boston: Boston University Press, 1972), p. 93-114. Ver também Clifford G. Christians, Kim B. Rotzoll e Mark Fackler, *Media Ethics: Cases and Moral Reasoning* (New York: Longman, 1983), p. 2-8.

O primeiro jornal considerou-o uma situação em que vários líderes locais morreram. O outro viu o acontecimento como um desastre na comunidade, igual a muitos outros. Próximo passo: determinar quais *valores* entram em jogo. O primeiro jornal, com base na credibilidade jornalística, temia que sua reputação fosse abalada se omitisse seletivamente qualquer informação relevante – especialmente porque sempre divulgava o nome das vítimas de desastres. O segundo jornal, ciente de que revelações de homossexualidade são potencialmente embaraçosas, temia causar danos a indivíduos que poderiam ou não ser gays. O terceiro passo é identificar os *princípios* relevantes em funcionamento. Para o primeiro jornal, a máxima é "Sempre dizer a verdade", enquanto para o segundo é "Sempre proteja os inocentes". Último passo: determinar onde estão as *lealdades*. Para o primeiro jornal, elas estão com os leitores, enquanto para o segundo estão com os sobreviventes e suas famílias.

Estruturalmente, o lado esquerdo do Diagrama Potter (situação e valores) aborda a descrição do que existe, enquanto o lado direito (lealdades e princípios) trata do que *deveria ser*. A metade superior (situação e lealdades) também pode ser vista como relativa aos fenômenos sociais, enquanto a metade inferior (valores e princípios) diz respeito a fenômenos analíticos e filosóficos.

Embora seja útil como um guia para o pensamento, o Diagrama Potter, na verdade, inclina-se bastante para o utilitarismo, enfatizando *lealdades*, mais do que *princípios*, como o fator derradeiro no processo de tomada de decisões. Esse processo também não esclarece qual relação possui com princípios éticos abrangentes, tais como o imperativo categórico de Kant ou a regra áurea. Por ser intencionalmente circular, contudo, ele permite a reiteração de idéias por meio de vários ciclos de discussão, na esperança de que se atinja um consenso ao redor de uma ação ou política específicas.

No decorrer dos séculos, a ciência e as ciências humanas afastaram-se. Essa divisão é tão marcante que as universidades, de modo geral, dividem os cursos em ciências (química, física, biologia, matemática) e ciências humanas (literatura, idiomas, história, filosofia) — com as ciências sociais híbridas (sociologia, antropologia, psicologia, ciências políticas) no meio das duas. A linha de demarcação segue a divisão entre objetivo e subjetivo — também descrita como verdade e ficção, método e imaginação, realidade e desejo, pensamento e sentimento, fato e emoção, vida externa e interna.

A metodologia usada em cada um dos lados é fundamental para esse dualismo. A ciência normalmente conta e mede os fenômenos. As ciências humanas dependem de contar histórias e entender o caráter. Não é preciso nenhum *insight* especial para reconhecer que os gênios da mensuração podem não saber muito sobre o caráter. E existem amplas provas de que os maiores contadores de histórias não costumam ser muito bons em contas. Além disso, cada uma dessas metodologias é dividida em subconjuntos. Na medida em que a ciência diz respeito à mensuração, ela pode contar o tempo (duração, velocidade) ou o espaço (extensão, distância).

Na medida em que as ciências humanas envolvem o caráter, elas também utilizam duas abordagens, concebendo o caráter humano como unicamente individual, mas também como um produto das interações da cultura, ordem ou organização que lhe dá o contexto.

Do mesmo modo, quando pensamos sobre dilemas, nós nos dividimos da melhor forma que podemos entre as situações que nos desafiam porque envolvem contas e as que nos desafiam porque envolvem caráter. Dentre os quatro dilemas identificados, dois dependem tanto de contas que, se deixarmos de lado a mensuração, não sobrará dilema para ser examinado. Curto prazo *versus* longo prazo depende claramente de nossa capacidade de medir o tempo, sem a qual o cerne do dilema seria incompreensível. De um modo similar, o paradigma eu *versus* comunidade requer que contemos espaço ou escala: se o grupo menor não puder ser distinguido do grupo maior, por meio de algum esquema de mensuração reconhecível e previsível, o dilema deixa de ter importância.

Os outros dois tipos de dilema não dependem de contas, mas de caráter. O paradigma verdade *versus* lealdade nunca será analisado ao se somarem números. O contraponto à verdade, nesse paradigma, não vem de se medir uma verdade diferente, mas de um tipo de ligação pessoal mais bem entendida através das lentes humanistas de unicidade, individualidade e identidade. De modo semelhante, o paradigma justiça *versus* compaixão surge em situações nas quais a maior ênfase é colocada na ordem, na organização e na totalidade: a tensão ocorre sempre quando um padrão estabelecido de expectativas (justiça) é ameaçado por reivindicações de uma exceção baseada em circunstâncias singulares (compaixão).

Na medida em que existem quatro modos amplos de olhar para o mundo, então não é de admirar que existam quatro paradigmas para a experiência humana que os reflete. Esse é um sistema fechado? Talvez não.

A questão não é se esses quatro paradigmas são os únicos que poderão vir a ser encontrados. Quando se submete o dilema à análise de paradigma, sua natureza essencial vem à tona. Como resultado, os valores centrais, cruciais para o código interno de qualquer pensador moral, ficarão prontamente visíveis. A tensão entre eles também ficará visível. E, quando essa tensão se encaixa em um padrão reconhecível, ela nos incomoda menos e parece mais acessível a uma solução. A resolução, e não apenas a análise, é o que realmente importa nesse processo, e por isso trataremos dela a seguir.

Capítulo Sete

Princípios de solução

No burburinho do jornalismo diário, os dilemas éticos são abundantes. Isso não surpreende. O noticiário lida com a vida real das pessoas em situações reais. Uma sutil mudança de tom numa notícia pode levar à perda de votos, destruir confianças, pôr empregos e carreiras em risco e incitar vingança. Um jornalismo que saia dos trilhos, portanto, é coisa muitíssimo perigosa.

Corretamente conduzido, porém, o jornalismo constrói pontes, partilha conhecimentos, estimula novas revelações e promove mudanças construtivas. Uma notícia digna de atenção mas não publicada pode ter grande custo social e econômico em termos de oportunidades perdidas — e, às vezes, um tremendo custo político em termos de tramóias não desvendadas e manobras não questionadas. Não é de admirar que a democracia esteja tão intimamente vinculada ao jornalismo. "Se coubesse a mim decidir se devemos ter um governo sem jornais ou jornais sem um governo", escreveu Thomas Jefferson, "eu não hesitaria um momento em preferir a segunda situação".[1]

O bom jornalismo depende essencialmente de boas fontes. Embora isso evidentemente se aplique ao repórter que coleta a notí-

1 Thomas Jefferson, carta ao cel. Edward Carrington, 16 de janeiro de 1787, em Julian P. Boyd, ed., *The Papers of Thomas Jefferson* (Princeton, N.J.: Princeton University Press, 1955), Vol. II, p. 49.

cia e escreve a reportagem, refere-se mais sutilmente ao editor, que precisa decidir a quais questões dar atenção e quais reportagens publicar. Os editores tipicamente cultivam suas fontes nos escalões mais altos das comunidades de que fazem cobertura — a liderança política, empresarial, cultural e educacional que molda opiniões e define as pautas prioritárias.

E nisso reside um dilema que está no centro do jornalismo, no mundo todo. Por um lado, é correto o editor conhecer tão bem a comunidade, interessar-se por ela tão profundamente e estar tão integrado a ela que nada de importante passe despercebido e tudo o que seja significativo venha a ser divulgado. Por outro lado, é também correto o editor manter-se à parte das contendas, pesando de maneira neutra as reivindicações acaloradas dos envolvidos e cobrindo-as com uma imparcialidade inabalável e desinteressada. Para obter a notícia, é correto estar profundamente comprometido. Já para relatar essa mesma notícia, é correto estar objetivamente distanciado. O fato é que a tensão inerente a esse dilema entre verdade e lealdade costuma crescer aceleradamente, com prazos a cumprir, num jogo de grandes implicações no qual há carreiras sob risco e não há senão minutos para tomar decisões.

Os desdobramentos dessa tensão se manifestaram com força total para Katherine Fanning na ocasião em que, como editora e responsável pelo jornal *Anchorage Daily News*, do Alasca, ela se viu, como se costuma dizer, entre a cruz e a espada. Mais tarde, como editora do jornal *Christian Science Monitor* [Monitor da Ciência Cristã] e presidente da Sociedade Americana de Editores de Jornais, foi uma das colaboradoras em um livro sobre ética jornalística, intitulado *Drawing the Line*[2] [Traçando Limites]. Eis como ela começa a descrição de seu dilema:

2 Kay Fanning, "Entre o fogo e a frigideira", em Frank McCulloch, ed., *Drawing the Line: How 31 Editors Solved Their Toughest Ethical Dilemmas* (Washington, D.C.: American Society of Newspaper Editors, 1984), p. 37-39. Reimpresso sob permissão de *ASNE Bulletin*.

O banqueiro desconsolado estava esperando quando retornei ao jornal após o jantar.

Eu sabia por que se encontrava ali. Ele havia acabado de saber que o Daily News *preparava uma matéria sobre seu filho, o qual estava sendo investigado por suspeita de incêndio premeditado. O incêndio e a destruição completa, à meia-noite, do popular Restaurante Bobby McGee's haviam chocado a cidade. Agora a revelação de que o incendiário suspeito era o filho abastado de uma das famílias mais respeitadas de Anchorage — e, ele próprio, o proprietário de um restaurante concorrente — deixaria a comunidade estupefata.*

Fazia seis meses que já sabíamos da investigação que apontava o envolvimento de Frank Reed Jr. O repórter Don Hunter constantemente trazia informações de fontes confidenciais, mas permanecemos calados enquanto a sondagem prosseguia, na esperança de podermos confirmar, por nós mesmos, o que estávamos ouvindo. Nesse ponto, disseram-nos nossas fontes, um indiciamento que levaria ao tribunal do júri era iminente. Havíamos acabado de saber que o procurador federal enviara a Reed uma carta informando-lhe de que era alvo de uma investigação. Também descobrimos que as autoridades dispunham de gravações incriminadoras. No entanto, nenhuma fonte se dispunha a deixar-se identificar e não tínhamos em mãos uma cópia da carta do procurador federal nem de nenhum outro documento.

Os principais editores de meu jornal estavam prontos para publicar.

"Por que agora?", perguntei.

"Porque 'já está na boca do povo'. A concorrência logo se aproveitará." Já havíamos investido horas sem fim nessa história.

Somando-se a esse estado de coisas, Frank Reed, o pai, havia nos procurado para dizer que seu filho havia sido vítima de uma armação, que tinha certeza de que o filho não seria indiciado. Se publicássemos naquele momento e não houvesse indiciamento, arruinaríamos a vida de seu filho, prejudicaríamos seus netos pequenos, destruiríamos a família.

Diante do pai atormentado, meus pensamentos correram para a época em que Frank Reed, um dos mais destacados líderes civis da cidade de Anchorage, havia sido o único integrante da comunidade de negócios que publicamente apoiara meu jornal durante um grave período de instabilidade financeira e de conflito com o jornal concorrente. Ele ajudara a presidir uma comissão cuja atuação ajudara a manter vivo o Anchorage Daily News. *Agora ele me pedia para não publicar a história sobre seu filho.*

Na maior parte do tempo, eu tinha um relacionamento bastante bom com a equipe de redação. Naquela noite seus integrantes aguardavam para ver o que eu faria — se seria dominada pelo poder de influência do banqueiro rico. O editor executivo estava irredutível. Publicaríamos na edição matinal do dia seguinte.

"Por que não podemos esperar até que ocorra o indiciamento?", perguntei. "Porque faz meses que estamos debruçados sobre essa história. Já recebemos confirmação de diversas fontes. E, se não publicarmos, a concorrência o fará."

"E se o homem estiver sendo acusado injustamente?", questionei. "Tudo indica que o culpado seja ele mesmo", foi sua resposta. "Qual é o prejuízo para o interesse público se esperarmos só mais uns dias para ver?", prossegui. Também perguntei se poderíamos contar com alguém da esfera oficial que se dispusesse a deixar-se identificar. "Não."

A história seria atribuída unicamente a "fontes do Daily News*". Estaríamos pedindo a nossos leitores que confiassem em nós quanto à veracidade.*

Enquanto me debatia com o problema, tive a certeza de que qualquer respeito que a redação e meu editor executivo tivessem por mim desapareceria caso eu cedesse. Em quinze anos trabalhando juntos, nunca eu e ele tivéramos uma confrontação como essa.

Voltei-me ao repórter Don Hunter. "Por que você acha que eu deveria soltar a história agora?", perguntei.

Ele hesitou. "Não tenho certeza. Está na boca do povo."

Faltando umas poucas horas para o fechamento da edição, Katherine se viu tendo de enfrentar um dilema de primeiro grau entre a verdade e a lealdade. Os preceitos da verdade apontavam para a publicação. No entanto, as exigências da lealdade a impeliam a aguardar.

Como resolver o dilema?

Para ela, assim como para qualquer um de nós ao enfrentarmos escolhas difíceis, essa é a questão suprema. O processo de solução começa com a coleta das informações relevantes, como fez Katherine em seu questionamento gradual. Ele prossegue com a busca de alternativas que possam apontar um caminho que contorne o dilema: podemos conseguir alguma fonte que permita ser identificada ou concordamos em não divulgar a história? Quando, porém, o questionamento é feito e as opções continuam incômodas e do mesmo tamanho, a mente buscará orientação em algo situado além do dilema propriamente dito. É quando estendemos a mão em busca de um princípio moral que possa nos conduzir a uma resolução.

Três princípios para a solução de dilemas

Quer percebamos ou não, estamos todos familiarizados com esses três princípios, tão amplamente utilizados a ponto de parecerem frases comuns e coloquiais:

1. "Faça o que for melhor para o maior número de pessoas" (ao que nos referiremos aqui como pensamento *baseado em fins*).
2. "Siga seu mais alto juízo ou princípio" (pensamento *baseado em regras*).
3. "Faça o que você quer que os outros façam a você" (pensamento *baseado em cuidados*).

Em geral, não paramos para analisar esses princípios. Na verdade, podemos estar tão habituados a eles que nunca chegamos a pensar o quanto diferem um do outro. Tampouco aplicamos todos eles a todas as situações: podemos ter crescido tão apegados a um deles que raramente damos atenção aos outros. Mas há a possibilidade de que, se forçados a pormos em palavras o raciocínio que utilizamos para resolver um dilema difícil, nos vejamos usando a lógica que deriva de um ou mais desses princípios. Por quê? Simplesmente porque tais princípios emergem diretamente da experiência humana cotidiana. Decerto, cada um deles tem longa presença na filosofia moral ou na educação religiosa. Mas eles não são invenções abstratas impostas por filósofos ou teólogos. Passaram a ter participação no ensinamento e prática da ética simplesmente porque cada um deles é parte bem familiar do panorama do pensamento humano.

O fato é que os três princípios aqui descritos não são as únicas posições filosóficas disponíveis para lidar com essa questão. A ética, afinal, diz respeito essencialmente ao conceito de "dever". Não é sobre o que se deve fazer porque a lei obriga (como pagar a passagem do ônibus) ou porque a natureza requer (por exemplo, comer e dormir). É sobre o que se deve fazer — o que se tem a obrigação de fazer — porque fazê-lo é "certo". Naturalmente, existem aqueles que admitem outras obrigações além das três aqui sugeridas — como obter o máximo de proveito para si mesmo sem levar em conta os outros, ou fazer apenas o que o líder diz, ou agir em nome do interesse nacional, ou seguir o que Joana D'Arc chamava de suas "vozes", ou fazer tudo o que pareça bom. E há aqueles que não reconhecem obrigação nenhuma, em absoluto, afirmando que a ética é inteiramente relativa, que depende da situação e que não podem existir regras gerais. Sem dúvida, essas pessoas preferirão outros princípios. Os três aqui propostos, porém, estão entre os mais amplamente reconhecidos e comumente utilizados.

Antes, porém, de aplicar esses três princípios à difícil escolha de Katherine Fanning, vamos examiná-los mais detalhadamente.

1. Pensamento baseado em fins

O primeiro princípio moral, que nos pede para considerar o maior bem possível para o maior número possível de pessoas, é formalmente conhecido como "utilitarismo". Comumente o conhecemos por meio da expressão "o maior bem para o maior número". Já nos referimos a ele como uma diretriz *baseada em fins*, uma vez que se fundamenta, antes de mais nada, em avaliar as conseqüências ou fins de uma ação. O filósofo inglês Jeremy Bentham (1748-1832), a quem se costuma atribuir o desenvolvimento da primeira modalidade sistemática de utilitarismo, observou que a medida de acerto de uma ação consistiria na maior felicidade possível para o maior número de envolvidos. Seu amigo John Stuart Mill (1806-1873) levou o utilitarismo um passo além ao dedicar-se particularmente às questões de conduta pessoal. "A felicidade que forma o padrão utilitário daquilo que é certo na conduta", escreveu Mill em seu notável ensaio "Utilitarismo", de 1861, "não é a felicidade do próprio agente, mas a de todos os envolvidos. Como ocorre entre a felicidade de si mesmo e a dos outros, o utilitarismo requer que ele seja estritamente imparcial, como um espectador desinteressado e benevolente".[3]

Em todas as suas formulações, o utilitarismo é um exemplo do que os filósofos descrevem como *conseqüencialismo* — que, em termos simples, é o conceito de que o certo e o errado podem ser determinados avaliando-se as conseqüências ou resultados. Também conhecido como uma filosofia *teleológica* (do grego *teleos*, que significa "fim" ou "questão"), o utilitarismo considera os resultados de uma ação (e não, digamos, os motivos que estão por trás de um comportamento ou a regra que se segue para chegar a uma decisão específica). Em geral, ele cobre dois campos amplos: *utilitarismo de atos*, que nos instrui a adotar toda *ação* que maximize o bem, e *utilitarismo de regras*, que nos exorta a seguir toda *regra* que provoque o maior benefício. Ambos, no entanto, estão inseparavelmente atrelados à avaliação das conseqüências: sabe-se o que é certo apenas se determinando o que por fim acontecerá.

Na prática, a moderna formulação de políticas fundamenta-se em grande parte no utilitarismo. O teste decisivo para a maior parte da legislação proposta é: "Isso servirá ao maior eleitorado possível com o maior benefício possível?". Não surpreende, então, o fato de que boa parte da formulação de políticas se baseie em algum tipo de avaliação futura, na qual os dados do presente são extrapolados para revelar as prováveis conseqüências. Do mesmo modo, o utilitarismo no âmbito pessoal depende de uma cuidadosa comparação

3 John Stuart Mill, "Utilitarianism", em F. E. L. Priestley, ed., *Collected Works of John Stuart Mill*, Vol. X (Toronto: University of Toronto Press, 1969), p. 211, 218.

dos possíveis futuros, para que se identifique o mais satisfatório. Esse cálculo, ao levar em conta os dois fatores centrais do utilitarismo, busca determinar tanto os níveis relativos de benefício futuro (o "maior bem") quanto o tamanho da população (o "maior número") para a qual será distribuído.

A necessidade de realizar esse tipo de cálculo expõe o utilitarismo a sérias críticas, tanto pelo lado do "maior bem" quanto do "maior número". Como é possível, argumentam os críticos, prever todas as conseqüências de qualquer ação pessoal e, que dirá então, de ações em uma escala social mais ampla? Os seres humanos são especuladores notoriamente ruins, argumentam esses críticos, rotineiramente deixando de perceber as conseqüências mais importantes e tropeçando em problemas inesperados que eles próprios fabricaram. Teriam os nossos antepassados realmente entendido as conseqüências quando importaram escravos africanos para as colônias, sem cogitar muito sobre as futuras desarmonias raciais? Tiveram eles uma noção clara das decorrências quando construíram reatores nucleares sem se preocupar muito com o destino do lixo nuclear, ou quando colocaram clorofluorcarbonos nos aerossóis sem nenhum entendimento sobre a camada de ozônio? Então, como podemos nós ter a incumbência de determinar o "maior bem"? Tampouco, objetam os críticos, os seres humanos são capazes de entender o "maior número", uma vez que as ações têm conseqüências tão imprevisíveis que podem afetar uma enorme quantidade de pessoas, muito maior que a inicialmente identificada. Por último, os críticos levantam sérias objeções de ordem prática. Levando essa teoria a seu extremo lógico, observam que um bom utilitarista teria de aprovar a morte de dezenas de bebês num experimento médico se o resultado disso fosse a descoberta de um medicamento que pudesse salvar milhões de outros bebês. De maneira semelhante, o utilitarismo aceitaria matar uns poucos passageiros inocentes para salvar todos os demais de um jato lotado no caso de um seqüestro, e respaldaria a exclusão, das nações ocidentais, de todos os viajantes iranianos porque alguns poderiam ser terroristas — posições que deixariam a maioria dos pensadores morais seriamente incomodada.

2. Pensamento baseado em regras

É em parte devido a tais objeções que o segundo princípio, baseado em regras, mostra-se tão atraente. Ao nos exortar a agir com base em nosso mais alto senso de consciência interior, ele busca fundamentar a ação em uma máxima ou preceito que possam ser universalizados. Como forma de não-conseqüencialismo, é descrito pelos filósofos como sendo *deontológico* (do grego *deon*, que significa "dever" ou "obrigação"), uma vez que não nos questiona sobre os resultados de uma ação, mas sim sobre nossas obrigações ao realizá-la. É comumente associado ao nome de Immanuel Kant (1724-1804), o filósofo alemão, e seu conceito de *imperativo categórico*.

"Uma ação feita a partir do dever", escreveu Kant, "tem seu valor moral não no propósito a ser alcançado por ela, mas na máxima segundo a qual ela deve ser decidida".[4] Para Kant, o certo ou o errado nunca deveriam ser medidos pela "consecução do objeto de uma ação" ou pelos "resultados esperados", mas unicamente pela "conformidade das ações à lei universal como tal".

Assim, o imperativo categórico, como descrito por Kant, é: "Não devo agir senão de maneira tal que eu possa também querer que minha máxima se torne uma lei universal". Em outras palavras, devemos agir de acordo com as leis as quais gostaríamos que todas as demais pessoas no mundo seguissem em circunstâncias relevantes. Ou seja, isso nos convida a imaginar que, fazendo o que estamos prestes a fazer, estabelecemos a categoria e criamos o padrão ao qual queremos que todos os outros obedeçam de agora em diante. Trata-se talvez da expressão mais completa do adágio

4 Immanuel Kant, *The Moral Law: Kant's Groundwork of the Metaphysic of Morals*, trad. H.J. Paton (Londres: Hutchinson and Co., 1961), p. 67-68.

que diz que sempre devemos viver e agir de acordo com nossos princípios mais elevados.

Os críticos do enfoque baseado em regras argumentam que essa diretriz é demasiadamente estrita. Ela nos remete, dizem eles, à rigidez absurda geralmente associada à professora controladora que se recusa a permitir que um determinado aluno empreenda algum projeto extremamente criativo porque, "Se eu permitir a ele, terei de permitir a todo mundo". Exigir universalidade, eles argumentam, é desprezar não somente a enorme gama da individualidade humana, mas também as demandas colocadas por circunstâncias singulares em um mundo imperfeito. Se elevarmos o cumprimento de promessas a uma máxima universal, como agirá uma criança que, tendo prometido ao pai ficar dentro de casa enquanto ele vai às compras, vê que seu cachorro se soltou da corrente e está caminhando em direção a uma estrada movimentada? Ela honra sua promessa e deixa o animal ser atropelado ou corre para salvá-lo? A isso, evidentemente, o pensador que se baseia em regras pode muito bem redargüir que a promessa foi requerida precisamente por causa de tais situações — de modo que a criança, tentando salvar o cão, não se exponha ela própria ao perigo. Pensando nas conseqüências, a criança preocupa-se com que o animal possa se ferir. Mas seu conseqüencialismo pode não ter alcançado o ponto de permitir-lhe calcular o perigo a que ela mesma se expõe — um problema que seu pai previu ao lhe pedir que observasse a regra independentemente do que pudesse ocorrer. Muito bem, dizem os críticos: então se está dizendo que, em nome de obedecer a uma regra universalizável, tal como "Cumpra todas as promessas", negligenciamos uma regra igualmente forte que diz "Evite matar"? É nesse aspecto, o das regras conflitantes, que reside a vulnerabilidade desse enfoque.

3. Pensamento baseado em cuidados

E se nem o pensamento baseado em fins nem o pensamento baseado em regras nos parecerem corretos? Se estivermos buscando algo mais, a que recorrer então? O terceiro princípio, que nos exorta a fazer aos outros o que desejaríamos que nos fizessem, é também conhecido como regra áurea. Demos-lhe o nome de princípio *baseado em cuidados*, uma vez que, diferentemente dos dois primeiros, ele pede que nos importemos com os demais envolvidos a ponto de nos colocarmos em sua posição. Essa regra, familiar aos que estudam a *Bíblia*, é com freqüência considerada uma máxima estritamente cristã. Ela aparece no livro de Mateus: "Tratai todos os homens da mesma forma como quereríeis que eles vos tratassem: pois esta é a lei e os profetas". Os judeus, por sua vez, a encontram no *Talmude*, que diz: "O que não gostas que te façam, não o faças aos outros. Isto é toda a lei, o resto não é mais do que comentário". Ou, como aparece nos ensinamentos do Islã: "Ninguém de vós crê realmente antes de desejar ao seu irmão o que deseja a si próprio".

Por que essa regra é "áurea"? A palavra sugere sua posição como a primeira e mais valiosa regra — "a lei e os profetas", como disse Jesus, ou "toda a lei", de acordo com o *Talmude*.

A regra áurea contém o critério da reversibilidade. O teste do acerto ou erro de uma ação é imaginar a si mesmo como *objeto* dessa ação, e não como *agente*, e observar seus próprios sentimentos quanto aos resultados. A regra pode ser expressa positiva ou negativamente, instruindo-nos a fazer o que queremos que façam a nós ou a evitar fazer o que não queremos que nos façam — isso é indiferente. Mais importante é a consideração, feita por Agostinho e por outros, de que a regra áurea não somente estabelece limites para nossas ações, mas nos incentiva a promover os interesses dos outros. Nesse sentido, a regra é tão corriqueira que chega a ser quase inevitável na experiência humana. "Protestar contra os 'padrões duplos' — criação arbitrária de exceções, aplicação desigual de julgamentos quando as pessoas e situações são relevantemente semelhantes —", escreve o eticista Gene Outka, da Universidade Yale, nos Estados Unidos, e "tentar colocar-se no lugar do outro, tentar identificar-se empaticamente com sua narrativa: quando realizamos esses e outros exercícios semelhantes, estamos seguindo a regra áurea".[5] Mesmo o conceito de "véu da ignorância"[6] do filósofo John Rawls, um experimento mental elaborado para nivelar o campo de atuação moral, contém o critério de reversibilidade inerente à regra áurea *(veja quadro na página 213)*.

Os críticos da regra áurea objetam que ela é demasiado simplista para ser um princípio moral supremo. Por exemplo, a regra deixa de proporcionar orientação em situações nas quais ambos os lados apreciam coisas imorais. Aparentemente, ela aprovaria que eu subornasse alguém sob a justificativa de que, se estivesse em seu lugar, eu quisesse ser subornado. A regra também traz certa dificuldade prática para determinar o "outro" mais relevante — aquele em cujo lugar gostaríamos de nos encaixar — sempre que diferentes participantes estiverem envolvidos, cada um deles com seus distintos interesses e considerações. Ela continua a ser, não obstante, um princípio freqüente e efetivamente aplicado a dilemas difíceis pelos que têm a seu encargo a tomada de uma decisão.

O VÉU DA IGNORÂNCIA

Pode existir algo como um "julgamento imparcial"? Podem os que tomam decisões éticas adotar um ponto de vista que seja geral, e

5 Sissela Bok, "The Golden Rule", em *Oxford Companion to Philosophy* (Oxford and New York: Oxford University Press.

6 John Rawls, *A Theory of Justice* (Cambridge, Mass.: Harvard University Press, 1971), p. 136-42.

não específico, ao auto-interesse de um indivíduo ou grupo? Muitos filósofos têm pensado assim. Immanuel Kant falou sobre criar legislações no "âmbito dos fins". O inglês Jeremy Bentham, apesar de toda a sua ênfase no auto-interesse, observou o "interesse da coletividade". Seu conterrâneo Henry Sidgwick falou sobre fazer julgamentos morais do "ponto de vista do universo".

Mas onde se posicionar para adotar esse ponto de vista? Num experimento mental impecavelmente elaborado, o filósofo John Rawls, da Universidade Harvard, nos Estados Unidos, desenvolveu o que ele chama de "o véu da ignorância" para assegurar a imparcialidade.

Imagine, ele diz, que os que devem tomar decisões estejam "colocados atrás de um véu de ignorância", de tal maneira que não tenham idéia de como "as várias alternativas afetarão seu próprio caso particular". Ele não se importa se essas pessoas são supermoralistas ideais, mas as imagina como interessadas só em si mesmas. Pressupõe também que elas sejam plenamente racionais. Por último, considera que elas tenham acesso irrestrito ao conhecimento geral sobre a sociedade contemporânea, a teoria econômica, a psicologia humana, os lances políticos e assim por diante.

Aquilo de que elas *não* dispõem, no entanto, é o conhecimento de qualquer coisa que possa diferenciá-las das outras pessoas. São ignorantes de sua própria classe, posição social e riqueza. Não conhecem seu nível de inteligência ou força, sua aversão ao risco, nem seu otimismo ou pessimismo. Não sabem nada sobre sua própria sociedade. Nem mesmo conhecem a geração a que pertencem. É como se não tivessem ainda sido concebidas e pudessem nascer como qualquer um dos 5,5 bilhões de seres humanos do mundo.

Assim, ao escolherem os princípios em que querem basear sua decisão, não podem levar em consideração as conseqüências para si mesmas: elas simplesmente não sabem quem são. Que princípios usarão para tomar decisões? Os mais justos e imparciais disponíveis — já que quaisquer outros princípios poderiam, em última análise, trabalhar contra elas, e já que elas não sabem o suficiente para conseguir "adaptar os princípios em seu próprio proveito".

Tal como a regra áurea, o teste de Rawls é uma versão do que os filósofos conhecem como "critério da reversibilidade". Ele nos pede para assumir o papel de outra pessoa e basear nossas decisões a partir dessa perspectiva. Aqui, porém, o "outro" é puramente hipotético. O teste de Rawls tem valor particular para os responsáveis pela definição de políticas, que ao formularem regulamentações poderiam muito bem se perguntar: "Isso será justo para mim onde quer que eu acabe nascendo no mundo?".

O que acontece quando aplicamos esses três princípios ao exemplo de Katherine Fanning?

1. **Baseado em fins.** O cálculo utilitarista começa com a pergunta: "Qual é o maior bem?". Para uma editora comprometida com os direitos assegurados pela Primeira Emenda da Constituição norte-americana e com a importância da circulação de notícias, esse "bem" pode ser a própria reportagem em questão. Embora um pequeno número de pessoas na família de Frank Reed beneficie-se com a não-publicação da história, o "maior número" é provavelmente o público. Assim, o maior bem para o maior número pode requerer que o público em geral, e não a família Reed, seja o foco de atenção. Nessa perspectiva, as conseqüências de publicar a história — manter o livre fluxo de informações, mesmo quando parte dela é potencialmente prejudicial a indivíduos que podem ser inocentes — provavelmente superam as conseqüências de ceder à pressão e proteger, por enquanto, uma velha amizade e um cidadão ainda não indiciado.

2. **Baseado em regras.** Aqui o processo de pensamento começa com uma consideração não das conseqüências, mas das regras. Qual seria a regra suprema, podemos nos perguntar, que deveria ser seguida

aqui? Qual, ademais, seria a regra que Katherine gostaria de ver universalmente invocada? Como ela gostaria de ver todos os outros editores se comportando em circunstâncias semelhantes? A regra pode ser: "Sempre publique a verdade e deixe que as rebarbas das conseqüências caiam onde caírem" — uma vez que, para muitas pessoas, um mundo de veracidade universal, embora por vezes incômodo, é o mais saudável e o mais sustentável. A regra, porém, pode ser: "Sempre proteja o inocente e deixe que as rebarbas das conseqüências caiam onde caírem" — regra que, se aplicada, levaria Katherine a não publicar a reportagem. Seja a regra qual for, uma coisa é clara: esse modo de pensar leva em conta não as conseqüências, mas a regra em si.

3. **Baseado em cuidados.** Se considerarmos o fato de fazer aos outros o que gostaríamos que fizessem a nós, prontamente reconheceremos que há vários "outros" nesse episódio: o editor executivo, o repórter, Frank Reed Jr. Para Katherine Fanning, porém, o "outro" mais convincente é, com clareza, Frank Reed, o pai. Colocando-se no lugar dele, Katherine percebe que ela própria estaria bem convicta da inocência do filho e buscaria protegê-lo. Nessa perspectiva, ela pode preferir colocar sua noção de cuidado individual e preocupação humana acima dos outros dois princípios. Poderia, é claro, argumentar que, se estivesse no lugar dele, quereria que o jornal fosse firme e inflexível em seu compromisso com a justiça. No entanto, é provável que ela fosse prontamente atraída pelo argumento de que, no lugar dele, desejaria compaixão, um ouvido solícito e uma mão amiga.

No final, como Katherine relembrou, sua decisão aparentemente baseou-se na segunda e terceira dessas diretrizes. Eis como ela conclui seu relato:

> *Não se podia mais retardar uma decisão. "Segure a história", eu disse, contrariando o editor executivo. Fui alvo de olhares faiscantes.*
> *Meu raciocínio foi simples: bater a concorrência seria razão suficiente para correr o risco de prejudicar a vida e a reputação de alguém? Que*

interesse público estaria sendo de fato atendido ao publicar-se essa reportagem antes do indiciamento? Foi má sorte todos saberem que eu estava emocionalmente em dívida com Frank Reed pai, mas isso foi irrelevante para o princípio envolvido.

Eu teria tomado a mesma decisão caso o pai fosse um desconhecido? Espero sinceramente que sim. Eu teria sido tão combatida? Não.

Uma semana depois, Frank Reed Jr. foi indiciado por incêndio premeditado. Dessa vez, minha sorte estava a meu favor. Fomos os primeiros a publicar a história.

O princípio supremo descrito por ela, aqui, é o de que não se prejudica a vida de alguém simplesmente para derrubar a concorrência. Consultando o que a motivou a essa ação, ela reconhece que, se a justificativa para publicar fosse basicamente a de passar à frente do outro jornal, ela não seria boa o bastante. Katherine também considera que a decisão dependia do momento exato. A questão não é "Essa é uma história importante?", mas sim "Esse é o momento de publicá-la?". O tom de sua decisão reflete bem o seu cuidado pessoal e individual para com os outros — não (ela assim espera) devido à posição de Frank Reed, o pai, na comunidade, mas sim devido à simples humanidade que ela compartilha com seus concidadãos.

Aplicando os princípios: quatro exemplos

Na ética, como nas demais áreas da vida, não há sistemas que ofereçam respostas mágicas. Os três modos de tomar decisões descritos baseiam-se em três princípios morais. Eles porém não oferecem nenhuma fórmula detalhada para a ação: não é possível inserir o dilema numa extremidade, girar a manivela e colher a resposta na extremidade oposta. Na verdade, ninguém espera que os princípios morais proporcionem esse tipo de precisão. Tomar decisões éticas depende de julgamento, caráter, consciência moral, percepção, discriminação — todo um leque de elementos difíceis de quantificar.

Mas tampouco se deve pressupor que esses elementos, caso não sejam orientados por preceitos fundamentais, e caso sejam aplicados apenas esporadicamente, levem a uma tomada de decisões adequada. A finalidade de qualquer tipo de reflexão consciente sobre escolhas morais — incluindo as discussões apresentadas neste livro — é explicitar o que geralmente não é proferido, é ajudar a sistematizar o fragmentário e a ordenar o aleatório. Se esses três princípios nos ajudam a resolver as escolhas do tipo certo *versus* certo com que nos deparamos, é porque se harmonizam razoavelmente bem com nossas próprias intuições sobre a vida moral. Em outras palavras, funcionam porque nos sentimos confortáveis ao trabalhar com eles.

Para ajudar a promover esse conforto, vou retomar alguns dos dilemas levantados em capítulos anteriores e ver como esses princípios se aplicam. Para poupar o trabalho de retroceder as páginas, as partes relevantes de cada narrativa serão aqui reproduzidas.

1. O dilema do policial

Este foi o caso de um mecânico convocado ao local de um acidente numa rodovia estadual em Ohio, citado no capítulo três.

> *Chegando ao local, um trecho ermo no meio da floresta, ele entendeu prontamente o que havia se passado: um grande caminhão-plataforma havia saído da pista e batido de frente contra uma árvore. Com o impacto, a carga de aço que transportava soltou-se e projetou-se para a frente, perfurando a traseira da cabine e prendendo o motorista dentro dela. A cabine estava em chamas, em perigo de explodir a qualquer minuto.*
>
> *O mecânico chegou no mesmo instante que a polícia. Enquanto um policial corria para abrir a janela da cabine, o mecânico ouviu o motorista gritar: "Atire em mim! Atire em mim!". Evidentemente, o policial não conseguiria içar aquela carga de aço para libertar o motorista. Assim, com as chamas cada vez mais intensas, o policial lentamente puxou sua arma do coldre. Ele então se deteve, reavaliando, e guardou o revólver. A seguir, em meio aos gritos do motorista,*

sacou a arma uma segunda vez, deteve-se, e a recolocou no coldre novamente.

Foi nesse ponto da agonia que o mecânico viu o policial fazer algo inesperado. Correndo de volta à viatura, apanhou um pequeno extintor de incêndio de tetracloreto de carbono. Não era suficiente para extinguir o fogo. Mas era grande o bastante para aspergir o rosto do motorista e fazê-lo dormir, o que de fato aconteceu.

Logo em seguida, a cabine explodiu.

O dilema enfrentado pelo policial, ao que parece, é essencialmente do tipo curto prazo *versus* longo prazo. Por um lado, é correto aliviar o sofrimento a curto prazo — uma postura que lhe justifica atirar no motorista. Por outro, é correto preservar a vida a longo prazo — postura que o exorta a nunca matar outra pessoa, sejam quais forem as circunstâncias. Visto dessa maneira, o dilema também se enquadra no paradigma justiça *versus* compaixão, com a compaixão impelindo-o a tirar o motorista da agonia e a justiça exigindo estrita adesão às leis que proíbem o assassinato. Para qualquer dos lados, o policial tem uma escolha difícil a fazer — porque reconhece valores centrais que estão diretamente em conflito.

Tendo lido a narrativa, já sabemos como ela acaba. E também sabemos que, no calor do momento, o policial não dispunha de tempo para refletir sobre nossos três princípios para chegar a uma conclusão. Nós, porém, dispomos. De que maneira, se estivéssemos ali, poderíamos tê-lo aconselhado a agir? Isso depende, em grande parte, de qual dos princípios nos parecesse mais convincente.

Se olharmos as circunstâncias do ponto de vista utilitário, baseado em fins, vamos nos perguntar qual é o maior bem para o maior número. À primeira vista, não parece haver aqui um grande número de envolvidos: há somente um policial e um motorista num trecho de estrada isolado. Assim, o "maior número" pode nos surpreender por se limitar a apenas um único indivíduo: o motorista. Afinal, perguntará o pensador que se baseia em fins, quais seriam as chances de sobrevivência? A cabine estava em chamas e poderia explodir a qualquer momento. E, mesmo que o policial tivesse as ferramentas para remover o motorista, tentar fazer isso poria em risco sua própria vida — elevando a probabilidade de que o "maior número" pudesse subitamente se elevar de um para dois. Se, então, o maior número é de fato dois, qual é o maior benefício? Salvar um é melhor que perder ambos. E reduzir o sofrimento de um, que provavelmente vai acabar se perdendo, é melhor que lhe prolongar a agonia. O utilitarismo, então, pode muito bem defender que se atire nele — embora se possa argumentar que o "maior número", aqui, é a sociedade em geral, que se beneficiará, no fim, com um "utilitarismo de regras" que respalde o ditame "Não matar", ainda que alguém (no caso, o motorista) tenha de sofrer tremendamente.

Diante de tudo isso, o pensador kantiano levanta fortes objeções — sob a alegação de que os argumentos acima são puro conseqüencialismo. Calcados em especulação, tais argumentos tomam como fato aquilo de que se pode apenas ter certeza — que a cabine de fato explodirá e inevitavelmente o motorista há de morrer. Uma vez que o policial nunca pode ter certeza desse (ou de qualquer outro) resultado, o pensador que se baseia em regras insiste para que ele se aferre ao preceito mais amplo e mais seguro de que disponha — desejar que todo policial, a partir de agora e para todo o sempre, o siga em tais situações. Tal preceito pode muito bem ser: "Não matar".

É provável que tal postura pareça absurdamente rígida e teórica para o pensador baseado em fins, que sente profundamente o sofrimento do motorista. Ele entende que situações reais têm resultados reais. "Você quer que o policial permaneça ali de pé", questiona o utilitarista, "e fique olhando o sujeito sofrer as conseqüências?"

"Conseqüências!", retruca o kantiano. "Vou lhe dizer uma coisa sobre conseqüências! Você instruiu o policial a matá-lo, e foi o que ele fez. E agora, com um fio de fumaça ainda saindo da arma e o som do disparo reverberando entre as árvores, ele ouve outro som: uma sirene. Em meio minuto, um carro de bombeiros pára ao lado do veículo acidentado. O policial não faz idéia de como chegou ali. Em mais meio minuto, o incêndio está dominado. E ali jaz o motorista morto, porque o policial atirou. É o que dá fazer esse esforço idiota de tentar prever todas as possíveis conseqüências!"

Essas duas diretrizes, portanto, podem muito bem nos levar a duas respostas diferentes. Que orientação obteremos com a regra áurea? Aqui, o "outro" é claramente o motorista. Se você estivesse preso na cabine, o que gostaria que um policial fizesse a você? Se estiver suplicando-lhe para matá-lo, isso não seria uma evidência tremendamente convincente do que você deseja? O policial não deveria respeitar os seus desejos?

Bem... sim e não. Geralmente, tal pedido é evidência convincente dos desejos mais profundos de uma pessoa. Mas essa é, certamente, uma circunstância extrema. O motorista é capaz de pensar claramente? Sua súplica, afinal, tem um forte componente conseqüencialista: ele implora por essa solução específica porque, em meio a seu pânico, somente consegue enxergar um resultado horrendo. Mas a sua súplica deveria ser atendida? Os salva-vidas sabem que os banhistas, quando estão se afogando, muitas vezes arremetem e atacam quem procura salvá-los. Deveriam os salva-vidas interpretar esse comportamento como um claro sinal que signifique "Deixe-me só; prefiro me afogar"? Dificilmente. Eles são instruídos a nocautear tais pessoas, se preciso, e puxá-las até a praia, contra o que parece ser a vontade delas. Deveria o policial presumir que "Mate-me!" significa o que as palavras expressam literalmente? E essa é a interpretação que ele mais desejaria que outra pessoa desse a suas palavras caso os papéis fossem invertidos?

Vários pontos emergem dessa discussão. Primeiro, o resultado verificado seguiu um curso de ação que desafia o modo como a situação foi vista inicialmente. Parecia ser um *di*-lema, permitindo apenas dois resultados: ou reduzimos o sofrimento matando, ou nos recusamos a matar. O policial encontrou um terceiro caminho — uma espécie de lugar intermediário entre os extremos, que minorou o sofrimento sem matar. Como ele fez isso? Não foi, claramente, por meio de um processo consciente de discurso racional como o que acabamos de descrever. Pode ser significativo ressaltar que ele levou algum tempo debatendo-se quanto à decisão (como indicam seus movimentos de remover a arma e então repô-la no coldre duas vezes), antes de agir. Naquele momento, ao que parece, ocorreu-lhe a terceira alternativa. Do dilema emergiu um *trilema* — uma terceira via, um caminho intermediário entre duas alternativas aparentemente inconciliáveis.

Os dilemas nem sempre se resolvem sozinhos, dessa maneira. Com freqüência não nos deixam opção senão escolher um lado ou outro. Mas, às vezes, uma notável conciliação manifesta-se. Parece-me que é o que ocorre, particularmente, quando estamos dispostos a nos distanciar da questão por tempo suficiente para analisar os paradigmas e aplicar os princípios de solução. Ao agirmos assim nos tornamos mais aptos a descobrir um caminho que não havia sido vislumbrado. O papel do processo de solução, então, nem sempre é determinar qual dos dois caminhos deve ser tomado. Às vezes, ele serve para deixar a mente trabalhar por tempo suficiente para que possa descobrir um terceiro caminho.

O segundo ponto sobre o dilema do policial diz respeito a seu papel como responsável pela aplicação da lei. A lei terrena é clara: não matar. No sentido legal, então, o policial não tem escolha. Ele provavelmente terá de se recusar a matar sob quaisquer circunstâncias, ou arriscar-se a comprometer sua posição profissional e, possivelmente, sua carreira. Mas isso se refere apenas ao aspecto legal. A ética, como observamos anteriormente, vai bem além da lei e adentra a "obediência ao não exigível". Como todos nós, o policial tem sentimentos. Como qualquer um de nós, ele pode deparar com circunstâncias em que a coragem moral exorta-o a adotar uma postura ética mais elevada do que a lei lhe faculta. Se a lei é bem elaborada, tais situações deveriam ser poucas e ocorrer muito esporadicamente. Sugerir, porém, que o policial nesse caso não enfrentava nenhum dilema ético, mas somente uma tentação moral de fazer a coisa "errada", é tentar implodir toda a ética e comprimi-la nos limites estreitos da lei. É considerar, em outras palavras, que ética e lei são idênticas. O fato é que, se o policial tivesse matado o motorista, poderia muito bem estar sujeito a medidas *legais* estritas. Mas isso tornaria errada a sua ação? Ou lhe atribuiríamos um heroísmo moral e o elogiaríamos por agir fundamentado em sua mais alta noção de consciência?

2. A conselheira do serviço social

May trabalhava como conselheira sobre doenças sexualmente transmissíveis em uma entidade de serviço social que prestava atendimento a mulheres. Certo dia, descobriu estar sofrendo, ela própria, de duas dessas doenças.

> *Sabendo que não tivera relações sexuais com ninguém, a não ser o companheiro de longa data, ela concluiu que as doenças só poderiam ter vindo dele. Conversando com ele sobre isso, ela o acusou de lhe ter transmitido as doenças — e, na verdade, acusou-o de promiscuidade, pois ele só poderia ter contraído as doenças por meio de relações sexuais com outras mulheres. Ele negou firmemente, recusando-se até a fazer exames médicos. E ela terminou o relacionamento.*
>
> *Alguns meses depois, uma jovem que May não conhecia veio aconselhar-se após ter contraído uma doença sexualmente transmissível. Durante a conversa, a cliente revelou o nome do namorado. Para surpresa de May, era o seu ex-namorado — um fato que, aparentemente, aquela jovem desconhecia.*
>
> *O dilema de May: deveria manter sua conduta profissional e não dar indícios de que conhecia esse homem? Ou alertaria a jovem sobre o que sabia?*

A lealdade à sua profissão e seus padrões de objetividade no trabalho de aconselhamento pesariam contra uma possível decisão de revelar o antigo relacionamento àquela jovem. No entanto, a verdade é que, a seu ver, seu antigo namorado constituía uma ameaça potencialmente séria à saúde dela. Por essa razão, deveria alertá-la. Muito claramente, May vivencia um dilema do tipo verdade *versus* lealdade. Na verdade, outros paradigmas podem se aplicar também. O paradigma eu *versus* o outro evidencia que May está tentando conciliar as necessidades de segurança da comunidade com a conduta profissional de seu ramo de trabalho: contar à jovem poderia proteger a comunidade de uma maior disseminação da doença, mas ficar calada contaria como ponto a favor de seu próprio profissionalismo, ajudando a promover sua carreira e certamente reduzindo o seu envolvimento com um episódio que poderia tomar um rumo confuso. Há aí também um componente do tipo curto prazo *versus* longo prazo: revelar a história à jovem seria impedir uma ameaça imediata de mais um caso de doença, embora isso pudesse minar a credibilidade que a entidade conquistara ao longo do tempo como provedora objetiva de serviços de aconselhamento.

O utilitarista, se convidado a aconselhar May, pensa nas conseqüências. O que acontecerá se ela não contar? A jovem pode muito bem contrair a doença, bem como retransmiti-la na comunidade. Além disso, se as doenças de que May é portadora se tornassem de conhecimento público e fosse identificado que provieram de seu namorado — e caso se tornasse público que May sabia do relacionamento do namorado com a jovem —, poderia parecer que ela houvesse deliberadamente ocultado a informação à jovem como forma de se vingar da nova namorada de seu ex-namorado. O que, entretanto, acontecerá se ela contar? A jovem pode achar que May está deliberadamente tentando afastá-la do namorado. Se a cliente fizer uma denúncia, o empregador de May poderá muito bem acusá-la de intrusão pessoal injustificada no que deveria ter sido um relacionamento estritamente profissional. Diante dessas conseqüências, o maior bem para o maior número — se esse número for a comunidade como um todo — pode consistir em contar à jovem a história. Na verdade, isso pode ser prejudicial, tanto às emoções da jovem quanto à carreira de May. Mas, se uma delas ou ambas tiverem de sofrer em nome do bem da coletividade, que assim seja. É aí que "o maior bem" é atendido.

Para o pensador que se baseia em regras, o que foi dito acima resulta numa teia de especulações. E nem sequer se trata de especulação particularmente útil. Ao predizer as conseqüências, pode-se tomar partido de qualquer um dos lados praticamente com a mesma convicção. Muito melhor, então, é determinar a regra que mais se deseja ver permanentemente seguida pelos conselheiros na posição de May. Tal regra provavelmente é alguma versão de "Salve vidas". Mas o que isso significa exatamente, nesse caso? Significa "Salve a vida dessa jovem que está sentada em frente à minha mesa neste momento"? Se for isso, então May precisa lhe contar. Ou significa "Proteja a capacidade da entidade de serviço social de salvar vidas no futuro"? Isso poderia nos levar a colocar a credibilidade e também a viabilidade futura da entidade acima das necessidades de qualquer indivíduo.

Nesse episódio, a regra áurea talvez ofereça a orientação mais inequívoca. Ao colocar-se na posição da jovem, May sem dúvida desejaria que lhe dissessem a verdade — especialmente se ela pudesse ter certeza de que aquela informação fosse de fato motivada pelas exigências da integridade, e não pelo desejo de vingança. E, uma vez que May já se vê como sincera, gostaria que uma pessoa em seu cargo lhe dissesse a verdade também. A regra áurea, então, provavelmente lhe dirá que, independentemente das regulamentações, ela deveria se importar com a jovem o bastante para dizer-lhe o que esta precisaria saber.

Incomoda-nos o fato de que em muitos casos essas diretrizes não levam a conclusões firmes? Sim, mas isso provavelmente é inevitável. A ética é complexa. Faz-nos ponderar nossos julgamentos e exercer discernimento. Pode significar, no fim, que temos de escolher entre duas maneiras de fazer uma escolha. Podemos ter de decidir, em outras palavras, qual das versões de pensamento — baseado em fins ou baseado em regras — é a mais aceitável.

Ao fazermos isso, começamos naturalmente a investigar terceiras alternativas. Por exemplo, uma alternativa natural que vem à mente é deixar que May não se ocupe desse caso e o repasse a outra conselheira. Isso decerto preservaria o profissionalismo do relacionamento entre a entidade e a jovem. Mas ajudaria a alertá-la sobre o que ela precisa saber? Mesmo aqui, pode não haver como contornar a situação: May enfrenta uma escolha difícil, que somente pode ser resolvida em concordância com seus mais altos princípios para a tomada de decisões morais.

3. O empregado leal

Como diretor de uma pequena faculdade de ciências humanas, Bill enfrentou um dilema do tipo eu *versus* comunidade.

> *Maud participava da pequena equipe administrativa com quem ele trabalhava de perto; era uma mulher solteira que trabalhava na controladoria e cuja lealdade à faculdade não tinha limites. Em vinte anos de trabalho, ela havia passado por diversos cargos. No entanto, nunca se mostrara muito capaz em nenhum deles. Embora generosa com seus colegas e cuidadosa com suas tarefas, era uma funcionária lenta e deliberada, incapaz de absorver as novas tecnologias e facilmente perturbada por mudanças na rotina. Bill tivera várias conversas com ela a respeito de seu trabalho, e todas haviam terminado em lágrimas. Ele sabia que, faltando-lhe seis anos para a aposentadoria, ela possuía poucas economias e não tinha família. A vida dela parecia completamente voltada para a faculdade.*
>
> *Bill também estava ciente, contudo, de que, com o aumento dos custos e a diminuição dos alunos, teria de fazer ajustes em sua equipe. Estava claro para todos os envolvidos que o trabalho de Maud poderia ser quase eliminado com um novo computador. Também estava claro que não havia um cargo óbvio para o qual ela pudesse ser transferida e que o salário dela pesava significativamente no orçamento. As necessidades da comunidade deixavam claro que ela devia ser demitida. As necessidades do indivíduo, contudo, impeliam Bill a mantê-la no emprego por mais seis anos.*

O bom utilitarista, ao aconselhar Bill, não tem muita dificuldade neste caso. Afinal, o paradigma eu *versus* comunidade parece feito sob medida para o cálculo baseado em fins aplicado a números menores *versus* maiores. O bem de toda a coletividade, aparentemente, será promovido eliminando-se o peso que Maud significa para os recursos disponíveis. Sim, ela é ferrenhamente leal. Sim, ela deveria ter sido despedida há muitos anos. Sim, será um golpe duro para ela. Mas não se pode deixar o progresso da faculdade inteira ficar atrelado às necessidades de um único indivíduo. Por sua própria natureza, o maior bem para o maior número pressupõe que haverá momentos em que alguns poucos terão de sofrer.

Para o bom kantiano, isso soa um tanto grosseiro. "De novo a mesma história: pensando só nas conseqüências", diz o pensador que se baseia em regras. "Como você pode saber que não encontrará o nicho certo no qual ela possa brilhar? Como saber que a lealdade, qualidade que ela melhor expressa, não será justamente o que precisará em algum cargo que ainda tenha de criar — para o relacionamento da faculdade com ex-alunos, por exemplo, ou como uma administradora altamente sigilosa para integrar o conselho diretor? Como saber que aquele tio dela está prestes a fazer uma polpuda doação à faculdade, em reconhecimento por todos os anos em que você teve consideração por sua sobrinha favorita? Uma vez que não tem como conhecer as conseqüências, não tente adivinhá-las. Atenha-se à regra."

Mas qual regra? A resposta, aqui, pode ser algo tão simples quanto a que Kant elaborou em sua segunda formulação do imperativo categórico: "Aja de tal modo que você nunca trate a humanidade, quer em sua própria pessoa, quer na pessoa de qualquer outro, simplesmente como um meio, mas sempre e ao mesmo tempo como um fim".[7] Em outras palavras, não use as pessoas. Não as trate mera-

7 Kant, *The Moral Law*, p. 96.

mente como instrumentos para alcançar um objetivo, mas como o próprio objetivo, com inteira atenção à sua dignidade e humanidade. Se todos sempre tratassem os demais como fins, perguntam os kantianos, isso não produziria o mundo em que mais gostaríamos de viver? Tratar Maud como um meio seria medir seu valor apenas em termos de sua utilidade em trazer uma grande contribuição à faculdade. À medida que essa contribuição diminuísse, o valor de Maud também se reduziria. E, tendo o executivo o encargo de maximizar o valor, Bill logicamente concluiria que deveria despedi-la. No entanto, tratando-a como um fim — como merecedora de amor e respeito, simpatia e incentivo, pela simples razão de que ela é humana —, Bill poderia concluir que ele e a faculdade teriam uma obrigação para com o seu bem-estar, não limitada a nenhum relacionamento legal. Ele poderia desejar que seus antecessores tivessem sido honestos com ela quanto a seu futuro, tivessem lhe dado um prazo fixo no qual ela pudesse se adaptar ou demitir-se e tivessem ajudado a elaborar um plano de benefícios que facilitasse essa transição. Isso, porém, não ocorreu. Assim, ele tem agora de tratá-la menos como uma funcionária e mais como um membro da família.

No entanto, o pensador que se baseia em regras também poderia ver a situação sob outra perspectiva. O trabalho de Bill é ajudar a faculdade a prosperar, para que ela possa melhor servir a seus alunos e ao mundo. A regra mais aplicável, então, pode ser: "Sempre faça o que fortalece a equipe". Mas o que isso significa? Pode significar: "Despeça-a, para que outros possam fazer um trabalho melhor". Pode, no entanto, significar: "Mantenha-a no cargo, enviando desse modo um sinal para toda a coletividade de que esta é uma faculdade que se importa profundamente com seus integrantes".

Esse, sem dúvida, é o argumento que o pensador baseado em cuidados desejará que Bill adote. Aqui, porém, a identidade do "outro" é problemática. Maud é a pessoa com quem Bill, como participante desse dilema, deveria se imaginar trocando papéis? Ou seria com outra pessoa de sua equipe? Se a pessoa for Maud, a resposta é clara: mantê-la como funcionária. Mas, se for outra, essa pessoa não estará esperando que Bill ofereça liderança, um gerenciamento firme e um sentido de direção corajoso? Os funcionários não estarão esperando que ele tome decisões difíceis que, por mais dolorosas a curto prazo, ajudem a prosperar em um período mais longo? Eles o acusarão de falta de pulso caso não consiga despedi-la?

Esse dilema difere dos dois anteriores sob vários aspectos. Muito poucas pessoas deparam inesperadamente com veículos em chamas — menos ainda tendo uma arma na mão. Bem poucas têm doenças sexualmente transmissíveis. Quase todo mundo, porém, já encontrou uma situação em que a pessoa e o cargo simplesmente não se encaixam. A resolução, em tais casos, depende menos das características da situação imediata — o caminhão está em chamas?, essa doença é perigosa? — do que de uma avaliação de longo prazo do caráter dos indivíduos envolvidos. Para resolver esse dilema adequadamente, é preciso conhecer Maud — intimamente, ao longo de muitos anos e com uma compreensão rica e profunda de suas atitudes, respostas, pontos fortes e fraquezas. É preciso conhecê-la de um modo que não é alcançável com base em uns poucos parágrafos, como os apresentados neste estudo de caso. O melhor que podemos fazer em um livro desse tipo é esboçar os limites externos do caráter. As resoluções reais, ao contrário, são construídas sobre um rico entendimento.

4. O time de basquete feminino

Quando a pequena escola pública de Ensino Médio de que era diretor se sagrou vencedora no campeonato de basquete feminino, Allen ficou exultante. Dez meses mais tarde, as coisas pareciam ainda melhores: quatro das calouras do ano anterior estavam de volta nesse ano.

Mas, certo dia de novembro, várias semanas antes de o time ter autorização oficial para ser escalado e começar a treinar, essas quatro moças saíram da escola às 9 horas da manhã, entraram num bar, ficaram completamente bêbadas e voltaram para a escola a tempo de pegar o ônibus das 14h30 para casa. Não havia como esconder a condição delas. Assim que entraram no prédio, a escola inteira envolveu-se na polêmica. Minutos depois, a diretoria estava cheia de professores e funcionários discutindo acaloradamente. Um lado insistia para que as garotas fossem suspensas imediatamente, recebessem uma punição significativa quando voltassem e fossem expulsas do time — ou, como ainda não havia um time oficial, pelo menos fossem impedidas de jogar no time quando este fosse escalado. Eles diziam que a justiça tinha de ser feita: essas moças deveriam servir de exemplo para os outros alunos.

O outro lado chamava a atenção para as circunstâncias do caso, observando que beber e depois voltar para a escola era obviamente um pedido de ajuda. Ninguém se dava conta, perguntavam, das tristes condições domésticas dessas crianças, várias das quais vinham de lares abusivos em que imperava o alcoolismo? Essas garotas não precisavam de suspensão e punição: precisavam de clínicas de desintoxicação e de aconselhamento profissional. Eles diziam que a compaixão devia ter precedência nesse caso; se a escola queria estabelecer um exemplo, que fosse um exemplo de cuidado.

Justiça e compaixão: o diretor tinha de tomar a decisão e não havia como satisfazer os dois lados ao mesmo tempo.

Suponha que Allen seja um utilitarista escrupuloso. O que fará? O "maior número" mais relevante para ele é provavelmente a comunidade escolar — os alunos, professores, funcionários, pais e pessoas da cidade que acompanham os eventos de basquete e adoram orgulhar-se de seu time. O maior bem para essa comunidade pode consistir em atenuar a infração, encontrar um modo de permitir que as garotas joguem e torcer para que haja um campeonato ainda melhor no ano seguinte. Poderia haver conseqüências adversas? Na verdade, sim. Se as garotas mostrarem não ter nenhum arrependimento e continuarem a agir de maneira insubordinada, poderão passar aos alunos mais jovens uma mensagem de que não há nada de grave em tal comportamento. Elas também poderão se sentir tão cheias de si que, ao contrário do último ano, não conseguirão formar um time integrado, se recusarão a acatar ordens e agirão como insubstituíveis. Essas, porém, são conseqüências incertas, a serem ponderadas em comparação com a certeza aparentemente inevitável de que, sem essas quatro alunas, o time cairia para a última divisão. *Se* as conseqüências adversas parecerem manejáveis, e *se* as alunas parecerem suficientemente arrependidas, e *se* o treinador concordar, e *se* e *se* e *se*..., então Allen poderá muito bem deixá-las jogar.

O kantiano pode enxergar isso de outra maneira. Desenredando o argumento e a teia de suas conseqüências, ele salientará que, aja como agir, Allen terá de fazer o que gostaria que todo diretor fizesse em circunstâncias similares daqui para a frente. "Ele quer que as regras sejam seguidas ou violadas?", pergunta o kantiano. Aqui, na verdade, a regra suprema pode ser "Aplicar as regras". Se todo diretor de escola adotasse uma posição inflexível como disciplinador — temperada com clemência, é claro, mas ainda assim enviando um claro sinal de que atletismo e álcool não combinam —, a saúde futura dos esportes intercolegiais seria enormemente melhorada. O fato é que, se todo diretor colocasse as necessidades educacionais e emocionais dos alunos à frente das necessidades de entretenimento do público fã de esportes, a cultura educacional, como um todo, se beneficiaria. Perder um campeonato? Sim, se com isso alguns alunos forem poupados de uma vida de delinqüência, alcoolismo e sofrimento.

A regra áurea, como de costume, levanta a questão da identidade dos "outros". A troca de papéis mais fácil de imaginar é com as alunas: se Allen fosse uma delas, o que ele desejaria que tivesse acontecido? Na superfície, evidentemente, todos nós preferimos não ser punidos. Assim, parte da resposta consistiria necessariamente em atenuar as penalidades. Porém, num nível mais profundo, todos nós almejamos viver em um mundo em que a autoridade fale com firmeza, proteja a vida do mais fraco e se interesse o suficiente para agir com um amor resoluto. Se aqueles que viram nesse comportamento um grito inequívoco por socorro estiverem certos, então se deveria responder a tal grito. O sentido supremo da regra áurea exorta Allen a fazer algo que reforme e reabilite — embora ao mesmo tempo possa ser necessário punir e restringir.

A linguagem da ética

Há um modo revelador de expressar-se que aparece regularmente nas discussões acima. Ele se apóia em palavras do tipo "talvez", "provavelmente", "possivelmente", "poderia" ou "pode". Ele se insinua justamente quando o coração está em busca de uma resposta clara e definitiva. E sempre parece aflorar no momento em que os princípios morais estão sendo traduzidos em casos particulares. No instante em que estamos prestes a ouvir o conselho dos utilitaristas acerca da resolução a tomar, aparecem os termos condicionais: eles poderiam argumentar desse modo ou daquele. Se o maior número for este grupo e não aquele, então eles deveriam fazer a coisa *A* — mas, se o maior número for aquele grupo e não este, então o curso de ação será evidentemente *B*.

Isso é de fato um processo de solução? Ou somente uma maneira floreada de conversar? Estamos apenas deixando nossos dilemas de molho num caldo de palavras — acrescentando um novo toque de aroma ao mesmo velho bife duro? Ou estamos de fato utilizando a linguagem para penetrar na névoa, localizar as referências desconexas, identificar os marcos morais e trazer à luz um processo de tomada de decisões fundamentado, para podermos lidar com a questão?

Não há dúvida de que a linguagem permite essa última opção. Tampouco se duvida de que ela, se aplicada adequadamente a dilemas éticos, pode nos orientar rumo a uma tomada de decisões moralmente coerente. A própria linguagem, porém, está posicionada entre duas exigências opostas: a necessidade de precisão e o desejo de expansão. E isso, por sua vez, traz um dilema. Por um lado, queremos que nossas palavras sejam marcadores nítidos, bem definidos, que correspondam, um a um, às coisas do mundo. Queremos uma clareza de expressão grande o bastante para eliminar toda a ambigüidade, dissipar ou explicar todas as sombras e fixar todos os significados. Por outro lado, queremos que nossas palavras cantem, abram vias de pensamento inéditas em um mundo renovado, para cada habitante. Queremos palavras que não se prestem tanto a *definir* — verbo que significa "limitar" ou "traçar fronteiras" — quanto a *narrar*, palavras ricas da arte do contador de histórias, que capturem as infinitas nuances de cada vida. Queremos uma linguagem com a qual o significado não seja simplesmente veiculado, mas criado, em que cada personagem possa se alçar e tomar nas mãos sua própria história e destino, e em que as relações sejam tão fluidas e evocativas quanto na vida cotidiana.

O que necessitamos, então, são dois tipos de linguagem. A linguagem que usamos para narrar nossos dilemas éticos — o modo como dizemos a nós mesmos e aos outros o que se passa no mundo — não é necessariamente a que usamos para analisar e resolver esses dilemas. A primeira tende a ser flexível, subjetiva, artística; a segunda, firme, objetiva, até científica. No entanto, aquilo que está sob o microscópio dessa linguagem científica é também uma narrativa — pois estamos tentando analisar as histórias que contamos um ao outro —, e por isso a análise resultante tende a pender para um dos dois extremos. Por vezes, ela pode parecer indefinida, amorfa e escorregadia a ponto de contribuir muito pouco para a nossa compreensão. Outras vezes, pode parecer rígida e empertigada, a ponto de que a compreensão que veicula, embora precisa, mal tenha qualquer serventia.

Como em muitos de nossos dilemas éticos, o caminho mais satisfatório para ir em frente é o território intermediário entre esses dois cumes. Haverá vezes em que a análise parecerá insatisfatória quando, digamos, um desejo de aderir ao princípio baseado em regras porá em choque duas regras opostas que poderiam ser prontamente universalizadas. Haverá outras vezes em que o caminho mais razoável parecerá pueril, incômodo e injustificável — como quando o pensamento baseado em fins nos leva a concluir que devemos matar *estes* bebês para que *aqueles* possam viver. Nessas ocasiões podemos nos ver tentados a culpar o responsável pela tomada de decisões e acabar encontrando a culpa em nós mesmos — ou criticar o sistema de tomada de decisões por não nos fornecer uma resolução inequívoca. Na verdade, o problema reside na própria linguagem. A ética é, em essência, uma atividade verbal. E as palavras nem sempre são tão claras como gostaríamos.

É justo, porém, observar que, em algum ponto ao longo desse trajeto de narração e análise, as soluções começam a tomar forma. Quanto mais trabalhamos com esses princípios, mais eles nos ajudam a compreender o mundo ao nosso redor e levar a bom termo nosso relacionamento com ele. A metáfora é oportuna: alcançamos um *bom termo* ao encontrarmos o discurso que nos ajuda a dar significado à nossa vida. Que significado é esse, e de que maneira os termos o iluminam, é algo distinto para cada um de nós.

Não é de admirar, então, que não haja fórmulas para resolver dilemas, que não exista nenhuma geringonça que nos entregue a resposta pronta.

No entanto, tampouco é de admirar que no ato de levarmos a bom termo as escolhas difíceis encontremos respostas que não somente esclareça as questões e satisfaçam nossa necessidade de significado, mas que se revelem como soluções satisfatórias.

Tampouco é de admirar, por fim, que ao praticarmos a resolução de dilemas descubramos que a ética não é tanto uma meta, mas um caminho; não tanto um destino, mas uma jornada; não tanto uma vacina, mas um processo.

Capítulo Oito

"Só existe 'ética'..."

Em 1958, no início do programa espacial norte-americano, um engenheiro aeroespacial de 28 anos, de nome Ted Gordon, foi chamado à sala de seu superior, J. L. (Jack) Bromberg. Como engenheiro-chefe de projeto para o programa Thor, da Douglas Aircraft Company, Bromberg era responsável pela supervisão dos resultados de testes para os novos mísseis balísticos de médio alcance da Força Aérea.

Bromberg não queria apenas conversar. Em 4 de outubro de 1957, os soviéticos haviam lançado o *Sputnik I*, o primeiro satélite da Terra. Menos de um mês depois, lançaram o *Sputnik II*, dessa vez levando uma cachorra viva. Com esses lançamentos, a União Soviética havia saltado para uma aparente supremacia tecnológica na corrida espacial — e envergonhara as instituições de pesquisa e educacionais norte-americanas, fazendo-as reexaminar seus objetivos e resultados. Contudo, ainda mais importante, foi o fato de os soviéticos abalarem as instituições militares e políticas dos Estados Unidos. A ameaça do primeiro-ministro soviético Nikita Khruschev de que os netos dos norte-americanos viveriam sob o comunismo foi considerada uma frígida sinceridade. Sabia-se que os soviéticos tinham uma bomba atômica, o que os tornava grande ameaça, tanto para as nações ocidentais quanto para os novos países do Terceiro

Mundo que recentemente haviam se libertado do colonialismo europeu. A aliança soviética com a China, firmada oito anos antes, significava que o comunismo agora englobava o Adriático, o Estreito de Bering e o Mar da China. A Guerra da Coréia, que custara a vida de 34 mil militares norte-americanos, já demonstrara as intenções expansionistas dos comunistas. Agora eles pareciam querer expandir-se também para o espaço. Nessa hora turbulenta, o poder militar ocidental estava ligado de modo inextrincável à supremacia econômica dos Estados Unidos, que, por sua vez, dependia do sucesso tecnológico. E a menina-dos-olhos da tecnologia norte-americana era o novo programa espacial.

Em 1958, o país sustentava dois esforços espaciais paralelos. Um, coordenado pelo doutor Wernher von Braun, concentrava-se no míssil Redstone, desenvolvido pela Ballistic Missile Agency [Agênca de Mísseis] do Exército — o grupo que, em 31 de janeiro de 1958, colocara o primeiro satélite norte-americano em órbita, a partir do Cabo Canaveral, na Flórida. O outro, centrado no Thor, era um empreendimento da Força Aérea. Era aí que Bromberg e seu jovem auxiliar se encontravam em acirrada competição não só com os soviéticos, mas com o Exército. Até o momento, as coisas não iam bem. Bromberg, a quem Gordon certa vez descreveu como "um chefe rigoroso que não aceita álibis, nem desculpas, nem razões para uma tarefa não ser terminada a tempo",[1] fora apelidado de "Thorhead" por sua equipe. Como coordenador do programa, ele supervisionara os três primeiros lançamentos do Míssil Balístico de Médio Alcance Thor (ICBM). Para seu desalento, todos falharam por razões técnicas e alguns caíram sobre a plataforma de lançamento. Em uma mistura de desespero e esperança, ele ofereceu ao jovem Gordon uma oportunidade sem precedentes: escrever a contagem regressiva para os próximos lançamentos e tornar-se diretor de testes para o programa Thor, em Cabo Canaveral.

1 Theodore J. Gordon e Julian Scheer, *First into Outer Space* (New York: St. Martin's Press, 1959), p. 48.

Escrever a contagem regressiva, como Gordon relatou, não era uma tarefa simples. Cada lançamento de um Thor exigia que cerca de 300 000 partes funcionassem perfeitamente no momento adequado. Milhares de parâmetros precisavam ser levados em conta, envolvendo centenas de ações precisamente calibradas por multidões de engenheiros e mecânicos. Cada uma tinha de ser realizada de modo perfeito e na seqüência exata. Os mísseis, como Gordon lembrou em seu livro *First into Outer Space* [Os Primeiros no Espaço Exterior], são "tremendamente complexos, e essa complexidade às vezes faz com que não funcionem. Cada sistema tem de operar precisamente, cada parte componente deve funcionar quando acionada. O vôo de um míssil raramente falha devido a uma inadequação básica no projeto; geralmente um elemento banal falha, um elo aparentemente insignificante de uma cadeia basicamente forte".[2]

Assim, todas as partes banais são testadas muitas vezes — até a ignição final. Entre os últimos testes a serem realizados, menos de meia hora antes do horário previsto, havia um envolvendo uma chave localizada na parte traseira do míssil colocado verticalmente na plataforma. A chave, programada para operar no momento em que o míssil fosse lançado, mantinha abertas todas as válvulas que permitiam a passagem do combustível para os motores. Ela era travada por um pino que a impedia de abrir-se prematuramente. Esse pino era removido manualmente nos minutos finais da contagem. Mas antes de o pino ser removido a chave deveria ser verificada eletricamente para haver certeza de que não apresentaria defeito.

Gordon, que se aposentou como presidente do Futures Group [Grupo Futuros] e é um dos principais futuristas do mundo, lembra-se bem daquele dia. Um Thor de múltiplos estágios estava na plataforma de lançamento. Ele se encontrava no apertado blocausse de concreto quando, para seu horror, viu o painel de controle acender-se, indicando que as válvulas principais de oxigênio e combustível do primeiro estágio haviam sido abertas. Isso queria dizer que o

2 Gordon e Scheer, *First into Outer Space*, p. 43.

querosene e o oxigênio líquido estavam sendo impelidos para a câmara de combustão do foguete, onde formavam uma mistura volátil e extremamente explosiva. A mistura, sem ter para onde ir, jorrou da câmara e caiu sobre a placa de aço de exaustão e deflexão que fica sobre a plataforma de lançamento, muitos metros abaixo. Os mecânicos e engenheiros que trabalhavam na plataforma espalharam-se em todas as direções. Eles sabiam o que podia acontecer: já haviam visto foguetes na plataforma de lançamento envoltos em bolas de fogo, derretendo-se em destroços brancos e quentes. Estavam literalmente correndo para salvar a vida, fugindo do holocausto que podia ser desencadeado por uma faísca acidental ou descarga elétrica.

A faísca não aconteceu. O oxigênio aqueceu-se e evaporou, e o inferno potencial reduziu-se a uma confusão oleosa, mas inócua. Depois, Gordon e seus colegas descobriram o que havia ocorrido. O mecânico encarregado de testar a chave de combustível simplesmente invertera o procedimento especificado na contagem regressiva. Ele tirou o pino primeiro e depois tentou fazer o teste. O teste disparou a chave, enviando a mensagem de que o foguete deixara a plataforma, abrindo totalmente as válvulas para o lançamento e inundando o local com milhares de litros de combustível e oxigênio.

O que fazer depois? A plataforma foi limpa; o foguete podia ser reabastecido e o lançamento podia ser agendado novamente sem grande dificuldade. Nenhuma vida fora perdida e ninguém fora ferido. No entanto, o risco potencial para um desastre fora enorme. Se tivesse havido uma fagulha, a explosão teria sido catastrófica — não só em relação a vidas perdidas, mas em danos ao moral, à aprovação pública e ao apoio do Congresso para o programa espacial incipiente. Se tivesse ocorrido uma fagulha, provavelmente não teria havido mais lançamentos Thor nem Júpiter, nem entusiasmo constante pela Nasa [Administração Nacional Aeronáutica e Espacial], nem nenhuma descida na lua pelo astronauta norte-americano Neil Armstrong, em 1969. Mesmo sem a fagulha ter acontecido, permanecia uma pergunta: o que fazer em relação ao mecânico em cujas mãos estava o futuro do programa espacial do país?

Enquanto a equipe de lançamento se reunia no blocausse, lembrou Gordon, fumando charutos e esperando meia hora para que o oxigênio líquido evaporasse da plataforma, as opiniões eram desferidas a torto e a direito. Despeça-o imediatamente, disse alguém. Suspenda-o e puna-o exemplarmente, disse outro. Transfira-o para um trabalho menos perigoso, disse mais outro. Acima de tudo, concordavam todos, tire-o daqui. Aparentemente não existia nenhum dilema envolvido. Ele havia agido errado. A única questão era como puni-lo, não se devia ser punido.

Gordon ouviu a todos, até o momento de dar a sua opinião — uma opinião que criou um dilema onde não parecia haver nenhum.

"Sabemos uma coisa sobre ele, com certeza", Gordon lembra-se de ter dito, "nunca mais, enquanto viver, fará alguma coisa desse tipo novamente. Talvez ele se transforme em nosso mecânico mais confiável. Talvez não devêssemos despedi-lo. Talvez devêssemos promovê-lo!"

Por fim, lembrou Gordon, foi isso que aconteceu. Os testes Thor seguiram adiante, conforme planejado, o programa espacial norte-americano progrediu e não foi uma tripulação soviética que chegou à Lua, mas sim uma norte-americana. Nunca mais aquele mecânico falhou em uma contagem regressiva.

Nove pontos de verificação para tomada de decisão ética

O poeta norte-americano E.E. Cummings, escrevendo sobre o escultor Gaston Lachaise, nos anos 1920, cunhou uma frase que, de muitas maneiras, descreve não só os processos estéticos, mas também os éticos. Ele escreveu que Lachaise tinha uma "inteligência que funcionava na velocidade da intuição".[3]

É uma boa caracterização da tomada de decisão ética. Como o dilema de Gordon sugere, as questões éticas podem surgir no mo-

3 E.E. Cummings, "Gaston Lachaise", em George J. Firmage, ed., *E.E. Cummings: A Miscellany Revised* (New York: October House, 1965), p. 17.

mento em que menos se espera. Quando tudo parece correr na mais perfeita ordem, algo acontece e desfere golpes potencialmente mortais antes de podermos nos dar conta de sua importância. Atracar-se com eles requer atos mentais racionais. Mas a mente muitas vezes tem de operar sem uma compreensão plena das causas, com apenas uma pista das conseqüências possíveis e pouco tempo para a reflexão. A fim de que se possam tomar decisões embasadas, a inteligência realmente deve funcionar com a "velocidade da intuição".

O DILEMA DO PRISIONEIRO[4]

Por que ser moral? Uma das respostas mais comuns vem da perspectiva racionalista. Ela alega que a razão, ao avaliar os argumentos a favor e contra a moralidade, concluirá inevitavelmente que a imoralidade é irracional.

Mas a moralidade é um assunto complexo – ainda mais quando se trata de enigmas difíceis que dizem respeito ao próprio futuro. Um desses enigmas, baseado numa palestra proferida em 1950 por Albert W. Tucker, famoso matemático e professor de Princeton, tenta mostrar que a razão e a moralidade podem não coincidir.

O caso hipotético, amplamente citado na literatura sobre tomada de decisões, centra-se em dois prisioneiros acusados de conspirar contra o Estado. Ambos são levados diante de um juiz que indica que cada um deles tem duas alternativas: confessar ou não. O juiz, buscando obter um acordo, esclarece as condições:

- Se um confessar e o outro não, quem confessou será libertado e quem não confessou será aprisionado por dez anos.
- Se ambos confessarem, ambos vão para a prisão por cinco anos.
- Se nenhum confessar, ambos vão para a prisão por um ano.

Suponha que eles combinem não confessar. Cada um será sentenciado a um ano de prisão. Mas por que então um deles não confes-

4 William Poundstone, *The Prisoner's Dilemma* (New York: Doubleday, 1992).

saria naquele momento – obtendo a liberdade e condenando o outro a dez anos de encarceramento? Como essa tentação será forte para ambos, contudo, por que o outro também não confessaria – reduzindo assim sua sentença de dez para cinco anos? Em outras palavras, não seria do interesse de cada um deles confessar, se tivesse a menor suspeita de que o outro o faria?

Mas suponha que pudessem confessar secretamente. Poderiam fazer um pacto solene de que não confessariam. Mas ainda assim não há uma vantagem racional em confessar? E, se for assim, cada um não deveria suspeitar fortemente de que o outro o fará?

Qual é o dilema? Por um lado, é certo manter a palavra. Por outro, é certo aumentar a própria liberdade diante da prisão. Além do mais, somente mantendo as promessas feitas em seu acordo de não-confissão é que cada um pode ter certeza de ficar preso por menos de cinco anos.

No entanto, se a racionalidade for a única base para a escolha ética – e esse é um grande "se" –, nenhum deles vai cumprir essas promessas. Ao comportarem-se de modo não ético e quebrarem as promessas, eles entram num jogo que tanto pode libertá-los quanto piorar as coisas. No entanto, comportar-se eticamente e manter a palavra garante que haverá apenas uma punição mínima para ambos.

Escolha difícil? Sem dúvida – se a racionalidade for o único padrão. É nessa questão de sacrificar o interesse pessoal – e até mesmo suportar alguma dificuldade "irracional" pelo bem geral – que reside grande parte da ética.

Isso não quer dizer, contudo, que não exista um processo lógico e seqüencial para a tomada ética de decisões. É verdade que podemos não ter consciência de que haja um padrão. Isso não quer dizer que não existam padrões. De fato, somos rodeados pela evidência de processos altamente padronizados que ocorrem na velocidade da intuição. A pianista de jazz que improvisa uma frase musical não está dizendo mentalmente: "Agora devo passar para um acorde de sétima em ré, pois acabei de vir de um acorde de sétima em lá menor". Mas é exatamente isso que ela faz. Um lançador de beisebol, girando para lançar para a primeira base e impedir que a bola seja roubada, também não calcula conscientemente o ângulo, a distância, a velocidade e o torque antes de arremessar a bola. No entanto todos esses parâmetros estão incluídos em seu lançamento. Desenvolver uma habilidade real no jazz, no beisebol — ou na ética — exige que a inteligência se funda à intuição, que os processos sejam internalizados, e que as decisões sejam tomadas de forma rápida, firme e natural. Para os músicos, atletas e pensadores morais, o processo de tomar boas decisões geralmente exige um investimento paciente — e muita prática.

Até agora, este livro trouxe oportunidades para essa prática, ao apresentar numerosos exemplos, acompanhados por comentários sobre o pensamento ético. Chegou o momento de reunir essas linhas em um processo coerente — não necessariamente como uma lista de verificação para ser aplicada no calor do momento, mas como um guia para a estrutura subjacente da tomada de decisão. Os nove passos a seguir, ou pontos de verificação, sugerem uma seqüência ordenada para lidar com o domínio desordenado, ou, por vezes, até mesmo totalmente caótico, das questões éticas.

1. **Reconhecer que *existe* uma questão moral.** Esse passo é crucialmente importante por dois motivos. Em primeiro lugar, exige que identifiquemos as questões que precisam de atenção, em vez de passarmos rapidamente por elas sem mais do que um olhar. Em segundo lugar, pede-nos para separar as questões genuinamente morais daquelas que envolvem meramente atitudes e convenções sociais — ou que nos levam aos domínios dos valores em conflito que não são morais, mas sim econômicos, tecnológicos ou estéticos. Esse reconhecimento nem sempre é fácil. E também não está livre de perigos. Uma dedicação excessiva aqui pode nos transformar em hipermoralistas extremados que percebem o perigo por toda parte.

No entanto, o extremo oposto pode nos levar a uma apatia ou a um cinismo que descarta levianamente até mesmo os desafios éticos mais contundentes.

2. **Determinar o ator.** Se essa é uma questão moral, a quem ela se refere? É minha? A distinção operativa aqui não é se estou ou não *envolvido*. Nas questões de ética, todos estamos envolvidos. Por quê? Porque todos nós vivemos num contexto de comunidade, e as comunidades dependem das inter-relações éticas. Lembrando-nos de que "nenhum homem é uma ilha, completo em si mesmo", John Donne nos instruiu a nunca "perguntar por quem os sinos dobram; eles dobram por ti". Então, a questão não é se estou *envolvido*, mas se sou *responsável* — se estou moralmente obrigado e capacitado a fazer algo diante das questões morais levantadas. Alerta: em algumas formulações da tomada de decisão ética, essa determinação dos atores inclui a determinação dos principais interessados. O problema com a análise de interessados, contudo, é que a própria suposição de que existam "interesses" num dilema implica um modo de pensamento orientado para o resultado. Os que se empenham em tal tipo de análise estão, de modo geral, tão predispostos a um utilitarismo baseado em fins que deixam de levar em conta outros princípios éticos. Isso limita severamente suas opções. Afinal de contas, os que pensam de um modo baseado em regras não se importam com os "interesses", desde que a questão se refira à obediência a um princípio fundamental tão universal que opera igualmente para todos. Tanto kantianos quanto utilitaristas, porém, precisam conhecer o ator.

3. **Reunir os fatos relevantes.** A boa tomada de decisões requer um bom relato. Isso é especialmente verdadeiro quando se tomam decisões éticas. Não saber como os acontecimentos se desenrolaram, o que finalmente aconteceu, o que poderia ter acontecido, quem disse o quê a quem, quem pode ter suprimido informações,

quem era culposamente ignorante ou inocentemente alheio — não saber essas coisas deixam buracos cruciais na compreensão. Por quê? Porque a ética não acontece num vácuo teórico, mas no empurra-e-puxa da experiência real, em que os detalhes determinam os motivos e o caráter reflete-se no contexto. Tão importante quanto a coleta de fatos é uma avaliação do potencial futuro: Robert Frost, em seu famoso poema sobre tomada de decisão,[5] a respeito das duas estradas que "se bifurcam em um bosque amarelo", observa que, antes de decidir qual caminho tomar, ele "olhou tão longe quanto possível" até que desaparecesse "sob os arbustos". Parte da coleta de fatos envolve apenas esse tipo de olhar tão longe quanto possível no futuro.

4. **Testar se são questões de certo *versus* errado.** O caso em questão envolve transgressão? Aqui se aplicam vários testes. O teste legal pergunta se alguma infração está envolvida. Se a resposta for um "sim" óbvio, a questão é de obediência às leis em vigor, em oposição aos cânones não exigíveis de um código moral. A escolha, nesse caso, não é entre duas ações certas, mas entre o certo e o errado — uma questão legal mais do que moral.

Se a resposta ao teste legal não for um "sim" tão óbvio, outros três testes são úteis:

• O *teste do "odor"*, que se baseia na intuição moral, é uma boa determinação pela sensação. Esse curso de ação tem um odor indefinível de corrupção que faz com que você (e talvez outros) se encolha e fique desconfiado? O teste do "odor" realmente pergunta se essa ação vai contra o sentido de seus princípios morais — muito embora você não seja capaz de indicar exatamente onde está o problema. Para muitas pessoas, esse é um indicador comum e surpreendentemente confiável de questões certo *versus* errado.

• O *teste da primeira página* pergunta: "Como você se sentiria se o que está para fazer fosse publicado amanhã de manhã na primeira

5 Robert Frost, "The Road Not Taken", *Complete Poems of Robert Frost* (New York: Holt, Rinehart and Winston, 1949), p. 131.

página dos jornais de todo o país?". Em outras palavras, qual seria a sua resposta se aquilo que acredita ser uma questão particular subitamente se tornasse completamente pública? Se essa conseqüência deixa-o pouco à vontade, é melhor não fazê-lo.

• O *teste da mãe* pergunta: "Se eu fosse a minha mãe, eu faria isso?". É claro que o foco aqui não tem de estar em sua mãe, mas em um exemplo moral com o qual você se importa profundamente e que significa muito para você. Se se colocar no lugar dessa pessoa faz com que você se sinta constrangido, pense novamente a respeito daquilo que está a ponto de fazer: essa ação bem pode ser errada.

Pode valer a pena observar que os últimos três testes se alinham com nossos três princípios de tomada de decisão. O teste do "odor" está na base de uma forma de pensamento baseado em regras, perguntando não sobre conseqüências, mas sobre princípios viscerais. O teste da primeira página é uma forma de pensamento baseado em fins que examina os resultados: só haverá conseqüências se as pessoas souberem o que estou fazendo (essa parece ser a suposição), e as conseqüências são tudo o que importa. O teste da mãe, que requer um pensamento baseado em cuidados, é uma forma de regra áurea e pede que você se coloque no lugar de outra pessoa — nesse caso, uma pessoa de grande estatura moral — para determinar se a ação é certa ou errada.

Se uma questão não passar por esses testes, nem há por que continuar com os passos a seguir. Como você está lidando com uma questão certo *versus* errado, qualquer elaboração posterior do processo provavelmente não passará de um esforço para justificar um ato inescrupuloso.

5. **Testar se os paradigmas de certo *versus* certo se aplicam.** Se a questão em pauta passar pelos testes de certo-errado, a próxima pergunta é: que tipo de dilema é esse? Tente analisá-lo em termos dos quatro paradigmas de dilema: verdade *versus* lealdade, eu *versus* comunidade, curto prazo *versus* longo prazo e justiça *versus*

compaixão. A importância de identificar o paradigma, lembre-se, não é simplesmente classificar a questão, mas colocar mais claramente em foco o fato de que esse é sem dúvida um dilema genuíno, no qual se confrontam dois valores centrais.

6. **Aplicar os princípios de solução.** Depois de a escolha entre os dois lados estar claramente articulada, os três princípios de solução podem ser aplicados: o princípio utilitarista ou baseado em fins, o princípio kantiano ou baseado em regras e o princípio baseado em cuidados, originário da regra áurea. O objetivo, lembre-se, não é chegar a uma solução baseada numa votação três-a-zero ou dois-a-um. Em vez disso, é localizar a linha de pensamento que parece mais relevante e persuasiva na questão em pauta.

7. **Investigar as opções de "trilema".** Esse passo, colocado aqui apenas por conveniência, pode entrar em ação em qualquer ponto desse processo. Ele pergunta: existe um terceiro caminho para sair do dilema? Algumas vezes esse terreno intermediário resulta de uma concessão entre os dois direitos, compartilhando a expansividade de cada lado e cedendo um pouco da rigidez de cada lado. Contudo, outras vezes um curso de ação imprevisto e muito criativo é revelado na busca pela solução.

8. **Tomar a decisão.** Surpreendentemente, esse passo algumas vezes é subestimado. Talvez isso ocorra porque o esforço intelectual necessário aos passos anteriores pode parecer exaustivo, deixando pouca energia para a decisão final. Ou talvez uma mentalidade quase-acadêmica entre em jogo, confundindo análise com a ação e falhando ao fazer a passagem entre a teoria e a prática. Qualquer que seja a razão, uma coisa é clara: nesse ponto do processo, há pouco a fazer a não ser decidir. Isso requer coragem moral — um atributo essencial para a liderança e para aquele que, juntamente com a razão, distingue a humanidade do mundo animal. Não é de admirar,

então, que o exercício de tomada ética de decisão seja muitas vezes visto como a realização mais elevada da condição humana.

9. **Rever a decisão e refletir sobre ela.** Quando o tumulto e os gritos cessaram e o caso está praticamente arquivado, volte ao processo de tomada de decisão e busque suas lições. Esse tipo de *feedback* aumenta o conhecimento, ajuda a ajustar a bússola moral e fornece novos exemplos para o discurso moral e a discussão.

Quando testamos o dilema de Ted Gordon com esses nove pontos de verificação, o que encontramos?

Em primeiro lugar, Gordon sabia que existia uma questão moral aqui. Sem dúvida, seus colegas estavam esbravejando de todos os lados: algo terrivelmente errado acontecera (mesmo que inocentemente) e deveria haver punição. Não existiam meios, aparentemente, para que ele pudesse escapar do processo de tomada de decisão.

Em segundo lugar, estava claro que Gordon era o ator: ele era o responsável, e a questão era realmente dele.

Em terceiro lugar, os fatos estavam claros no momento em que Gordon reuniu sua equipe para debater o destino do mecânico. Observe, no entanto, quão importantes esses fatos foram para a decisão. Suponha que o mecânico tivesse interrompido a contagem regressiva porque seu pé deslizara enquanto puxava o pino — o resultado de uma gota de graxa deixada por outro trabalhador descuidado. Suponha que a própria contagem regressiva tivesse sido escrita ou digitada de modo errado ou impreciso. Suponha que o combustível houvesse começado a fluir *antes* de ele puxar o pino — demonstrando uma falha em outro ponto do sistema. Qualquer um desses fatores atenuantes teria alterado significativamente a discussão no blocausse. Ou suponha que tivesse ocorrido uma faísca, que vidas tivessem sido perdidas, que o foguete tivesse sido destruído e que o programa espacial da nação tivesse sido abortado. Gordon poderia ter defendido tão facilmente seu desejo de manter o mecânico?

Em quarto lugar, muitas coisas erradas haviam ocorrido. Mas o próprio Gordon não confrontava uma escolha certo *versus* errado. Não havia nenhuma exigência *legal* para que o mecânico fosse punido. Também não havia nenhum "odor" notável, nenhum medo da publicidade nem preocupação com a mãe. Para Gordon, essa era uma questão certo *versus* certo.

Em quinto lugar, o paradigma que mais parece encaixar-se aqui é justiça *versus* compaixão. As vozes que cercavam Gordon clamavam por justiça — e, de muitas maneiras, estavam certas. Ele escolheu a compaixão — o que também foi certo.

Em sexto lugar, do que sabemos sobre o pensamento na hora do incidente, Gordon parece ter dado mais ênfase à regra de resolução baseada nos fins. O que importava para ele eram as conseqüências. Como esse funcionário se comportaria no futuro? Gordon achava que sabia, e baseou sua decisão nessa avaliação, que, no fim, se mostrou correta. Aparentemente, ele não achou que não gostaria de ser despedido se tivesse cometido o mesmo erro (uma atitude baseada em cuidados) nem que o perigo potencial era tão grande que a punição deveria ocorrer independentemente do fato de nenhuma explosão ter acontecido (uma atitude baseada em regras).

Em sétimo lugar, esse resultado reflete uma decisão baseada num lado do dilema — claramente baseado em compaixão — em vez de num "trilema" que encontrasse uma concessão intermediária. É claro que isso poderia ter ocorrido: Gordon bem poderia ter concordado em manter o funcionário, mas puni-lo severamente.

Em oitavo lugar, uma decisão foi realmente tomada. A discussão no blocausse não foi uma conversa à toa. Ela levou à ação.

Em nono lugar, no decorrer dos anos, a decisão deu ensejo a reflexões — tanto que, 35 anos depois, ela veio à tona num de nossos seminários como uma experiência crucial na história pessoal de Gordon. Não sabemos, pela narrativa apresentada, o quanto marcou a vida dos outros envolvidos em Cabo Canaveral ou se está enraizada na cultura do programa espacial como algo comentado. No entanto, pode-se dizer com alguma segurança que tenha sido revista pelo menos por mais alguém além de Gordon: o mecânico, que, no dia seguinte, ainda estava empregado.

Éticas pública e privada: distinções sem diferenças

Os nove passos elencados aqui, então, aplicam-se claramente a dilemas ocorridos na engenharia aeroespacial. Mas serão relevantes em outras áreas? Sem dúvida. Eles se aplicam:

- ao médico que tenta ajudar uma família a decidir usar ou não procedimentos extremos para salvar um pai idoso;
- ao professor pressionado por pais preocupados a divulgar algo que seu filho lhe contou em caráter confidencial;
- ao editor que decide se deve ou não publicar uma história escrita por uma jornalista que reuniu informações se passando por prostituta;
- à química de laboratório ao perceber que sua linha de pesquisa, se levada à sua conclusão lógica e se amplamente divulgada, poderia custar milhões de dólares em negócios perdidos para algum setor das operações de cultivo e de processamento de alimentos do país;
- ao funcionário público que avalia os méritos de uma política que beneficiará todo o país, mas que diminuirá o número de postos de trabalho em seu distrito;
- à estudante cujo melhor amigo confesse estar usando drogas, mas a faça jurar segredo.

A lista de atores possíveis e dilemas potenciais, na verdade, é tão infinita quanto a inventividade humana e tão relevante quanto as manchetes de amanhã. No entanto, em cada um dos casos, os dilemas prestaram-se ao mesmo processo de discussão e de análise. Por quê? Porque no fundo não existe algo como "ética de engenharia aeroespacial" que possa ser distinguida, de nenhum modo significativo, da "ética médica", da "ética educacional", "da ética no jornalismo" ou da ética em qualquer outro campo.

Esse ponto pode não ser tão óbvio quanto deveria. Tem-se falado muito sobre diversas éticas profissionais diferentes. Somos tentados a pensar em cada disciplina, profissão e vocação como tendo seu próprio conjunto de princípios morais, seu modo único de pensar sobre os dilemas éticos e suas próprias resoluções-padrã. É verdade que cada especialidade depara com questões únicas a seu campo. Há poucas razões para agentes imobiliários pensarem a respeito de ética de clonagem, por exemplo, do mesmo modo que pesquisadores genéticos não têm motivos para se preocupar em tornar o mercado de imóveis acessível às minorias. Mas, quando se descartam os aspectos específicos e se encontram os valores centrais que permeiam esses dilemas, as estruturas éticas resultantes prestam-se ao tipo de análise e solução mencionados aqui.

Esse fato é importante por dois motivos. Em primeiro lugar, ajuda a evitar uma forma sutil de relativismo ético que insiste em que toda ética se origina dos aspectos específicos situacionais de um caso particular e é limitada por eles. Essa visão começa por dizer: "Profissões diferentes, éticas diferentes". Levada ao extremo, ela insiste em que eu e você temos padrões éticos divergentes simplesmente porque somos indivíduos — "*Pessoas* diferentes, éticas diferentes". Essa tese, recusando-se a reconhecer qualquer território comum de valores compartilhados, descarta o potencial para criar consenso como proveniente apenas de medo, ignorância ou maldade. Em segundo lugar, o fato de que haja apenas ética acaba com uma divisão. Ele ajuda a dispersar a idéia de que a ética *pública* é fundamentalmente diferente da ética *privada* e de que o modo como um indivíduo se comporta e toma decisões em uma dessas arenas não tem relevância real para o que faz na outra.

Essa discussão público/privado tem uma longa história. Recentemente, contudo, essa distinção apagou-se. Isso foi em parte provocado pelas filósofas feministas, indicando que essa visão fazia parte do problema de abuso contra mulheres, especialmente estupro e violência doméstica. Até recentemente, tal abuso era concebido como uma questão particular sem nenhuma relevância para o mundo público — uma visão que, é claro, depende de se considerar público e privado como distintos. No mundo dos negócios, a divisão público/privado também pode parecer artificial. "Só existe 'ética'", disse James K. Baker, presidente das Arvin Industries [Indústrias Arvin], uma fábrica citada na revista *Fortune 500*, localizada em Columbus, Indiana, e ex-presidente da Câmara de Comércio dos Estados Unidos. "O que você faz aqui não deve ser diferente do que faz em outro local. Não pensemos que você tem de seguir um padrão em casa e outro padrão no trabalho. Só existe um".[6]

A distinção também não combina com o bom senso. Atualmente, poucos acreditam que alguém não-ético nas questões financeiras pessoais será ético nas questões de trabalho, ou que um executivo possa ser grosseiro no trato com a família e um exemplo de virtude no escritório. Essa questão, na verdade, foi testada durante a campanha presidencial norte-americana de 1987, quando o candidato Gary Hart, um homem casado, afirmou que seu caso com a modelo Donna Rice era irrelevante para a sua vida pública e não dizia respeito a ninguém. O público e a imprensa — especialmente o jornal *The Miami Herald*, que publicou a história — pensaram diferente. Essa atitude marcou uma mudança clara em relação aos anos 1960, quando os casos extraconjugais amplamente observados do presidente John F. Kennedy eram escrupulosamente suprimidos pelos editores dos noticiários. Atualmente, poucos candidatos escondem-se atrás da distinção público/privado. A ética cada vez mais é vista como um todo indivisível, conforme o público insiste em que as vidas pública e privada devem fundir-se numa entidade moralmente consistente.

A coerência moral, na verdade, é um teste efetivo para a ação ética — um ponto exemplificado em nossos seminários por Bill, um executivo recém-aposentado que trabalhava para uma grande empresa industrial nos Estados Unidos. Durante os anos da Guerra do

6 Rushworth M. Kidder, *Shared Values for a Troubled World: Conversations with Men and Women of Conscience* (São Francisco: Jossey-Bass Publishers, 1994), p. 169.

Vietnã, ele trabalhou para uma empresa que, dentre vários produtos, fornecia material para as Forças Armadas. Como era um bom trabalho numa área profissional em que ele se sentia bem, não passou muito tempo refletindo sobre os aspectos militares da empresa.

Mas durante a campanha presidencial de 1968 Bill foi atraído pelo candidato democrático Eugene McCarthy, um senador do estado de Minnesota que assumia uma posição fortemente antiguerra. Quando um amigo perguntou a ele se gostaria de fazer trabalho como voluntário uma noite por semana na sede da campanha local, concordou. Contudo, uma coisa levou a outra, e logo ele se viu como o principal porta-voz para a campanha em sua comunidade, citado nos jornais e claramente identificado com as posições de McCarthy.

Certo dia, alguns meses antes da convenção democrática em Chicago, o chefe chamou Bill à sua sala. O assunto a ser discutido era a atividade política de Bill. A empresa, de tendência claramente conservadora e de longa tradição de apoio aos militares, estava incomodada. Era desconfortável, disse o chefe de Bill, ver que um de seus funcionários mais graduados assumia um papel tão público contra os interesses da empresa e, em sua opinião, do país. Bill poderia pensar em diminuir o nível de suas atividades políticas?

Entristecido, conversou com a esposa. O dilema era claro: devia manter suas atividades políticas ou seu emprego? Para ser justo, ele percebia, a empresa não deixara o dilema tão explícito: não havia nenhuma ameaça de demissão ou de rebaixamento. Havia apenas uma expressão de mal-estar — embora, como Bill sentia, as conseqüências podiam ser percebidas nas entrelinhas. Ao discutir a situação em casa, as questões comuns foram levantadas: a escola das crianças, a hipoteca da casa, a dificuldade de encontrar um emprego semelhante. Um lado argumentava intensamente pela liberdade de expressão política — o direito, garantido por tudo em que a nação acreditava, de expressar a discordância aberta e honestamente, sem medo de represálias. O outro lado argumentava insistentemente pela obediência aos valores da empresa — a necessidade sentida por qualquer organização de que haja um senso de unidade e de propósito comum ao redor de um conjunto consensual de objetivos. Além disso, um lado argumentava pela consciência individual irrestrita, enquanto o outro argumentava pelas concessões que rendiam um salário e ajudavam a tornar a vida familiar agradável e viável.

Considerando-se os nove passos estabelecidos acima, fica claro que Bill tinha consciência da questão moral (passo 1). Também fica claro que ele era o ator (passo 2). Ele sabia o suficiente (passo 3) para tomar a decisão? Achava que sim, especialmente porque podia ver, nas entrelinhas da conversa com o chefe, uma ameaça mais profunda, embora não expressa. Ele não se defrontava com uma questão certo-errado (passo 4), pois não havia nada de inerentemente ruim em relação a suas atividades políticas. Os paradigmas de dilema mais adequados (passo 5), conforme nos explicou durante o seminário, eram verdade *versus* lealdade (a necessidade de afirmar aquilo que acreditava ser "verdade" a respeito do papel da nação na guerra *versus* sua obediência à empresa) e eu *versus* comunidade (a necessidade de manter seu emprego e sustentar a família *versus* a necessidade da empresa de unidade e compromisso). A solução (passo 6) envolvia alguma reflexão profunda — em que, mesmo sem usar os termos exatos que usamos aqui, Bill provavelmente seguiu linhas de raciocínio semelhantes. O pensamento utilitarista, baseado em fins, poderia ter argumentado que o "maior número" não eram ele nem sua consciência política, mas sua família — e, nesse caso, deveria abandonar a campanha. Ou poderia ter argumentado que a empresa era o maior número — levando-o também a desistir da campanha de McCarthy. Mas também teria sido possível argumentar que o país como um todo superava sua família e a empresa, o que o levaria a permanecer na campanha. A abordagem baseada em regras, ao contrário, teria procurado princípios amplos, que poderiam ir desde "não morda a mão que o alimenta" (levando-o a alinhar-se com a empresa) a "siga sua consciência" (sugerindo que permanecesse na campanha). Sob o pensamento baseado em cuidados da regra áurea, Bill poderia ter-se inclinado para a visão de seu chefe, colocando-se no lugar da empresa. Mas também poderia ter perguntado: "Com que tipo de 'outros' desejo viver nessa sociedade? Desejo outros que se envolvam nas atividades da sociedade civil? Ou prefiro que cuidem de seus assuntos e deixem as questões públicas aos outros?". Sob essa lógica, ele provavelmente teria escolhido a campanha, e não a empresa.

Existia (passo 7) uma opção de trilema aqui? Bill não via nenhuma. Então, sua decisão (passo 8) foi simplesmente persistir em seu trabalho político, sabendo que, com a aproximação da convenção, ele seria ainda mais visível do que antes.

Por fim, optou por continuar trabalhando na campanha. Ao rever sua decisão (passo 9) várias décadas depois, ele nos disse que sentia ter sido a correta. Seu chefe não falou mais nada. McCarthy perdeu a eleição. E Bill continuou empregado e satisfeito na empresa até se transferir para uma outra, oito anos depois.

O dilema de Bill talvez não se mostre um problema moral genuíno para alguns leitores. Pode parecer que, desde o início, a única solução ética seria fazer o que ele fez — "assumir um princípio", ou "seguir os ditames da consciência", ou "fazer o que se tem de fazer". Afinal de contas, se isso fosse um romance ou um filme, Bill teria sido caracterizado como um personagem moralmente corajoso, que enfrentou a grande, malvada e impessoal empresa. Estamos tão acostumados a ver o estereótipo que tendemos a deixar de lado parte do importante passo três. Bill gostava do emprego. Gostava dos colegas. Aprovava a maior parte do que a empresa fazia. Acreditava em pagar as contas, dar segurança à família e contribuir para sua comunidade como um cidadão próspero e que paga seus impostos. Só quando atravessamos o estereótipo e deixamos que os acontecimentos falem por si é que vemos o dilema real.

No entanto, o próprio fato de elogiarmos Bill em sua busca de expressão individual sugere um ponto importante. Todos nós damos muito valor à coerência moral. Esperamos que a solução "certa" seja aquela que alinhe a vida de Bill como um cidadão público com sua vida como empregado e pai de família. Esperamos que seus valores sejam os mesmos em cada esfera. Se tivesse optado por não prosseguir na campanha, seríamos tentados a dizer que ele "amarelou sob a pressão". Se tivesse agido assim, a palavra *hipocrisia* poderia ter vindo à mente para descrever a disposição de Bill em manter um conjunto de valores pessoais (contra a guerra) e ao mesmo tempo trabalhar para uma empresa que apoiava publicamente outro conjunto (como fornecedor militar). O que aplaudimos na escolha de Bill é a coerência moral — uma congruência clara entre as ações e os valores.

Em nenhum ponto aplaudimos mais claramente essa congruência do que quando a coerência cobre o abismo aparente entre a ética pública e a privada. A pessoa verdadeiramente coerente, a que geralmente recebe elogios como um exemplo de virtude, é aquela cujas ações públicas e privadas são moralmente idênticas. Na teoria, podemos apreciar a distinção entre a ética pública e privada. Na prática, não só fundimos as duas, mas tendemos a suspeitar de quem não age assim. Isso não quer dizer que os que nos rodeiam — ou nós mesmos — sempre ajam conforme esse nível de coerência moral. Simplesmente quer dizer que intuitivamente parecemos reconhecer que, quando a ética pública e a privada divergem, algo moral está faltando.

Camisinhas, comunistas e preservação: três questões públicas

Até o momento, consideramos dilemas que surgiram principalmente no domínio privado. Esse processo pode nos ajudar a entender os dilemas que se encontram na esfera pública — aqueles que afetam todo o país ou todo o mundo, mas no qual só somos "atores" por sermos cidadãos? Sim. Para ver como, considere três questões contemporâneas que estão presentes no noticiário e têm ramificações no século XXI: a controvérsia de camisinhas nas escolas, a ordem mundial pós-comunismo e a tensão ambiente *versus* desenvolvimento.

Quando o *superstar* do basquete norte-americano Magic Johnson anunciou em 7 de novembro de 1991 que era HIV positivo, deu nova força ao debate sobre "sexo seguro". Antes, naquele mesmo ano, quando a cidade de Nova York adotou um plano de distribuição de camisinhas a alunos para impedir a contaminação com aids, a onda política que se seguiu varreu o secretário municipal da Educação, Joseph A. Fernandez, que foi exonerado pelo conselho de educação da cidade. Em 1993, quando as escolas públicas de New Haven, Connecticut, votaram pela distribuição de camisinhas a alunos da 5ª série, o debate intensificou-se. Com a aids sendo a principal causa de morte entre homens e mulheres de 25 a 44 anos na cidade, alguns membros do conselho de educação acharam que precisavam agir. Não é de surpreender que tenham colocado suas ações em termos morais. "Se há algo que se possa fazer para impedir [tais mortes], então é nossa obrigação fazê-lo", disse a conselheira de educação Patricia Mc-Cann Vissepo ao *The New York Times*[7] depois da votação. A oposição também assumiu uma postura moral. O conselheiro Arthur J. Bosley Jr., que votou contra a política, receava que a distribuição de camisinhas passasse "uma mensagem [aos alunos] de que suas atividades [sexuais] estão liberadas".

Como todos os debates éticos importantes, este inclui dois valores centrais em oposição. Um lado afirma o respeito à vida, enfatizando que não se deve matar e que se deve ajudar a impedir que outros sejam mortos. Os que apóiam esse valor buscam proteger até mesmo aqueles que, por ignorância ou por livre-arbítrio, não dão atenção ao perigo mortal da aids.

No outro lado, encontra-se o respeito pela abstinência sexual, enfatizando que não se deve ser promíscuo nem incentivar os outros a agir promiscuamente. Os que assumem essa posição argumentam

7 Clifford J. Levy, "Fifth Graders Get Condoms In New Haven", *The New York Times* (28 de julho de 1993), p. B1.

que a abstinência é essencial para a sociedade, pois é a base dos casamentos que constroem famílias e coletividades estáveis.

O primeiro valor afirma que, como a aids é fatal, o maior bem é impedir a morte a todo custo. Se isso exige que adolescentes recebam camisinhas, que seja assim. Sob esse ponto de vista, o direito de evitar a morte tem precedência sobre todos os outros direitos: mesmo que fosse provado que distribuir camisinhas destrói os valores familiares e rompe o tecido social, o direito de viver ainda teria prioridade. Aqui, três argumentos são sugeridos:

• **Irreversibilidade.** É claro que a morte é terminal. Quando o direito à vida é desrespeitado, todos os outros direitos deixam de ter importância, pois o indivíduo não estará vivo para vê-los sendo postos em prática. De que importa chegarmos a uma boa sociedade se tantos tiverem de morrer para criá-la?

• **Centralidade.** O respeito pela vida é um dos valores mais amplamente discutidos. Ele está por trás de questões tão importantes quanto o aborto e a eutanásia. Ampliado para outras espécies, encontra-se no centro de debates sobre o meio ambiente e de algumas formas de vegetarianismo. Levado ao extremo, faz parte de alguns tipos de pacifismo. E, é claro, vem à tona nas discussões de crime, violência e pena capital. Certamente (continua o argumento), um valor tão próximo ao cerne do que significa ser humano deve ter precedência sobre outros valores.

• **Compaixão.** A forma mais elevada de compaixão reside em afirmar o direito do outro à existência. Isso pode exigir que ajudemos a proteger os outros — especialmente os jovens — contra as influências sutis do auto-engano, sensualidade e autodestrutividade que os faz ter uma sexualidade promíscua sem perceber suas implicações. Ao menos (continua o argumento), mantenha-os vivos até serem suficientemente amadurecidos para assumir a responsabilidade por seus próprios atos.

Do outro lado ficam aqueles que argumentam que, para impedir o crescimento de uma sociedade de sexo-conforme-impulso, os adolescentes deveriam ser desestimulados a praticar sexo antes do casamento. Se uma sociedade pode ser mantida viva apenas ao ceder a seus impulsos sexuais, que tipo de vida é essa? Certamente, a autodisciplina também está no cerne do que significa ser humano — pois a autocontenção naturalmente afasta o indivíduo do assassinato, enquanto meramente recusar-se a deixar que os outros se matem não ensina necessariamente autocontenção. Aqui, também surgem três argumentos:

• **Castidade.** Freqüentemente é considerada como sinônimo de *abstinência sexual*, mas sua definição mais útil é "ser livre de atividade sexual ilícita". Embora seja considerado antiquado, o conceito é central para qualquer reflexão séria sobre sexualidade. Por quê? Porque se a castidade fosse irrelevante teríamos de supor que a atividade sexual é um bem não-condicional que deveria ser praticada sem limitações. Se tal licença fosse dominante, ela destruiria o compromisso, o afeto e a confiança — qualidades que caracterizam os relacionamentos humanos mais íntimos.

• **Criação de filhos.** Com o advento dos dispositivos de controle de natalidade, as relações sexuais estão cada vez mais separadas de suas conseqüências naturais — gravidez e criação de filhos. Mas amor, sexo e perpetuação da humanidade estão intimamente ligados. Pensar de modo diferente é fragmentar um conjunto social imensamente poderoso. Também é sujeitar aqueles criados sob o regime de camisinhas grátis a uma dentre duas coisas depois do casamento: um irritante ajuste a uma nova e desconhecida vida de fidelidade, criação de filhos e o bem maior da coletividade ou a perpetuação dos hábitos de atividade sexual promíscua, com seu dano bem-documentado ao casamento, à família e à sociedade.

• **A comunidade mais ampla.** Quando a sexualidade se foca na gratificação pessoal imediata — como ocorre com freqüência entre os adolescentes —, o contexto mais amplo é perdido. A comunidade depende da transmissão de valores estáveis e de longo prazo aos jovens. Fazer "o que lhe der vontade" é a atitude que promove dependência a drogas, alcoolismo e ganância — dificilmente um padrão ético adequado para comunidades estáveis. A distribuição de camisinhas alimenta a convicção de que está tudo bem em seguir os instintos e de que não haverá conseqüências negativas ao fazê-lo.

Existem argumentos poderosos por trás, tanto do princípio de não-matar quanto do não-permitir-adultério. Para alguns, salvar vidas vale qualquer desrespeito aos costumes sexuais. Para outros, não vale a pena satisfazer os desejos de alguns adolescentes que a longo prazo causam a degradação da família e da comunidade.

Qual é o paradigma? Longo prazo *versus* curto prazo encaixa-se bem: se a questão é o salvamento de vidas a curto prazo, é essencial prevenir a aids; se é o bem da sociedade a longo prazo, a castidade é muito superior às camisinhas. As reivindicações do eu contra as necessidades da comunidade também são relevantes aqui: o *eu* argumenta a favor das camisinhas que salvarão vidas nas escolas e a *comunidade* argumenta a favor dos esforços para inibir o aumento da licenciosidade sexual que salvarão a família.

Como poderia uma atitude baseada em fins julgar essa situação? Aqui, o maior número pode ser visto como se referindo aos adolescentes em risco de morte — e nesse caso deve-se decidir pelas camisinhas. Por outro lado, pode-se argumentar que a sociedade como um todo é o maior número. Por essa perspectiva, tomar medidas que reduzam a aids sem promover a atividade sexual seria muito melhor para mais pessoas no futuro: o que importa se salvarmos alguns adolescentes e destruirmos a sociedade nesse processo? O problema dessa opinião, em parte, encontra-se na percepção do público. Os adolescentes de hoje têm nomes e rostos. Ao contrário das multidões anônimas das gerações futuras, essas pessoas podem ser contadas e o benefício de uma política de distribuição de camisinhas pode ser medido numericamente. O utilitarismo, então, constrói um caso sólido para a política de distribuição de camisinhas.

Em comparação, uma atitude baseada em regras pergunta: "Qual regra eu gostaria de ver universalizada no comportamento de todos a partir de agora?". A distribuição de camisinhas estabelece uma — "a permissividade sexual é permitida em qualquer idade" — que cria uma sociedade sustentável? Quase todos nós, se tivéssemos de escolher entre um mundo impulsivo em que houvesse sexo-sob-demanda e uma comunidade de liberdade temperada com autocontenção, escolheríamos esta última. Vale a pena morrer por essa comunidade — ou, mais precisamente, deixar que os jovens morram? No passado, alguns pensaram assim: o patriotismo sempre extraiu sua energia daqueles para quem alguns valores (como liberdade, independência e autogestão) tiveram precedência sobre seu próprio direito à vida. O pensador baseado em regras pode lembrar uma regra que diga "não cometer adultério" — apesar das conseqüências que incluem a morte de alguns adolescentes irresponsáveis. Na prática, tais pensadores podem sentir intensamente que essa regra é especialmente adequada para alunos da 5ª série — ainda mais, talvez, do que seria para adolescentes mais velhos.

Os pensadores baseados em cuidados, ao defrontar com essas questões, vão se colocar no lugar da população adolescente. Sim, podem dizer, se eu fosse um adolescente gostaria que me mostrassem as virtudes da abstinência, o poder da verdadeira afeição e a alegria da sexualidade no contexto de um amor constante e profundo. Mas eu também gostaria de ser protegido dos maremotos de minha própria libido e das conseqüências da paixão descontrolada. Mantenham-me vivo e posso me tornar bom; deixem que eu morra e nunca chegarei à bondade. Assim, a regra áurea pode apoiar o lado da distribuição das camisinhas.

Aqui, como em tantas questões públicas, a sociedade anseia por uma resolução por meio de um trilema. Existe alguma maneira de matar a sede da sexualidade adolescente de forma que ela nunca precise chegar ao nível da camisinha gratuita? Ou existe um modo de remover o perigo da aids para que os adolescentes sobrevivam, por mais que lhes falte responsabilidade? Até o momento, a medicina moderna busca a última saída sem muito sucesso. Muitos sentem que a maior esperança vem dos programas que estão sendo desenvolvidos nas escolas para instaurar as virtudes da abstinência e da autodisciplina. Todavia, no momento, prossegue o debate em relação a este dilema genuíno.

A ordem mundial pós-comunismo

Muita tinta foi gasta dissecando-se as conseqüências militares, políticas e econômicas do colapso do comunismo. Entende-se: é o maior acontecimento internacional de nossa época. Quando o Muro de Berlim foi derrubado, em novembro de 1989, assinalou-se o fim da Guerra Fria entre as superpotências, que havia sido o determinante político mais poderoso no mundo desde os anos 1950. Pelo menos por três medidas de grandeza, essa mudança deixou os Estados Unidos como a única grande potência no mundo. Uma dessas medidas é a capacidade de projetar a força militar ao redor do mundo, na qual os Estados Unidos se encontram muito à frente de qualquer outro país. Outra medida é o desenvolvimento de tecnologias inovadoras, e aqui também os Estados Unidos vêm na frente.

A terceira medida, menos amplamente entendida, tem a ver com os ideais éticos que sustentam a sociedade civil. Os Estados Unidos continuam a ser o único país fundado não por desentendimentos de fronteira ou rivalidades étnicas, mas sobre um conjunto de ideais de liberdade, direitos iguais e relação do indivíduo com o Estado. É verdade que esses ideais às vezes parecem enfraquecidos numa sociedade que permite o aumento dos níveis de falta de moradias, pobreza, violência e dependência de substâncias. No entanto, eles ainda exercem um forte magnetismo moral ao redor do mundo. Qualquer país cujos cidadãos anseiem pela idéia tremendamente contagiante da democracia calibra esse anseio em relação ao padrão norte-americano. Outros, que vêem apenas os Estados Unidos de Madonna, afastam-se enojados. Mas muitos mais, vendo os Estados Unidos do *The Federalist Papers* e do autor norte-americano Horatio Alger, buscam imitá-los. Permanece o fato de que os valores da sociedade civil não são, em lugar nenhum, mais compreensíveis, atraentes e exportáveis do que nos Estados Unidos.

Esse fato e a nova posição do país como a única potência mundial têm profundas implicações éticas para o futuro dos Estados Unidos. Por quê? Três tendências parecem relevantes aqui.

A primeira diz respeito à segurança e ao poderio militar. Na era da Guerra Fria, os esforços de defesa empregados pelos países-membros da Organização do Tratado do Atlântico Norte (Otan) tinham essencialmente um objetivo: impedir a expansão do comunismo. Os governos ocidentais, tendo feito a escolha moral em favor da democracia, sabiam por qual lado optar quando surgiam conflitos regionais: eles procuravam localizar os comunistas e escolhiam o outro lado. Certamente, essa posição provocou o grupo mais estranho de governos autoritários que a democracia jamais teve como parceiros, inclusive o Xá do Irã, o homem forte das Filipinas, Ferdinand Marcos, e o ditador da Nicarágua, Anastasio Somoza Debayle. Mas a presença do imperativo moral mais amplo — manter o comunismo a distância — relegou qualquer questionamento sobre ditadores abusivos, correta ou incorretamente, ao segundo plano ético.

O comunismo deixou de existir e a ética saltou à frente. Sem as categorias rígidas da Guerra Fria, o Ocidente deve agora tomar decisões sobre a moralidade dos conflitos regionais caso a caso. É certo enviar de volta os haitianos que tentam fugir em barcos? Devemos tentar impedir a matança em Nagorno-Karabakh? Devemos pagar para que haja uma força de paz da ONU no Camboja? Devemos intervir na Bósnia? Devemos enviar soldados para a Somália? Precisamos de uma estrutura de análise ética que substitua o anticomunismo instintivo.

A segunda tendência diz respeito ao vácuo ético que circunda os cidadãos dos antigos países comunistas. Se a ética é a obediência ao não exigível, e se a lei é a obediência ao exigível, os últimos setenta anos do comunismo testemunharam um esforço deliberado e arrogante para substituir a ética pela lei. Em um Estado no qual tudo é regulamentado, nada de importante precisa ser deixado para ser decidido pelo indivíduo — pelo menos em teoria. Conceitualmente, então, há pouca necessidade de ética. Na prática, é claro, muitos cidadãos dos antigos países comunistas conseguiram sobreviver com sua ética intacta. Entretanto, o que infelizmente falta é a tradição pública de comportamento ético — o hábito de ações corretas serem realizadas não por medo de punição nem por promessa de recompensa, mas simplesmente porque é a coisa certa a ser feita. Esse vácuo ético complica bastante os esforços de empresas e governos ocidentais para construir relações comerciais com muitos desses países. Relatos de corrupção, ganância pessoal e individualismo extremos feitos por visitantes ocidentais continuam desafiando a imaginação. Pergunta: pode a exportação realmente importante — a democracia — enraizar-se sem uma base ética?

A terceira tendência que surgiu com o colapso do comunismo é uma reconsideração do individualismo norte-americano. Desde os dias da autoconfiança de Emerson e da mentalidade da fronteira, os norte-americanos tenderam em direção aos direitos do indivíduo *versus* os do grupo — apesar do alerta de Tocqueville de que o individualismo excessivo acabaria por destruir as "virtudes públicas" da nação. Diante do comunismo, essa inclinação transformou-se numa lista poderosa — não só devido ao medo de ser chamado de "vermelho" ou de "camarada", mas também da preocupação de que as forças do "Grande Irmão" estivessem prontas para esmagar toda individualidade. Atualmente, os ocidentais têm menos a temer de um equilíbrio comunitário dos direitos do eu com as necessidades da coletividade.

Essas três tendências trazem um dilema profundo para O ocidente. Por um lado, é certo estender a mão ao mundo pós-soviético, por mais que esteja mergulhado na amoralidade que restou do comunismo. É certo por diversas razões. Nosso interesse dita a expansão do comércio para beneficiar a nós mesmos enquanto ajudamos os outros. Nosso compromisso com a democracia exorta-nos a divulgar amplamente seus valores na tentativa de tornar o mundo um lugar mais seguro, mais justo e mais pacífico para seus cidadãos. E nossa compaixão exige que esses cidadãos, como companheiros de viagem num planeta cada vez menor, tenham acesso a plenos direitos humanos. Essa mão estendida não é algo sem precedentes. O Plano Marshall, por meio do qual o dinheiro norte-americano reconstruiu a Europa depois da Segunda Guerra Mundial, ajudou a criar a prosperidade global que desfrutamos atualmente.

Por outro lado, é certo deixarmos de estabelecer relações internacionais que suguem nossa vitalidade e limitem nossa capacidade de crescimento. Os fundadores da nação alegraram-se por haver um oceano entre eles e os tribunais europeus — pela simples razão de que, imaginando-se auto-suficientes, pensaram não necessitar de tratados habilmente escritos nem dos emaranhados das alianças. O isolacionismo tem uma longa e nobre história nos Estados Unidos. Se, como o historiador inglês Paul Kennedy argumenta de modo tão persuasivo em *Ascensão e Queda das Grandes Potências*, a segurança de uma nação está intimamente ligada à sua força econômica, os Estados Unidos podem precisar de um período de faxina interna depois de setenta anos do que o professor Kennedy chama de “superextensão imperial”.[8] Após deixar o papel de maior credor do mundo nos anos 1970 e assumir o de maior devedor mundial no presente, o país precisa acertar sua economia antes de assumir outras tarefas altruístas.

Essas duas visões estão certas — e aparentemente se excluem. Contudo, em dois pontos não há desacordo. Em primeiro lugar, essa é uma questão moral e não meramente legal. Em segundo lugar, os

8 Paul Kennedy, *The Rise and Fall of the Great Powers: Economic Change and Military Conflict from 1500 to 2000* (New York: Random House, 1987), p. 515.

Estados Unidos, como a única superpotência remanescente, são inevitavelmente o ator. Qual é o paradigma? Eu *versus* comunidade, em que "eu" é um país e "comunidade" é o mundo. Justiça *versus* compaixão também é relevante aqui: a compaixão nos leva a ajudar os outros, enquanto a justiça nos faz ser, antes de tudo, justos com nossos cidadãos.

O que nos dizem os princípios de solução? Até o momento, a maior parte das discussões em relação ao mundo pós-comunista tem-se baseado em fins. Vêem-se muitas conseqüências: a literatura está repleta de previsões, hipóteses de futuro e inúmeros "e se" especulativos. A coisa certa muitas vezes é deduzida de trás para a frente: determine aonde quer chegar, decida como chegar lá e declare que essa é a coisa "certa" a fazer.

Uma abordagem baseada em regras, deixando de lado essas conseqüências, insiste em seguir máximas fundamentais. As "regras" globais mais aplicáveis, talvez, sejam as contidas na Declaração Universal dos Direitos Humanos das Nações Unidas (1948) e no Ato Final de Helsinque (1975). Esses acordos combinam diversos direitos políticos ligados à segurança individual com vários direitos econômicos e sociais que têm o objetivo de satisfazer as necessidades humanas básicas. Os que forjaram esses preceitos defendem os direitos humanos como um teste para os governos: em 1977, o presidente Jimmy Carter falou com base nessa perspectiva quando declarou, em um discurso à Assembléia-Geral da ONU, que "nenhum membro das Nações Unidas pode reivindicar que o maltrato a seus cidadãos seja um assunto que só lhe diga respeito".[9] Embora freqüentemente descartada pelos pragmatistas, essa abordagem baseada em regras tem tido resultados. Harlan Cleveland escreveu que esses direitos tiveram um papel fundamental na reestruturação da ordem mundial no fim dos anos 1980. "Nenhum governo", disse Cleveland, "nem mesmo os soviéticos totalitaristas ou os ditadores militares ou as autoridades

9 Harlan Cleveland, *Birth of a New World: An Open Moment for International Leadership* (São Francisco: Jossey-Bass Publishers, 1993), p. 123.

sul-africanas parecem ter sido capazes de ignorar inteiramente o derradeiro agente da lei que a Declaração de Independência Americana chama de 'a opinião geral da humanidade'."

Nosso terceiro princípio de solução, usando a abordagem baseada em cuidados, pede-nos que penetremos na mente e no coração dos cidadãos do mundo pós-soviético. Assim, tentamos responder a perguntas como: "Se fôssemos russos, o que gostaríamos que fosse feito?". Para fazer isso, precisamos primeiro absorver o conceito de alteridade e aprender a sentir como seria ser "os russos". Aqui, a dimensão de entendimento cultural entra em jogo. Muitas vezes descobrimos que essa alteridade é mais bem entendida por meio da arte do que da diplomacia, da literatura e não da política, de artigos de opinião em vez de noticiários, de filmes mais do que de estatísticas, de música e não de palestras. A abordagem baseada em cuidados começa com empatia, com sentir a vida de outrem a partir do interior e com a compreensão dos impulsos e desejos dessa vida em seu próprio contexto. Com o aumento das comunicações globais, o potencial para soluções baseadas em cuidados aumenta: à medida que mais ocidentais vêem filmes russos e viajam ao mundo pós-soviético, a face humana entra mais nitidamente em foco. Resultado: a abordagem baseada em cuidados bem pode argumentar a favor de uma importante ajuda econômica à Rússia — embora, se a alteridade com que nos identificarmos for a dos sem-teto e desempregados norte-americanos, possamos nos opor a tal ajuda.

Qual é a questão fundamental? A nova ordem mundial parece estar trazendo uma nova ordem moral. Em resultado, o domínio do pragmatismo utilitarista pode naturalmente começar a ser rompido. As convicções baseadas em regras — impulsionadas pelo sucesso de campanhas pelos direitos humanos, como as da Anistia Internacional, da Freedom House [Casa da Liberdade] e das organizações de Vigia de Helsinque — e os princípios baseados em cuidados que florescem naturalmente sempre que os seres humanos se aproximam de outras culturas com compaixão parecem estar vindo para o centro do palco.

Preservação *versus* consumo

Uma das principais questões éticas do futuro global coloca ambientalistas contra os que se batem pelo desenvolvimento. Isso não é novidade. Oito anos antes do fechamento oficial da fronteira norte-americana, em 1890, o teatrólogo norueguês Henrik Ibsen escreveu *Um Inimigo do Povo*, uma exploração polêmica das questões éticas relativas a uma casa de banhos financeiramente lucrativa, mas contaminada e pouco saudável, numa pequena cidade norueguesa. O dilema enfrentado pelo doutor Stockmann e pelos moradores da cidade era nítido: os banhos deveriam ser fechados para controlar as doenças ou continuar abertos para manter o estilo de vida da cidade. Alguns anos mais tarde, os Estados Unidos seriam mergulhados em seu primeiro debate sobre preservação *versus* exploração na polêmica em relação à represa Hetch Hetchy, no Parque Nacional de Yosemite. Em 1930, o poeta norte-americano Hart Crane captou a essência dessas questões em uma imagem vívida:[10]

O último urso, alvejado ao beber nas Dakotas,
*Fugiu entre os arames que cortam o riacho...**

Desde então, as questões ambientais foram adiante num caleidoscópio de acontecimentos: o livro *Silent Spring* [A Primavera Silenciosa], de Rachel Carson, lançado em 1962, o Endangered Species Act [Lei de Espécies Ameaçadas], de 1973, as 200 mil pessoas em 140 países que se manifestaram no Dia da Terra, em 1990, o contínuo debate oxigênio *versus* madeireiros. No centro de cada um desses acontecimentos existe o mesmo dilema central: como proteger o meio ambiente natural e, ao mesmo tempo, permitir o desenvolvimento humano.

10 Hart Crane, "The River", *The Bridge* (New York: Liveright, 1933), p. 17.

* *The last bear, shot drinking in the Dakotas / Loped under wires that span the mountain stream...*

Essa questão é séria hoje, mas será crucial no futuro, devido ao crescimento da população mundial. Embora considerado um problema por si mesmo, o crescimento populacional na verdade seria irrelevante não fosse por seu impacto sobre o meio ambiente. Se a biosfera fosse infinitamente expansível — se, como no passado, as novas populações pudessem simplesmente ocupar terras inabitadas tão vastas que a presença humana mal as afetasse —, o crescimento populacional não teria importância. Mas o problema é bem diferente. As populações crescem rapidamente e confrontam um meio ambiente finito e muito frágil. Como George D. Moffett aponta em *Critical Masses: The Global Population Challenge* [Massas Críticas: O Desafio da População Global], o impacto pode ser detalhado numa seqüência de estatísticas bem conhecidas:

• O crescimento populacional acrescenta cerca de 11 mil indivíduos por hora ao planeta — o equivalente a uma nova Alemanha a cada oito meses, novas África e América Latina somadas a cada dez anos.

• Mais de 90% desse crescimento acontecerá nas cento e poucas nações do mundo em desenvolvimento que têm menos capacidade de sustentar esses novos indivíduos.

• A maior parte do crescimento ocorre em áreas urbanas. Muitas cidades nos países do Terceiro Mundo estão dobrando de tamanho a cada doze ou quinze anos.

• Esse crescimento não tem precedentes. Foram necessários centenas de milhares de anos para atingir, no início dos anos 1880, o primeiro bilhão de habitantes. Agora, dirigimo-nos para um total entre 9 e 20 bilhões de pessoas no século XXI.

Todavia, a mesma pressão que dá tanta urgência às preocupações ambientais também desencadeia a necessidade de desenvolvimento. Estamos dispostos a deixar que todas essas pessoas morram de fome e de frio no escuro? Vamos negar-lhes o acesso aos mesmos recursos que nos têm sustentado? Vamos promulgar normas e ideais que santifiquem os direitos da natureza à custa dos direitos humanos? É claro que precisamos controlar o crescimento populacional futuro — mas o que fazer aqui e agora com todos os que já nasceram?

Mesmo que você viva no conforto relativo da América do Norte, com baixa densidade populacional e imensas áreas de terra preservadas, essas questões moldam seu futuro. Algumas vezes, elas provocam angústia real, como no caso das baleias brancas — a espécie retratada por Herman Melville em *Moby Dick*. Como uma espécie ameaçada no Golfo de St. Lawrence, as baleias brancas comem tanto peixe nessas águas contaminadas por produtos tóxicos que seus corpos são considerados "resíduos perigosos" quando chegam à praia. Algumas vezes, porém, tais questões simplesmente provocam suspiros diante da inação humana — como ocorreu quando uma fábrica de papel na área rural do Maine, ao retirar da grade de sua canalização de água as rochas que se haviam alojado ali durante as torrentes da primavera, recebeu a ordem solene emitida pelos fiscais estaduais de não recolocar as rochas perfeitamente limpas no leito do rio, mas transportá-las a 48 quilômetros de distância e depositá-las num aterro quase cheio.

Qualquer que seja o caso, essas questões representam dois valores centrais em oposição. Por um lado, temos o valor de preservar a natureza diante dos desmandos humanos. Os seres humanos são altamente adaptáveis e podem viver nas banquisas árticas e nos desertos equatoriais, em cidades densas ou em montanhas desertas. A maioria das outras espécies não é tão flexível: se seu hábitat for destruído, elas desaparecerão. Alguns dos animais mais vigorosos e agressivos são extremamente sensíveis a mudanças ambientais. A coruja-buraqueira, por exemplo, pode tolerar todos os tipos de predador e ainda sair ganhando. Mas depende de covas abandonadas nas pradarias para fazer seus ninhos. Se os buracos das pradarias forem destruídos, como têm sido pelos fazendeiros da região oeste dos Estados Unidos, nem mesmo a mais resistente das corujas-buraqueiras poderá sobreviver.

Portanto, salvar os hábitats é salvar as espécies. Por que é importante salvar as espécies? Dois motivos são sua beleza e as lições que nos ensinam. Outra razão tem a ver com o manejo efetivo das terras naturais: quase todas as espécies têm um nicho importante na cadeia — como alimento para outra espécie ou como predador dela. Outro motivo refere-se à ciência: só agora estamos aprendendo, por exemplo, como extrair genes de uma determinada espécie de milho selvagem mexicano e fundi-los com os do milho comercial para produzir linhagens vigorosas e resistentes a doenças. Por fim, é claro, há o puro direito de uma espécie à existência — ou, em outras palavras, o inescrupuloso orgulho humano que pensa ter o direito de destruir para sempre outra forma de vida.

Essa preservação, no fundo, é um dos símbolos mais profundos de nossa humanidade. Nenhuma outra espécie foi dotada de tal capacidade de previsão racional e de planejamento a longo prazo. Adiar a gratificação imediata em nome das gerações que nunca veremos é um ato intensamente humano: plantar carvalhos ao lado de sua casa, sabendo que dali a um século darão sombra a seus bisnetos, é mostrar respeito consciente pela natureza de um modo que nenhuma outra espécie pode fazer. Assim, a preservação não é simplesmente um luxo que podemos dispensar se quisermos. Ela é parte de nossa humanidade.

Por outro lado, há o valor central igualmente válido relativo ao desenvolvimento humano. Entre as obrigações mais fundamentais que os seres humanos têm uns para com os outros estão as de garantir segurança, calor, alimento, abrigo e o direito à reprodução. A face das crianças em campos de refugiados ou de favelas do Terceiro Mundo que expiam nas telas de TV clama por políticas que coloquem ao menos algumas migalhas de alimento em sua boca. Essa ajuda poderia ocorrer a curto prazo, é claro, por meio de uma redistribuição direta da riqueza atual: se os países ricos simplesmente aumentassem seus impostos, algumas dessas crianças seriam alimentadas. Mas a melhor ajuda a longo prazo ocorre por meio do desenvolvimento de oportunidades econômicas.

Esse desenvolvimento depende de educação, liberdade de religião, disponibilidade para trabalhar, estruturas familiares que reconheçam as necessidades e os direitos das mulheres e de muitos outros bens intangíveis. Mas isso também depende da criação de algo de valor que outra pessoa necessite e deseje comprar. Isso geralmente requer matérias-primas e energia — as duas coisas que a natureza sempre forneceu. Certamente, existem empregos "limpos" no setor de serviços, em bancos, seguradoras, publicidade, turismo, comunicações e outras áreas. Mas mesmo esses empregos dependem da prosperidade gerada em algum lugar do mundo por meio de uma base industrial que, quase sempre, envolve alguma exploração dos recursos naturais. Rejeitar essa exploração é condenar os pobres do mundo a permanecer pobres — uma condenação que parece ainda mais injusta quando promovida pelo mundo desenvolvido, que já desfruta prosperidade significativa.

Esses dois lados, ao se defrontarem, criam o dilema ambiente *versus* desenvolvimento, que parece se encaixar em três paradigmas:

- É certo respeitar as demandas de sobrevivência a curto prazo desenvolvendo caminhos econômicos de saída da pobreza. No entanto, é certo respeitar as demandas de sobrevivência a longo prazo ao garantir um meio ambiente sustentável.
- Os direitos do *indivíduo* exigem que recebam alimento, vestimentas e abrigo a despeito dos problemas ambientais. Os direitos da *comunidade* requerem que nossa herança ambiental comum seja protegida apesar das dificuldades para os indivíduos. (Contudo, esse paradigma pode ser expresso de outra forma: é certo que eu, como indivíduo, tenha acesso a áreas naturais intactas, embora possa ser certo que, para que minha comunidade sobreviva, todos tenham acesso aos recursos dessa área.)
- A maior *justiça* será feita ao salvar o ambiente por respeito à justiça para com aqueles ainda por nascer, enquanto a maior *compaixão* será proporcionada àqueles que sofrem hoje.

Como nossos princípios de solução vão nos ajudar? Os pensadores baseados em fins, preocupados com as conseqüências, invocam sombrias profecias de um futuro melancólico — dos dois lados da questão. As estimativas de aquecimento global chamam nossa atenção com prognósticos de perda de empregos e aumento dos custos do bem-estar social. O pensador baseado em fins considera essencial um estudo detalhado desses números e das metodologias por trás deles: como poderemos saber qual é "o maior bem"? Não é de surpreender que a tendência conhecida dos que estabelecem as políticas para o utilitarismo mergulhe a sociedade moderna em rodadas infindáveis de depoimentos de especialistas, de debate científico e de alertas estatísticos — com a suposição de que quem estiver intelectualmente correto também terá chegado ao padrão moral mais elevado.

Os pensadores baseados em regras olham para tudo isso com um estranho distanciamento. Para eles, o senso moral tem pouco a ver com debates tão antigos. Em vez disso, perguntam: qual regra deve ser universalizada? Se for salvar as espécies a todo custo, então isso deve ser feito independentemente das conseqüências. Por outro lado, se é respeitar a dignidade humana de cada indivíduo, fornecendo abrigo e alimento, isso deve ter precedência, haja o que houver. O que irrita esses pensadores é o espetáculo de inconsistência moral, um conjunto de políticas que muda em poucos anos, dependendo da moda científica ou dos caprichos da opinião pública. Decidam qual é a regra, argumentam eles, e apliquem-na com a plena certeza de que vai produzir o maior senso de bondade.

Os pensadores baseados em cuidados bem podem descartar essas duas opiniões — a primeira por sua fria desconsideração do sofrimento, a segunda por sua rígida exigência de coerência. O que, perguntam, eu desejaria que fosse feito comigo? Se vivesse em uma favela de Manila, eu gostaria de alimento, educação, emprego, esperança — não de uma palestra sobre a importância de salvar as baleias. Porém, se morasse num bairro de classe média alta em Los Angeles, eu gostaria de um conjunto de políticas que obrigasse toda a minha comunidade — eu inclusive — a apoiar alternativas aos carros a gasolina, cujos gases me envolvem em poluição. Se eu der mais ênfase no cuidado para com os outros — e observar que existem mais moradores em favelas do que em bairros de classe média alta —, poderia finalmente decidir em favor de apoiar os primeiros.

Esse dilema também nos mostra claramente outra parte do processo de resolução: localizar as opções de trilema. Um dos sinais mais encorajadores de progresso nas últimas décadas tem sido o aumento das coalizões que envolvem ambientalistas e partidários do desenvolvimento. O passado repleto de animosidades estridentes e oposição rígida parece ter ficado para trás. Estamos nos movendo para um maior reconhecimento de que, como todos os verdadeiros dilemas, há muitos pontos certos de ambos os lados. O objetivo do trilema — salvar o meio ambiente e, ao mesmo tempo, proporcionar desenvolvimento econômico — está sendo atingido em algumas áreas. As empresas de eletricidade já estão fornecendo lâmpadas mais eficientes em vez de construir novas fábricas. Alguns tipos de peixes e frutos do mar estão sendo cultivados em vez de pescados no mar aberto. Combustíveis sem chumbo e carros e filtros de chaminés mais eficientes estão ajudando a limpar o ar. Acordos de troca de dívida por preservação da natureza estão ajudando a criar parques e áreas de reservas no Terceiro Mundo. O ecoturismo está em ascensão, ajudando viajantes a visitar áreas intactas sem prejudicá-las. Dessas e de outras formas, um processo de solução tão antigo quanto a áurea moderação de Aristóteles está na pauta do século XXI.

Outras questões públicas

A discussão dessas três questões públicas — envolvendo a aids, a nova ordem mundial e o meio ambiente — tem o objetivo de nos ajudar a aplicar a lente da ética a problemas de alcance nacional ou internacional. Mas esses não são, de modo algum, os únicos problemas que precisam de análise e de soluções éticas. Dezenas de outras questões globais exigem nossa atenção, entre elas:

- Imigração através de fronteiras internacionais: devemos manter os imigrantes fora ou permitir que entrem?
- O projeto genoma humano: quais são as ramificações éticas de projetar bebês e clonar seres humanos?
- A revolução das comunicações por computador: quem paga, quem se beneficia, quem é excluído e por quê?
- Livre comércio: um benefício para todos ou um luxo inútil para poucos?
- Pesquisa científica: os contribuintes que pagam impostos em todo o mundo devem financiar alguns aceleradores de partículas de ponta e estações espaciais ou milhares de pequenos projetos de pesquisa?
- Censura: se a violência na televisão produz violência nas ruas, existe um modo ético de controlar uma delas?
- Forças Armadas: os gays devem prestar serviço militar?
- Educação do caráter: a ética pode ser ensinada nas escolas sem atropelar a liberdade religiosa?
- Medicina: quais pacientes devem ser beneficiados por procedimentos cirúrgicos heróicos e caríssimos — e quem decide?
- Moradores de rua: ter uma casa é um direito ou um privilégio?
- Cuidados infantis: enquanto as mulheres obtêm níveis mais elevados de escolaridade e contribuem mais para o mundo do trabalho, quem cria a nova geração?
- Negócios globais: os padrões éticos podem sobreviver em países nos quais o suborno é endêmico?

Se a ética é tão válida na arena pública quanto na arena privada, essas questões devem ser analisadas com cuidado a partir de uma perspectiva ética. Isso não quer dizer que também não sejam beneficiadas por formas de análise mais comuns, nas quais se usam lentes econômicas, tecnológicas, históricas ou políticas. Elas serão. Contudo, ao serem sujeitas à verificação ética, promovem um outro tipo de entendimento. Por meio dessa verificação, chegamos mais perto da resposta à questão que, mais do que qualquer outra, parece atrair a atenção pública no início do século XXI: dentre todas as coisas que *podemos* fazer, qual é a coisa *certa* a ser feita?

Capítulo Nove

Epílogo: ética no século XXI

Há alguns anos, em uma aula de química do Ensino Médio, meu professor nos fez trabalhar com reações ácido-base. Ao misturarmos os dois componentes, a solução começou a ferver e o tubo de ensaio ficou cada vez mais quente. Depois, a reação dissipou-se. O ácido e a base haviam neutralizado um ao outro, deixando apenas sal e água.

Nosso professor então começou uma outra experiência. Iniciou uma reação semelhante em um grande frasco e colocou alguns flocos de platina, pequenos quadrados brilhantes que pareciam ser confete de metal. A reação quase explodiu. Ela borbulhou loucamente, lançando uma forte descarga de vapor e aquecendo o frasco até ficar quente demais para ser tocado. Tudo acabou em alguns segundos, pois os reagentes haviam-se consumido em bem menos tempo do que em nossos tubos de ensaio.

Quando ele esvaziou o frasco, esperávamos encontrar apenas líquido. Para nossa surpresa, lá estavam os pedaços de platina. Tinham o mesmo tamanho do início do experimento. Nada os havia corroído. Nada os havia dissolvido. Nada havia embaçado sua superfície. Estavam intactos.

Esse experimento simples nos fez entender o significado da palavra *catalisador*. Como um catalisador, a platina nem entrou na reação. Ela simplesmente forneceu uma superfície sobre a qual a reação aconteceu. Mas algo em sua estrutura acelerou imensamente a reação. Quando isso acabou, tudo no ambiente externo estava diferente. Os antigos reagentes poderosos, transformados pela interação de suas naturezas opostas, estavam irreversivelmente alterados. O catalisador saiu imutável.

Ao explicar esse fenômeno, o professor fez mais um comentário. Ele disse que o catalisador só permanece imutável se for puro. Um catalisador impuro será destruído pela intensidade da reação.

Naquela manhã de estudo, entendemos não só um importante conceito científico, mas uma forte metáfora para a condição humana. Sempre que a humanidade chega a um ponto de decisão, parece que estamos rodeados por reações. Algumas borbulham lentamente. Outras se agitam e espumam. Algumas produzem bons resultados, enquanto outras criam venenos nocivos. Algumas mal são perceptíveis. Outras soltam faíscas e emitem sons de chocalho.

Isso é especialmente verdadeiro ao se tomarem decisões éticas. Os valores centrais são como reagentes morais: algumas vezes se defrontam com muita energia e fervor. Não há conflitos mais desafiadores, duradouros ou obstinados do que aqueles originados de questões morais. No entanto, não há questões mais importantes a serem resolvidas do que as do terreno ético.

É claro que existem momentos nos quais o professor cauteloso abafa o experimento e lava o frasco antes que as coisas saiam do controle. E existem momentos em que as reações morais, que ameaçam transformar-se em discussões radicais, com argumentos "tudo ou nada", e que derretem as paredes de seus recipientes, precisam ser abafadas. Mas geralmente não é isso que acontece. Quase sempre, as escolhas difíceis com que nos deparamos poderiam beneficiar-se com alguma catálise. Na maior parte do tempo, quando o resultado final é desejável, o processo merece um bom empurrão.

Os pensadores éticos são catalisadores. Um ponto de vista, mesmo quando adicionado suavemente a uma situação, tem um efeito misterioso de estimular o processo. Posições incertas assumem nova nitidez. Atitudes relutantemente congruentes podem divergir repentinamente. Pessoas que murmuravam podem começar a gritar. Isso pode ser desalentador. À medida que a batalha ética é travada, todo tipo de "odor" pode surgir — e todo tipo de sedimento pode ser precipitado no fundo. Mas isso também pode ser empolgante. Não há nada que traga mais satisfação do que ver a apatia ser superada, a estagnação ser vencida e as decisões serem tomadas de um modo que transforme o ambiente para melhor. E não há nada mais confortador do que sentir alguma segurança de que tais decisões, quando tomadas por meio de processos éticos, constituem o nível mais elevado de correção que podemos atingir.

A boa forma ética cria pensadores éticos. Se você chegou a este ponto do livro, investiu uma boa quantidade de energia e de tempo em sua própria boa forma ética. Não se surpreenda, então, se o resultado for um pouco volátil. Goste ou não disso, você está se transformando em um catalisador melhor. As idéias que lança em discussão — às vezes sem nem mesmo abrir a boca — formam a superfície sobre a qual as coisas acontecem. Você acelera as coisas, e sai sem se modificar — isto é, você entra com a sua pureza intacta.

O que é pureza? Atualmente é uma palavra intrigante, confundida com tons moralistas e autoritários. Todavia, no fundo, ela descreve uma condição que todos nós desejamos. Ar limpo, água fresca, foco nítido, amizades sem segundas intenções, motivações honestas, respostas diretas, candidatos sem máculas — queremos pureza em diversas formas. Na metáfora química do catalisador, puro significa simplesmente sem liga, não corrompido, não misturado. Na ética, significa aderir aos valores centrais, demonstrar coerência moral, ser verdadeiro à própria bússola ética — e evitar a hipocrisia sob suas diversas formas.

Na minha experiência, nada destrói mais depressa os pensadores éticos do que a hipocrisia. Por quê? Porque, sem ter essa pureza central, eles não podem deixar de fazer parte de cada reação em que entram. Talvez só pretendam fornecer a superfície para a catálise.

Mas, pouco a pouco, perdem consistência, perdem o brilho e ficam gastos.

Como se protege a pureza? Certa vez, comprei uma antiga trompa, da qual gostava muito, mas que nunca aprendi a tocar muito bem. Eu queria que ela brilhasse. Disseram-me que, se fosse polida e depois laqueada, ela manteria o brilho sem nenhum esforço — embora a laca se amarelasse com o tempo. Mas eu podia deixá-la sem laquear e poli-la sempre. Nesse caso, daria muito trabalho. Mas seu brilho seria maior do que a das trompas laqueadas.

Algumas pessoas querem proteger a pureza com uma camada de película protetora. Dá uma boa aparência, mas destrói as propriedades catalisadoras: se a platina for envernizada será como colocar um saco plástico no tubo de ensaio. O único modo de proteger a pureza, parece-me, é trabalhar com ela. Como já mencionei, a ética não é uma vacina. É um processo. Nunca encontrei alguém que tenha discernimento simplesmente porque *certa vez teve* discernimento. As pessoas o têm porque continuam a exercitá-lo. A ética é assim: praticar, exercitar e agir certo, todas as vezes.

Ética do futuro: novo desafio, nova urgência

Em uma época repleta de relativismo e com falta de correção política, a demanda de exercício ético pode parecer um grande feito. Por que se dar ao trabalho? Se a ética exige tanto esforço, por que simplesmente não fazer concessões? Por que importa sermos éticos?

A resposta tem muito a ver com a era em que estamos entrando. A liderança moral bem-sucedida para o século XXI será baseada em conceitos éticos com séculos de existência e que podem nunca mudar. Ainda assim será flexível, adaptável e criativa. Por quê? Porque a paisagem moral do próximo século será moldada por três condições que nossos ancestrais nem poderiam imaginar.

Em primeiro lugar, confrontaremos questões *éticas totalmente novas*.

Em segundo lugar, viveremos em uma era de *intensidade moral crescente*.

Em terceiro lugar, vivenciaremos pressões sem precedentes para sair da sociedade e fazer uma *paz separada* — para criar enclaves morais desconectados das questões éticas do mundo.

Vamos examinar esses pontos, um a um.

Novas questões

Na noite de 2 de novembro de 1988, um estudante universitário de 23 anos, Robert Tappan Morris, sentou-se no terminal de seu computador na Universidade Cornell e cometeu o que alguns estudiosos chamaram de crime do século. Encontrando uma falha de segurança nos programas de computador da rede do Advanced Research Projects Agency [Departamento de Projetos de Pesquisa Avançada] — uma rede internacional de linhas telefônicas e conexões de satélite, criada pelo Departamento de Defesa em 1969 para ligar governos, empresas e universidades —, ele enviou um "vírus" para um computador a centenas de quilômetros de distância no Massachusetts Institute of Technology [Instituto de Tecnologia de Massachusetts]. O programa começou a se enviar pela rede, crescendo como uma tênia através dos 60 mil computadores do sistema, até usar tanta memória que eles começaram a travar. Por fim, Morris fez algo que ninguém havia feito antes: invadiu e paralisou uma importante rede de computadores.

Morris não tinha ficha criminal ou motivo para vingar-se nem esquema para ganho econômico — nem restrições morais discerníveis. "Foi um erro, e sinto tê-lo cometido", disse ele no tribunal. O pai dele, um dos principais especialistas em segurança de computadores do país, disse que foi "o trabalho de um universitário entediado". A revista *Time* chamou-o de "um dos vírus de computador mais sofisticados e infecciosos que o mundo já viu".[1] O juiz Howard Munson, da Justiça Federal, no primeiro julgamento realizado sob

1 *Time*, citado em *Washington Monthly* (jan. de 1989), p. 21.

a Computer Fraud and Abuse Act [Lei de Fraude e Abuso por Computador], de 1986, deu a Morris uma sentença leve, que incluía serviço comunitário e uma multa de 510 mil dólares.[2]

Morris era uma exceção única, excêntrico, em um mundo normal de entusiastas de computadores? Provavelmente não. A fronteira da tecnologia, como todas as fronteiras, tem entre seus ocupantes um tipo específico de jogadores, pistoleiros e garimpeiros intelectuais. Para eles, as questões morais são quase insignificantes diante da atração da descoberta. No mundo da informática, eles são conhecidos como *hackers*. O fato de que algo pode ser feito é, para muitos deles, razão bastante para tentar. No entanto, o fato de ninguém ter feito isso antes — e que não se tenham contemplado exaustivamente as conseqüências éticas envolvidas — coloca uma responsabilidade peculiar nos ombros desses desbravadores. Alguns param para avaliar a paisagem moral antes de prosseguir. Outros simplesmente continuam a galopar.

Uma sociedade que desenvolva idéias apenas a um ritmo moderado talvez possa deixar que a ética corra atrás das invenções. Mas no século XX, como explicou o futurista Alvin Toffler, o ritmo das mudanças acelerou-se exponencialmente. Observando que a história da humanidade se estende por oitocentas "vidas" de 62 anos cada uma, Toffler escreveu que "apenas durante as últimas seis vidas é que as massas humanas viram uma palavra impressa. Apenas nas quatro últimas foi possível medir o tempo com alguma precisão. Somente nas duas últimas se usaram motores elétricos. E a imensa maioria de todos os bens materiais que usamos na vida cotidiana atual foi desenvolvida durante a vida atual, a 800ª".[3] Essas palavras, exatas quando ele as escreveu em 1971, são ainda mais verdadeiras nos dias de hoje.

Resultado: O puro crescimento da inventividade criou questões éticas que simplesmente não apareciam no passado. Dilemas inteiramente novos surgem a cada momento:

2 Jonathon Littman, "The Shockwave Rider", *PC Computing*, Vol. 3, No. 6 (junho de 1990), p. 142.

3 Alvin Toffler, *Future Shock* (New York: Bantam Books, 1971), p. 9.

• Adolescentes solteiras devem usar a pílula anticoncepcional? A questão só surgiu nos anos 1960, quando os anticoncepcionais orais foram lançados no mercado.

• Como *softwares* devem ser protegidos de cópias não autorizadas? Só uma era com computadores quereria descobrir isso.

• Detectores de radar para carros, cujo único objetivo é ajudar as pessoas a desobedecer às leis de trânsito, devem ser proibidos? A questão não surgiu até que houvesse rodovias interestaduais de alta velocidade e tecnologia barata de transistores, nos anos 1980.

• A população decrescente de ouriços-do-mar na linha costeira norte-americana deve ser protegida? Ninguém havia pensado nisso antes de haver vôos regulares para o Japão, onde ouriços-do-mar constituem uma cara guloseima.

• A Nova Inglaterra deve enviar seu lixo nuclear para o Texas? Se tivesse feito essa pergunta a Harry Truman, presidente norte-americano que autorizou o lançamento das bombas atômicas que devastaram Hiroshima e Nagasaki na Segunda Guerra Mundial, você teria sido olhado de lado, como se fosse um maníaco por ficção científica. Ninguém havia pensado nesse problema.

• Os alunos da 5ª série devem receber camisinhas gratuitas? Antes da aids, a pergunta teria parecido lasciva e escandalosa.

• Você e eu devemos clonar a nós mesmos? Essa questão ainda não surgiu — mas surgirá.

O que esse ritmo significará para o século XXI? Voltemos ao nosso primeiro exemplo: computadores. Prevê-se que tudo neles — tamanho, velocidade, peso e custo — será aperfeiçoado 10 mil vezes nos próximos vinte anos. Quando os computadores forem tão onipresentes quanto os motores elétricos que existem em secadores de cabelo, relógios e brinquedos — e tão baratos e fáceis de substituir —, terão um profundo impacto em nosso modo de vida. Mas, se o vírus de Robert Morris for uma indicação, eles também abrirão novas perspectivas de complexidade ética que nem podemos imaginar.

Quando Jack Kevorkian, um patologista de Michigan, ajudou Janet Adkins a acabar com a própria vida, em 1990, usando sua "máquina de suicídio", ele não fez nada de novo. O próprio Sócrates foi auxiliado a cometer suicídio por aqueles que lhe deram cicuta para beber. O que tornou o trabalho de Kevorkian diferente foi a demografia do envelhecimento. O grupo que mais cresce na população norte-americana é o de mais de 85 anos. Aumentos similares de longevidade estão ocorrendo em todo o mundo. Embora muitas dessas pessoas estejam em excelente forma, cresce o número daquelas que vivem sem saúde. Diante da perspectiva de uma vida mantida apenas por intervenções biológicas, às vezes com muita dor e freqüentemente sentindo-se impotentes e solitárias, muitas delas podem expressar o desejo de morrer.

As questões éticas relativas à eutanásia — "uma morte fácil", segundo a definição do dicionário — têm sido bem exploradas por outros.[4] O importante aqui é simplesmente destacar que a invenção e o uso de *máquinas ilegais* para a eutanásia — e a publicidade ao redor dela — ampliaram a intensidade dessa questão de um modo que os médicos da geração de nossos avós nunca tiveram de enfrentar. Naquela época, talvez, eles encontrassem um ou outro paciente idoso que lhes perguntasse sobre o suicídio. Atualmente, com o surgimento de relatos jornalísticos sobre uma lista crescente de clientes para o equipamento sombrio de Kevorkian, surgem novas questões a respeito das antigas leis que regem a eutanásia. Talvez a opinião pública possa considerar que essa máquina não seja apenas *relevante*. Talvez devesse ser *legal*.

Quando as preocupações sobre eutanásia são retiradas de seu contexto acadêmico e lançadas na mesa das salas de estar de todo o mundo, elas se juntam às outras questões éticas que pedem nos-

4 Ver, por exemplo, Peter Singer, *Practical Ethics*, 2d ed. (Cambridge, Inglaterra: Cambridge University Press, 1993), p. 175-217.

sa atenção. O motivo é o maior alcance dos meios de comunicação jornalísticos globais. Não há nada de novo nos assuntos cobertos pela mídia: sempre houve guerras, fomes, epidemias e catástrofes, e tais eventos sempre tiveram efeitos sombrios sobre as populações. Mas só agora podemos vê-los na nossa sala de estar todas as noites. Problemas que antes não nos perturbavam — pois não tínhamos conhecimento deles — agora nos enchem de angústia e de revolta moral. Há algumas dezenas de anos, não teríamos nos importado com a guerra civil e a fome na Somália — porque não saberíamos que estavam acontecendo. Agora, depois de termos visto, não podemos continuar a viver se não agirmos. Multiplique esse único caso por dezenas de outros, some todas as correntes de *e-mails* que pedem ajuda para boas causas, acrescente todas as novas questões genuinamente éticas com que nos defrontamos, e não será de surpreender que vivamos em uma era de tanta intensidade moral.

Na coletividade de doadores, em que fundações e organizações beneficentes levantam fundos para organizações não-governamentais e grupos voluntários, criou-se recentemente um termo para essa intensidade. É a *fadiga da compaixão*. Ao sermos confrontados com tantas solicitações de tantas organizações merecedoras, envolvidas em lutas tão profundamente morais, nossa capacidade de cuidar arrisca-se a ficar entorpecida. Em vez de nos deixarmos sobrecarregar, nós nos desligamos. As épocas passadas foram mais fáceis: simplesmente, precisava-se apoiar as boas causas. Nossa tarefa, como Peter Goldmark, presidente da Rockefeller Foundation, gosta de observar, é mais difícil. Não basta mais, diz ele, apoiar causas que sejam apenas merecedoras. Nossa função é apoiar causas que sejam essenciais.

Paz separada

O perigo, é claro, está no fato de que, a menos que encontremos estruturas mentais e emocionais para lidar com essas causas, acabaremos nos tornando tartarugas éticas e nos retraindo para nossos cascos em vez de confrontar um mundo com tanta intensidade moral. Ou poderemos simplesmente tentar responder sobre carga ética ao ansiar por seu oposto: um mundo mais simples e mais fácil no qual as questões morais existam em uma estrutura ordenada. Esse anseio não deveria nos surpreender. No progresso social da humanidade, movimentos fortes com freqüência criam tendências em direção a seus opostos. Recentemente, o impulso para um mundo de alta tecnologia produziu o que o autor norte-americano John Naisbitt chamou de "alto toque" — a explosão de interesse em artesanato, em objetos únicos feitos com metodologia e materiais antigos. O rock pesado, que encheu o ar com letras incompreensíveis e ritmos irritantes, provocou um entusiasmo renovado pela música country com sua dicção narrativa e harmonias suaves. A prática de caminhadas — um dos modos mais lentos para chegar a algum lugar — nunca foi tão popular quanto nesta era de viagens em alta velocidade.

Esses opostos têm em comum uma volta a modos mais tradicionais e também um desejo de destacar-se e separar-se do materialismo da vida moderna. Junte esses dois impulsos poderosos a um líder carismático e os resultados podem ser desastrosos. Foi isso que ocorreu quando, em 19 de abril de 1993, David Koresh e seus seguidores tiveram um confronto fatal em Waco, Texas.

Koresh, cujo misticismo bíblico e confuso levou seus seguidores a acumularem grande quantidade de armas em sua fazenda isolada, triunfou sobre um ataque mal-feito em 28 de fevereiro, no qual morreram vários policiais federais. Depois veio um longo cerco. Por fim, impacientes com o impasse e preocupados com o bem-estar das centenas de seguidores de Koresh, especialmente com as crianças, os agentes federais atacaram. Nesse momento, um incêndio impulsionado pelo vento e, aparentemente, iniciado pelo Ramo Davidiano de Koresh irrompeu em proporções imensas. Em poucos minutos, Koresh e seus seguidores haviam morrido.

O separatismo nem sempre termina assim. Mas o incidente em Waco indica três questões éticas que cada vez mais vão desgastar o tecido da sociedade civil, durante o século XXI:

• **Religião.** David Koresh claramente estabelecera um culto. Seus seguidores pareciam absolutamente dependentes da personalidade dele e não estavam dispostos a pensar por si próprios. Mas o termo pejorativo culto provavelmente ficou no caminho dos policiais e fez com que o vissem por um rótulo e não apreendessem suas idéias estranhas porém poderosas. Por exemplo, os federais disseram que nunca suspeitaram que Koresh começaria um incêndio. Deveriam ter percebido. Koresh mostrou por várias vezes seu fascínio pelas imagens de incêndio nas Escrituras. Além disso, ele conhecia bem a história do Antigo Testamento em que Shadrach e seus amigos hebreus foram lançados em uma "fornalha ardente" e escaparam sem queimaduras por causa de sua fé. Por mais estranho que fosse, seu misticismo bíblico era sério. Uma abordagem clara baseada em valores do século XXI exigiria que descartássemos os estereótipos e buscássemos entender a diversidade de dentro para fora — por mais bizarra, anti-social ou totalmente ilegal que possa ser. Na medida que o futuro é um tempo de separatismo crescente, a necessidade desse tipo de compreensão aumentará proporcionalmente.

• **Terrorismo.** Por que os agentes federais não perceberam as imagens de fogo? Talvez porque tenham identificado os seguidores do Ramo Davidiano como terroristas. Isso não é de surpreender: em 26 de fevereiro, dois dias antes do tiroteio com os federais, terroristas internacionais explodiram a garagem do World Trade Center em Nova York. Como terroristas, essas pessoas em Waco pareciam ser anarquistas que tomavam a lei nas próprias mãos, exigiam publicidade e estavam dispostas a usar violência. Mas os terroristas só cometem suicídio em último caso. Além disso, os reféns dos terroristas querem a liberdade. Inversamente, os separatistas religiosos muitas vezes buscam o martírio — e seus "reféns" na verdade são seguidores que escolhem morrer com eles. Não importa que os especialistas em psicologia consultados pelos agentes federais tenham dito que Koresh provavelmente não cometeria suicídio. "Suicídio", como "culto", não era um conceito útil: os testes psicológicos também não considerariam Shadrach "suicida", mesmo que ele tenha voluntariamente confrontado a morte por suas crenças. O ponto importante é que, sob o impulso separatista, o terrorismo e o fanatismo religioso podem fundir-se e ficar menos nítidos. É preciso que haja uma base moral que possa levar em conta os motivos, analisá-los cuidadosamente e tomar as providências apropriadas.

- **O papel da sociedade civil.** Em última instância, contudo, o papel da comunidade vai muito além da aplicação das leis. Considerando-se as armas guardadas em Waco, as provas de abuso infantil e as mortes dos policiais no ataque de fevereiro, os agentes federais tinham de agir. Mas o propósito real da comunidade é tornar-se tão justa, cuidadosa com seus membros e tolerante que um Koresh não possa atrair muitos seguidores. Os que anseiam por uma visão mais elevada e se sentem assustados e desconfortáveis devem poder encontrar significado em sua vida sem ser presas de uma ilusão quase-religiosa. Com o desenrolar do século XXI, as pressões sobre os que são menos estáveis podem tornar-se mais intensas. Ansiando por uma paz separada, eles podem ser alvos fáceis para um culto. A legislação pode ajudar, tornando as armas menos acessíveis e a violência menos permissível. Contudo, no fim das contas, apenas uma sociedade civil bem equilibrada pode promover uma visão saudável de um universo moral. Apenas uma sociedade de pensadores éticos vai criar uma coletividade na qual os solitários e os inseguros não precisem sentir-se tentados por uma mentalidade separatista. Apenas uma coletividade verdadeiramente moral pode agir contra o separatismo sempre que este vier à tona — quer sejam faxina étnica ou ódio a refugiados no plano internacional, quer sejam pedidos de interesse especial ou uma reclamação egoísta no cenário nacional.

Solucionando os dilemas: uma nova moralidade de atenção plena

Essas três tendências – para novas invenções, maior intensidade e maior separatismo — já estão moldando a paisagem ética. Nem o relativismo indefinido nem o absolutismo rígido se mostraram capazes de lidar com elas. Nenhuma concessão entre esses dois pólos tampouco o conseguiu. Talvez o poeta norte-americano E.E. Cummings tenha se expressado bem ao observar que "a alegria é um mistério com ângulos retos igualmente entre dor e prazer, como a verdade está para fato e ficção".[5] A ética que vai moldar nosso futuro não será encontrada em alguma escala deslizante na qual os fatos se tornem ficção e o prazer se transforme em dor – ou, Cummings poderia ter dito, na qual o relativismo se torne absolutismo. Como alegria e verdade, a ética mais prática para o século XXI será encontrada em uma dimensão perpendicular aos cabos-de-guerra políticos e às discussões acadêmicas sobre o absolutismo, liberalismo, valores familiares, educação baseada em resultados e dezenas de outras palavras polêmicas que rodeiam o debate ético. Isso não quer dizer que a ética seja um mistério. Significa apenas que ela não é apenas um conjunto de opiniões politicamente corretas sobre questões específicas, nem uma posição moralista particular nem um estandarte fincado na areia. É um modo de olhar para o mundo. Um processo que nos ajuda a conviver com nossos dilemas mais difíceis. Não é uma concessão: é uma lente.

No final, nossa ética define o modo como participamos na coletividade que nos rodeia. Ela é uma base profundamente pessoal,

5 E.E. Cummings, *Adventures in Value*, Vol. 3 (New York: Harcourt Brace Jovanovich, 1962), p. 1.

que desenvolve padrões e práticas poderosos em cada um de nós. Ela nos pede que sejamos imparciais. Mas requer que estejamos engajados — que tenhamos, em outras palavras, um ponto de vista.

Para que este livro não dê a impressão de apoiar o relativismo de valores tão prejudicial aos empreendimentos éticos, vou explicitar, para concluir, meu ponto de vista relativo aos quatro paradigmas de dilema. Esses quatro são, é claro, declarações de certo *versus* certo. Assim, há um "certo" em cada um dos lados. Mas imagine um campo nivelado, no qual os dois lados tenham o mesmo peso e nada na situação o atraia mais para um dos lados. Quando tudo o mais é igual, minha posição tende a ser a seguinte, ao encontrar esses quatro paradigmas:

ESCLARECIMENTO DE VALORES

Uma abordagem popular à educação moral, mas polêmica, é o esclarecimento de valores, que busca ajudar os alunos a identificarem suas próprias crenças. Ela está baseada no trabalho de Louis Raths, que, juntamente com Merrill Harmin e Sidney Simon, explicou o processo no livro muito influente *Values and Teaching* [Valores e Ensino], publicado em 1966. Raths, como Simon escreveu mais tarde, "não estava preocupado com o *conteúdo* dos valores das pessoas, mas com o processo de *atribuir valores*". Ele estabeleceu sete passos para ajudar os alunos a se conscientizarem de seus próprios valores, agrupados em três categorias: *valorizar* as próprias crenças e comportamentos, *escolher* livremente quais seguir e *agir* coerentemente conforme tais escolhas.

Simon, a quem o nome esclarecimento de valores é atualmente associado, desenvolveu e divulgou a metodologia. Ele a define como "um processo para selecionar os melhores e rejeitar os piores elementos contidos nos diversos sistemas de valores que outros têm instigado [os alunos] a seguir".[6] Muitas vezes reunidos em grupos, e

6 Sidney B. Simon, Leland W. Howe e Howard Kirschenbaum, *Values Clarification: A Handbook of Practical Strategies for Teachers and Students* (New York: Hart Publishing Company, 1972), p. 16,19, 27, 281 e 287.

guiados por um professor que ouve atentamente, os alunos trabalham através de diversas estratégias ou jogos que têm o objetivo de ajudar a esclarecer os valores deles.

Aqui surge a controvérsia. O esclarecimento de valores tem sido intensamente atacado por promover uma atmosfera de "vale tudo", na qual o professor permanece neutro, descompromissado e receptivo a todas as expressões de valores, independentemente de suas implicações morais. (Para sermos justos, Simon afirma que o professor deve dizer quais são seus próprios valores, no momento certo – sempre com a condição, contudo, de que "o conteúdo específico de seus valores não tenha mais peso do que o dos outros".) Essa abordagem também é criticada por alguns de seus exercícios – como "O Problema do Abrigo", em que os alunos têm de decidir quais dentre dez pessoas devem salvar-se de um ataque nuclear ao se refugiar num abrigo em que só cabem seis, ou "Simulação da Caverna", em que os alunos devem determinar quem de seu próprio grupo, diante de um colapso imaginário de uma caverna subterrânea, deve sobreviver, considerando os motivos pelos quais cada um deseja permanecer vivo. Esses exercícios, embora gerem muita discussão, são criticados algumas vezes por sugerir aos alunos que a ética é um jogo altamente competitivo, em que há vencedores e perdedores, e acontece num mundo imaginário sem vínculos com a realidade.

Usado amplamente nas escolas nos últimos 25 anos, o esclarecimento de valores – juntamente com a abordagem da discussão moral defendida por Lawrence Kohlberg – tem sido objeto de intensas avaliações de sua efetividade na mudança de comportamentos baseados em valores. Analisando esse corpo de pesquisa, James S. Leming concluiu que "a abordagem da discussão moral funciona, e o esclarecimento de valores não funciona".[7]

• Obrigado a escolher entre a *verdade* e a *lealdade*, se tudo o mais fosse igual, eu ficaria do lado da verdade. Um motivo: a história do sé-

7 *Character Education: Lessons from the Past, Models for the Future* (Camden, Me.: The Institute for Global Ethics, 1993), p. 8.

culo XX sugere que aqueles que colocam a lealdade acima da verdade (lealdade a Hitler, Mao, Stalin, Saddam Hussein e até mesmo Richard Nixon) são capazes de causar terríveis danos ao mundo. É difícil imaginar a ocorrência desse tipo de dano quando a verdade é colocada acima da lealdade. Se tiver de escolher, sinto-me mais seguro e mais à vontade respeitando o que é verdadeiro do que seguindo ligações humanas.

• Obrigado a escolher entre o *indivíduo* e a *comunidade*, se tudo o mais fosse igual, eu tenderia para a comunidade. Um motivo: o individualismo e sua ênfase nos *direitos* chegaram a tais extremos no século XX que causaram sérios danos à comunidade e a sua ênfase em *responsabilidades*. Se eu fosse um cidadão de um país pós-soviético, poderia pensar diferentemente: setenta anos de opressão comunista poderiam ter-me levado a apoiar o indivíduo a todo custo. Mas não sou: minha história e a história da minha cultura têm sido diferentes. Outro motivo: a comunidade inclui o indivíduo, mas o indivíduo nem sempre engloba a comunidade.

• Se tivesse de escolher entre *curto prazo* e *longo prazo*, se tudo o mais fosse igual, eu favoreceria o longo prazo. Um motivo: o longo prazo sempre inclui o curto prazo, enquanto o pensamento a curto prazo (como a história da ambição nos Estados Unidos nos anos 1980 demonstra) nem sempre leva em conta o longo prazo.

• Se tivesse de escolher entre *justiça* e *compaixão*, se tudo o mais fosse igual, eu ficaria com a compaixão, que me fala de amor e de misericórdia. Um motivo: posso imaginar um mundo tão cheio de amor que a justiça, como a conhecemos hoje, nem seria necessária. Mas não posso imaginar um mundo tão repleto de justiça que não haveria mais necessidade de amor. Se só tivesse uma escolha, eu ficaria com o amor.

É claro que o mundo raramente nos apresenta um campo plenamente equilibrado. Todas as coisas raramente são iguais. Uma ação que seja certa como uma abstração pode, nas pressões da inter-relação humana, ser menos certa do que outra. É daí que surgem as escolhas difíceis.

Por si mesmos, esses quatro paradigmas não fazem essas escolhas por nós. É difícil imaginar um líder que seja bem-sucedido simplesmente ao ficar de um lado do paradigma e aderir a ele, não importa o que aconteça. Isso não quer dizer que as pessoas não tentem fazer isso: em uma sociedade acostumada com consertos rápidos e educada por comédias de TV que resolvem tudo em meia hora, existe uma inegável tentação para encontrar uma fórmula e viver de acordo com ela. Contudo, na maioria das vezes esses valores bitolados não trazem uma resolução verdadeira. Apegando-se a um valor, excluindo os outros e deixando de avaliar a complexidade das questões que as rodeiam, as pessoas usam a moralização automatizada em vez do pensamento moral.

Não há mais espaço para isso. Mais do que nunca, nossa época está desmascarando aqueles que pregam mas não agem, que são donos da verdade sem humildade e que punem os erros dos outros sem entender os próprios erros. A moralidade de repetição — papaguear valores não contemplados herdados de um passado fantasmagórico — rapidamente está dando lugar a algo novo.

O que está vindo? Isso dependerá em grande parte das respostas que dermos ao mundo à nossa volta. O que está vindo, infelizmente, pode ser uma moralidade de relativismo, na qual os valores centrais se transformem em descrédito cínico e a vontade fria finalmente afaste todos os vestígios de honestidade, amor, justiça e respeito.

Por outro lado, o que está vindo pode ser uma nova moralidade de atenção plena, na qual a luz da razão e da intuição éticas dispersem as sombras, construam conclusões firmes e levem à bondade, valia e dignidade.

Não sobreviveremos com a moralidade da repetição: as escolhas do século XXI são simplesmente difíceis demais. Nem sobreviveremos com a moralidade do relativismo: há muita alavancagem atualmente por trás de cada ato mau impune. Sobreviveremos com uma moralidade de atenção plena. Sobreviveremos onde a razão moderar o choque de valores e a intuição instruir nossa tomada de decisões. Não há modo melhor para que boas pessoas façam escolhas difíceis.

Este livro foi impresso pela Gráfica Edelbra
em papel *offset* 75g.